中国田制史

万国鼎 著

应急管理出版社
·北京·

图书在版编目（CIP）数据

中国田制史／万国鼎著．－－北京：应急管理出版社，
2024

ISBN 978－7－5237－0150－8

Ⅰ.①中… Ⅱ.①万… Ⅲ.①土地制度—经济史—中
国—古代 Ⅳ.①F329.02

中国国家版本馆 CIP 数据核字（2023）第 245246 号

中国田制史

著　者	万国鼎	
责任编辑	高红勤	
封面设计	主语设计	

出版发行　应急管理出版社（北京市朝阳区芍药居35号　100029）
电　话　010－84657898（总编室）　010－84657880（读者服务部）
网　址　www.cciph.com.cn
印　刷　三河市九洲财鑫印刷有限公司
经　销　全国新华书店

开　本　710mm×1000mm$^1/_{16}$　印张　25　字数　333 千字
版　次　2024 年 6 月第 1 版　2024 年 6 月第 1 次印刷
社内编号　20231316　　　　　　定价　98.00 元

出版说明

　　万国鼎（1897—1963），中国农史学家。江苏武进（今常州）人。金陵大学毕业。曾任商务印书馆编辑、金陵大学教授兼农业图书研究部主任、资源委员会委员等职。后任河南农学院、南京农学院教授。致力于搜集整理中国古代农史资料。1955年任中国农业科学院中国农业遗产研究室（设于南京农学院内）主任。曾主编《中国农学史》，组织编辑出版《中国农业遗产选集》8种等。以毕生精力开拓中国的农史研究事业，著有《中国田制史》《氾胜之书辑释》及《耦耕考》《中国古代对土壤种类及其分布的知识》等论著，翻译《农业经济学导论》《欧美农业史》等。

　　田制，即关于农田的制度。本书系统阐述了中国土地制度的演变及其土地资源利用与管理，兼及田赋与差徭杂税：这些同为农民负担，左右土地分配与利用。作者查阅大量典籍史料，按时间顺序，考察了从上古到宋元时期的土地制度，并对土地资源的利用与管理，赋税、政治结构、军事和经济对于土地制度的实施背景和运作机制进行了说明。民国时期，此书曾是大学授课的教材，经整理后出版。

全书共分为四章，第一章"上古田制之推测及土地私有制之成立"；第二章"两汉之均产运动"；第三章"北朝隋唐之均田制度"；第四章"均田制度破坏后之唐宋元"。

本书采用简体横排版，关于原作的专有名词尽量予以保留。由于编者水平所限，如有错漏，敬请读者批评指正。

目录

第一章　上古田制之推测及土地私有制之成立

一　古书传说之不可信／4

二　商时殆为村落共有制／7

三　西周之采地制／13

四　春秋时代之采地／20

五　农业与社会之变革／36

六　列国之新政与采地制之破坏／47

七　采地制与井田论／53

八　土地私有制之成立／60

九　地主与政权／62

一○　春秋战国间农民之生活／64

第二章　两汉之均产运动

一一　传统的农本主义 / 72

一二　秦汉之赋税 / 80

一三　土地私有制弊害之暴露与均产运动之发生 / 84

一四　井田论之演进 / 92

一五　限民名田 / 101

一六　王莽之改革 / 104

一七　均产运动之尾声 / 113

一八　政府救济贫弱无田之政策 / 117

一九　屯田 / 121

二〇　人口及土地利用之一斑 / 124

第三章　北朝隋唐之均田制度

二一　西晋占田法 / 148

二二　五胡乱华与南北对峙 / 157

二三　南朝田制 / 160

二四　后魏之均田制度 / 167

二五　北齐北周隋唐之均田制度 / 174

二六　职分田与公廨田 / 185

二七　屯田与营田 / 192

二八　租庸调 / 197

二九　均田制度与均贫富 / 203

三〇　均田制度之破坏 / 218

第四章　均田制度破坏后之唐宋元

三一　唐中叶以后之土地与两税法 / 232

三二　五代之赋税与请射 / 258

三三　宋初之民田与赋役 / 269

三四　王安石之新法 / 291

三五　南宋之民田与赋税 / 312

三六　两宋官田 / 334

三七　辽之田制 / 349

三八　金之田制 / 350

三九　元之官田 / 360

四〇　元之民田与赋税 / 378

自　序

　　土地问题影响于国计民生至巨。年来农村凋敝，盗匪横行，各方益感其重要，亟亟谋有以解决之。然其关系复杂，不容轻易试验，失之毫厘，则差以千里，而遗毒且及数世。故改革之先，必须明了现状，察其所以然，证以前人经验，然后慎思远虑，妥为规划，庶几弊少而利多。易词言之，学理之研究，现实之调查，历史之探讨，均为不可或缺之准备。今国内于此数者，方在经始。历史犹无善本。吾侪生中国，亟待解决者中国土地问题，先民经验，尤不可忽。而欲明现状之造因，亦必追溯已往。用是不惮谫陋。有此书之作。

　　往者市镇未盛，所重惟农田，古人名土地制度曰田制，故本书袭称《中国田制史》。然不以此为限，田赋与田制关系密切，而言赋必兼及差徭杂税，盖同为农民负担，左右土地之分配与利用，不可忽也。且制度之兴废，事态之变幻，岂偶然哉！其来必有所自，其灭必有所因，而其效果影响，复有深浅久暂之异。言史者不可不穷源竟委，溯因寻果，否则杂录故实，人云亦云，史钞而已，不足言史也。土地与当时学风、政治、社会、经济及农工技术均有关系，而其影响所及于国与民者何如，尤为吾人所欲知。故本书以田制为主，而论述所及，不能以此为限也。

虽然，期望既奢，欲求称意，谈何容易。吾国史籍浩繁，而田制非其所重，绝鲜条贯之叙述，东鳞西爪，稽钩费时。古书简略，真伪难辨。近代资料固多，收聚则艰。必需之记载，每感缺乏。益以剪裁论断，须具才识；成书既无，诸待草创；牵涉甚广，而个人学养有限。余以习农而治史，殊不自量；盖亦聊斩荆棘，勉为前锋，抛砖引玉，则俟来兹而已。抑此书在余亦为初稿，原非定本，徒以在金大及中央政校地政学院授此，恒苦缺乏课本之不便，仓卒付印，兼供同好。惟祈大雅不吝指教，俾再版时多所修正，则幸甚矣。

书中分正文小注：正文撮举纲要，力求简赅，脉络自通；论辩引证之词，悉入小注。友人或以为病。然余之为此，盖有数因。吾国田制之沿革变迁，史长事复，古书复不尽可信，辨证费辞，合则难免混淆。不如析之为二，览正文即可明其大体，欲知其详，则案小注，较为醒目。而用作课本，字数既多，内容繁复，亦宜析为纲目，俾阅时易得要领，便于记忆。且小注既分，论辩引证，较为自由，多收原料，亦便异日之修正也。

余自任职金大农业图书研究部，得与古书为缘，十年不辍，探讨较易。编纂此书之动机，卜凯教授实促进之。兼承储瑞棠、闵侠卿、奚竹卿诸君助为整理材料，庄君强华助阅校样，刘君家豪誊钞原稿。凡此均为此书成因，特志于此，以表谢忱。

中华民国二十二年二月三日武进万国鼎序于南京，兼为先祖友乐公百岁生辰之纪念。

第一章　上古田制之推测及土地私有制之成立

一 古书传说之不可信

（一）井田之传说

黄帝

自来我国言田制者，概托始于井田。相传神农作耒耜，教民稼穑，而农业兴。土地为农业之本。因而见重，为人所争。黄帝始创井田，以塞争端。

唐杜佑《通典》："昔黄帝始经土设井，以塞争端。立步制亩，以防不足。使八家为井，井开四道，而分八宅，凿井于中。一则不泄地气，二则无费一家，三则同风俗，四则齐巧拙，五则通财货，六则存亡更守，七则出入相同，八则嫁娶相媒，九则无有相贷，十则疾病相救。是以性情可得而亲，生产可得而均。均则欺凌之路塞。亲则门讼之心弭。既牧之于邑。故井一为邻，邻三为朋，朋三为里，里五为邑，邑十为都，都十为师，师十为州。夫始分之于井则地著，计之于州则数详。迄乎夏、殷，不易其制。"（卷三）

宋刘恕《通鉴外记》承佑之说。清钱塘《三代田制解》亦言"井田始于黄帝，洪水之后，禹修而复之"。近人陈柱氏作《论井田制度》（《中国学术讨论集》），亦信之。

自是历夏商及周。

清顾炎武《日知录》："古来田赋之制，实始于禹。水土既平，咸则三壤。后之王者，不过因其成绩而已。故诗曰，'信彼南山，维禹甸之。畇畇原隰，曾孙田之。我疆我理，南东其亩'。然则周之疆理，犹禹之遗法也。"（卷七）

《三代田制解》："井疆沟洫之制，殷因于夏，周本于殷。"

至秦而废。

《通典》："秦孝公任商鞅。鞅以三晋地狭人贫，秦地广人寡，故草不尽垦，地利不尽出。于是诱三晋之人，利其田宅，复三代无知兵事，而务本于内，而使秦人应敌于外。故废井田，制阡陌，任其所耕，不限多少。（原注孝公十二年之制）数年之间，国富兵强。"（卷一）

而所谓井田制者，在儒者之意，盖系一种均产制度。一夫授田百亩，土地均而谷禄平，无贫富悬殊之弊。八家同养公田，藉而不税，无横征暴敛之害。井疆沟洫道路之制，规划井然，备详于《周礼》，为古来言井田者所依据。

（二）传说之不可信

然《周礼》本系汉世之书，托诸周官，所言井田制度，虽似详密，实则细碎矛盾而不可通，其伪显然。（见下章第十四节）黄帝始经土设井之说，

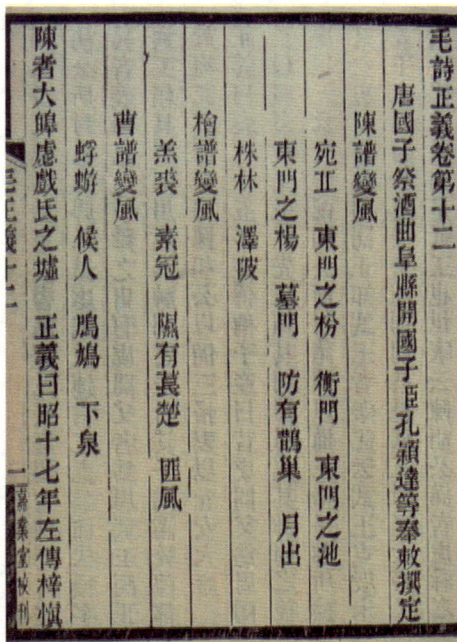

肇自杜佑，前无所昉，言之无稽，不足一辩。儒者于此，犹或疑之。若夏之已有井田，则几众口一辞。虽然，求其明征，不可得也。

《日知录》引《禹贡》之"水土既平，咸则三壤"，谓周之疆理，犹禹之遗法。又曰："夫子言禹尽力乎沟洫，而禹之自言亦曰浚畎浍距川（钱塘曰明畎浍纵而川则横），知其制（指井田沟洫之制）不始于周

《毛诗正义》 唐 孔颖达疏 书影

矣。"又曰："《周礼》小司徒注，昔夏少康在虞思有田一成，有众一旅。一旅之众而田一成，则井牧之法，先古然矣。孔氏《信南山》正义引此。则田丘甸之法，禹之所为。"（并见《日知录》）然据晚近学者所考证，《禹贡》为战国时书，殆不可凭。"浚畎浍距川"出自《虞书·益稷》，可信之程度，未见胜于《禹贡》。即认此二篇为虞夏时书，亦不足以明白证明井田制。至《周礼》小司徒注云云，益为后世之言，难尽信矣。

要而论之，虞夏以前，文献无征，经籍虽有记载，概系后人传说，或出伪造，其可信之程度，迄今未定。考之晚近出土之甲骨文字，商代史实，已颇逸乎古史所传。就田制言之，犹无所谓井田制。然则商且无之，夏何能有，更乌得谓殷周井疆沟洫之制，皆因夏之遗迹哉。

商实未尝奄有《禹贡》所记之天下。（详见下）即此可见所谓三代之兴亡，殊于后世之易代，而三代井田制度沿袭之说为妄矣。

二　商时殆为村落共有制

（一）商之文化

虞夏以前尚矣，欲求信史，非待地下发掘之古器物证之，盖难言矣。今之比较可考者，始于商，此因甲骨文字足资证明也。

甲骨文字于前清光绪二十五年，在今河南安阳县城西五里之小屯，即古殷墟之地出土。自是续有所获。近年中央研究院在该处发掘，犹得重要之发见。先后经孙诒让、罗振玉、王国维诸家之考释，其文字乃渐可读。约计字之不同者二千余，可识者六百余。所记皆系当时卜筮之事，故亦谓之殷墟卜辞。据王氏所考证，是为盘庚至帝乙时物，以其所记王名至帝乙为止也。盘庚约当商之中世，帝乙之后即纣，去商亡不远矣。是卜辞为商后半期之物，盖距今三千余年。

据卜辞所记，商之中心根据地在今河南，而势力则达河北山东之一部。

商之疆域，殊不及史书传说之广。卜辞记商人与邻族征伐事甚多，是商在当时显未取得"元君"或"元后"地位，邻族并未臣服于商，惟商之文化当较邻族为高耳。商民族之起源不可考，其名盖本于地名。史称盘庚以后，商改称殷。然卜辞无殷字，又屡言入于商。据罗王两氏所考证，文丁帝乙之世。虽居河北，国尚号商；且直至周初，仍以商为自己部族之号。殷乃周人之称商人也。

已达铜器时代。

卜辞刻于甲骨，划细而工整，必为金属器所刻。且今中央研究院已在殷墟甲骨文化层发见铜器。

商 子绥鼎

器皿之种类已繁。颇具艺术。乐器亦粗备。早有文字。巫祝为当时之知识阶级。祭祀最为重典。农神有社及田农。沐浴甚勤。衣服除裘外，其原料有麻布及帛（即丝织品）。食品有谷类、果、蔬、家畜、鸡、鱼及野鲜，颇知烹调贮藏之术。俗殊好酒。居有永久住宅，建筑之术粗备。似已有城郭或类似城郭之制。交通之具有舟车及舆，乘马尤为时人所习。卜辞中行字象四达之衢，可概见道路之制。

（二）商之农业

商民族已达农业时代，殆无疑义。惟去游牧之时未远，邻族多有在游牧时代者，农业技术殊为幼稚。耕种之先，用烧田法开辟农田，继续栽种，不知施用肥料，逮若干年后，地力消失，则弃之而另辟新地。盖犹在原始之自然农业阶段也。农具大抵为木石所制，其主要者为耒。

耒耜实为两种不同之农具。耒下歧头，仿树枝。耜下一刃，仿木棒。实为两种不同之农具。然自春秋以来，名称混淆，以为曲木之柄谓之耒，耒端之刃谓之耜。甲骨文从耒及从耒得音得义诸字甚多，而吕 [1] 字仅两见，从吕之字绝不见。两足布，空首

空首布

布（钱币名，农具之仿制品）通行于三晋以东，可见耒为商人习用之农具，商亡以后，即为东方诸国所承用。桥梁币，磬币上无文字，出土地不明，不能藉知耜之通行区域。惟相传夏姓姒，姒从女从吕；又后稷国于有邰，邰从邑从台，台吕同字。可推知耜为西土习用之农具。东迁以后，仍行于汧渭之间。以上为徐君中舒之说，详见《中央研究院历史语言研究所集刊》第二本第一分《耒耜考》。余按周诗耜四见而耒字绝不见，亦可为耜行西土之证。

作物以黍稷为大宗，麦粟次之。果蔬当亦栽培。颇有桑麻之利。畜牧极形重要，已知舍饲而予以相当之保护与管理。商王亦亲自省耕，不若后世君主与人民之隔绝。有畯、田正、囿圃正、兽正、牛正、廪人、中人（即驭夫，掌马）等官吏，分别主持田圃、畜牧、狩猎等事。

　　详见拙作《商民族之农业》，见民国十九年六月出版之《金陵光》十七卷一期。

---

[1]　同"以"。

（三）村落与土地利用

卜辞无村字，而有邑字畐字。当先民由游牧变为土著，必聚住成村落，是为农业时代，亦即村落经济时代。村落之形式，或聚或散，聚则便于防卫，散则便于管理农田。然尔时常有战争，为便于防卫计，必聚住成大村落，且必设置防御工程，即无城郭之制，当有堡塞之属。因是窃疑当时普通所谓邑，实即大村落。

邑字作𨛜或𨝴，下象人跽形，人所居之处也。畐即都鄙之鄙本字，作𣆃或𣆃，或省口作𣆃，象仓廪形，意谓粮食所自出，乡区也，边邑也。卜辞有徙邑营邑之记，有文曰"土方征于我东畐□二邑"，又别称都城曰京师或大邑商，可见邑之数必多而不甚大，实即大村落也。

且当时村落本非但指村中房屋而言，亦包括四周属于该村之土地，兼有区域之意。因是后世亦称采地为邑，称县为邑。

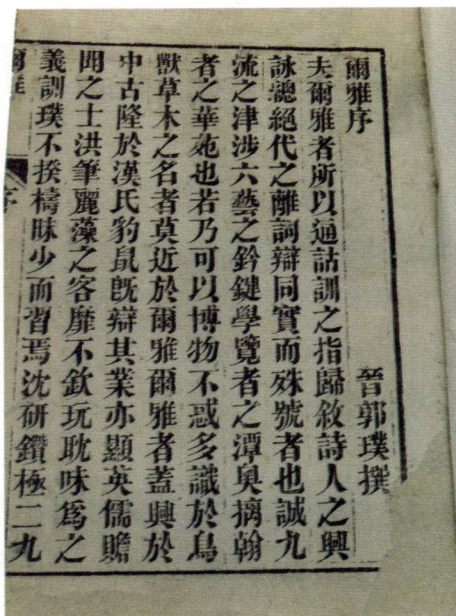

《尔雅》书影

耕地必在村落左近。《尔雅》曰："邑外谓之郊，郊外谓之牧，牧外谓之野，野外谓之林。"邑、郊、牧、野、林等字均见卜辞。意者，当时邑为人所居，即村之本身；郊在邑外，耕地所在；牧在郊外，牧场所在；野在牧外，殆为荒地，亦即林地，盖上古未经人工之地必生树木，欧洲中古采地制中亦称此种地为荒地或林地，且野字卜辞作埜[1]，从林从土，亦有林地之意；野外为林，亦林地也。当时草莱初辟，天然林必多，观于卜辞中焚字（焚，烧田也），薮[2]字、埜字均从林，多林之情形，盖甚明也。且狩猎之风极盛，益可见森林及荒地之多。故逮久居而地力消失，可迁邑以就肥土。

（四）氏族社会与村落共有制

当游牧人变为土著，住成村落，村中人民概为一血族团体。族之小者，一族住成一村，大者或成数村。世界各地初入村落经济时，大抵如此。商民族亦不为例外。土地所有权之观念，始于人类住定于村落之后。惟最初之土地所有权，属于村落团体，抑分属于村落中之各家，学者意见不一，大抵因地而异。考之卜辞，当时商人正在父系氏族社会甚发达之时期，犹无后世所谓家。

考之卜辞，父为父与伯叔之通称，母为母与伯叔母之通称；虽有伯字叔字，用为男子美称，不以称父之兄弟。诸父呼其兄弟之子女，亦必与自己子女同；虽有侄字，当为诸女之通称，非指兄弟之子。自王父以上皆称祖，称远祖曰高祖；欲加区别时，则以数别之，如曰三祖、四祖。王位之承继，以弟及为主，而子继辅之，无弟然后传子。（据《史记·殷本纪》自汤至帝辛二十九帝中，以弟继兄者凡十四帝。若据《三代世表》及《汉书·古今人表》则得十五帝）其传子者，亦多传弟之子，而罕传兄之子。无嫡庶长幼分贵贱之制。可见以全族为单位，而无后世所谓家。（按此层尚须续考，须多得明征，始为定论）卜辞虽有家字，盖为一种供奉祖先之祠庙（家字从豕。吴大澂曰，凡祭，士以羊豕。古者庶人无庙，祭于寝，陈

---

[1]　同"野"。

[2]　同"农"。

中都伯左丘明

左丘明

冢于屋下而祭也。见《说文古籀补》），与室字之义相仿。王族、旅族、多子族、🜨族之名见卜辞[1]。《左传》定公四年记曰："昔武王克商，成王定之，选建明德，以屏藩周。……分鲁公以……殷民六族，条氏、徐氏、萧氏、索氏、长勺氏、尾勺氏……分康叔以……殷民七族，陶氏、施氏、繁氏、锜氏、樊氏、饥氏、终葵氏。"可见商民族内部系集合多数族而成。卜辞有曰"王□□令五族伐羊"，又有"令某族……"及"令某族从某侯……"之文，是当时军事编制及分配职务，亦以族为单位。益可见族为组成社会之基础。准此以推，同村落（即邑）之人必为同族。一族居成一村或数村，营其共同生活。参看程憬《商民族的氏族社会》，见《中山大学语言历史研究所周刊》第四集第四十期。

是则土地必为合村所共有，可以概见。其耕地或以某种方法分配于村人，然非永久占有，与私有制不同。收获后或且归之于公，由族中混合分配。若牧地及林地，则纯为共有共用，无分配之事矣。《商书·盘庚》篇曰"兹予有乱政同位，具乃贝玉"，又曰"无总于货室"，又曰"朕不肩好货，敢共生生"，绝未言及土地。卜辞中亦不见土地私有之证。殷彝之存者，其铭文亦毫无锡土田之记载，与周金迥异。（参看后第三节"土田之分割"条）

---

[1] 原文为"辩"。

村民概为自由人，虽有奴隶，其数不多；农事大半成于自由人之手。

　　商人概为齐民，无贵族平民之分，而奴隶得自外族。据卜辞所记，商人实未远强于邻族，国势无急遽扩张之象，所记俘敌之数，亦殊有限；是奴隶必不能多也。方之欧洲上古罗马帝国，疆土日辟，俘人无数，因是产生奴隶垦殖地，其情形固悬殊也。

无领主农奴之别，亦无公田私田之分，与西周之采地制判然不同。然则商代犹未有所谓井田制也。

三　西周之采地制

（一）周以异民族征服东土

周兴西方。自王季伐诸戎，疆土日大。文王自岐迁丰，其国已跨三四百里之地，伐崇伐密，自河以西举属之周。至于武王而西及梁益（庸、蜀、羌、髳、微、卢、彭、濮），东临上党（戡、黎），无非周地。纣之所有，不过河内殷墟，故能一举而克商。然其初犹未能抚有东土也，惟立武庚，置三监而去。逮武庚之乱，始以兵力平定东方，克

太公望

商践奄，灭国五十。乃建康叔于卫，伯禽于鲁，太公望于齐，召公之子于燕，其余蔡、郕、郜、雍、曹、滕、凡、蒋、邢、茅诸国，棋置于殷之畿内及其侯甸。而齐、鲁、卫三国以王室懿亲，并有勋伐，居蒲姑、商奄故地，为诸侯长。又作雒邑为东都，以临东诸侯。而天子仍居丰镐者凡十一世。（以上兼据顾炎武《日知录》及王国维《观堂集林》）然则周视东土，殆被征服之属地耳。孟子谓文王以百里王，以德服人，岂其然哉。是以顾炎武曰："《书》之言文王曰大邦畏其力，文王何尝不借力哉。"

（二）被征服者成为奴隶

周既以异民族克商及其他东方诸国，于是迁殷顽民于雒邑（见《尚书·多士》篇），分殷民六族于鲁，七族于卫（见前第二节"氏族社会"条引《左传》）。后约三百年桓公受封于郑，犹携殷民与俱，以垦郑土。

子产

《左传》昭公十六年，子产曰："昔我先君桓公，与商人皆出自周，庸次比耦以艾杀此地，斩之蓬蒿藜藋而共处之。世有盟誓，以相信也。曰，尔无我叛，我无强贾，毋或匄夺，尔有利市宝贿，我勿与知。恃此质誓，故能相保，以至于今。"自来解者以商人为商贾之商，实即殷顽民之遗裔也。故曰庸次比耦以艾杀此地。

盖瓜分殷之遗民，所以分其势而用其力也。不独此也，周金中锡臣仆庶人之记录颇多。

　　《孟鼎》："锡汝邦嗣（司）四伯，人鬲（即《书经》"民献有十夫"的民献）自驭至于庶人六百又五十又九夫。……锡夷嗣王臣十又三伯，人鬲千又五十夫。"

　　《克鼎》："锡汝吏（使）小臣霝龠鼓钟，锡汝井（邢）迷（古长字读为长幼之长）劓人耤（籍），锡汝井人奔于𤔲。"

　　《令鼎》："王曰令众奋乃克至，余其舍（施舍）汝臣十家。"

　　《矢令敦》："作册矢令尊囡于王姜，姜赏令贝十朋，臣十家。"（新出）

　　《井侯尊》："侯锡者𤔲臣二百家。"（见《西清宝鉴》卷八第三十三页）

　　《齐侯镈》："余锡汝厘都□□，其县三百，余命汝嗣辥（其）厘邑，造国徒四千为汝敌寮。……余锡汝车马戎兵，厘仆三百又五十家，汝以戒戎作。"（《薛氏款识》）

　　《子仲姜镈》："𪓐叔又或劳于齐邦，侯氏锡之邑，二百又九十又九邑，与邿（？）[1]之民人都鄙。"

　　《周公敦》："锡臣三品，州人，𤔲人，庸人。"（见 Eumorfopoulos《集古录》）

　　《不嫢敦》："伯氏曰不嫢，汝小子，肇敏于戎工，锡汝弓一，矢束，臣五家，田十田。"

　　《阳亥彝》："阳亥曰遣叔休于小臣贝三朋，臣三家。"

　　《县妃彝》："锡汝妇七。"

　　《克尊》："大师锡白克仆州夫。"

且奴有奴籍，世代为奴。

---

[1]　原文如此。

奴隶之赐予，以家数计，其为世袭可知。克鼎之"锡汝邢长囟人籍"，即指奴籍。《左传》襄公二十三年："初斐豹隶也，著于丹书。栾氏之力臣曰督戎，国人惧之。斐豹谓宣子曰，苟焚丹书，我杀督戎。宣子喜曰，而（尔）杀之，所不请于君焚丹书者，有如日。乃出豹而闭之，督戎从之，逾隐而待之。督戎逾入，豹自后击而杀之。"此所谓丹书，亦即奴籍。焚丹书，则解脱奴籍也。

而书亦称殷人曰庶殷，或曰蠢殷，戎殷。盖殷人等事实上成为周民族之奴隶。

（三）土田之分割

周金中锡土田之记录亦颇多。王以之赐贵族。

《卯敦》："锡汝马十匹，牛十。锡于亡一田，锡于窒一田，锡于队一田，锡于戠一田。"

《敔敦》："佳王十有一月，王各（格）于成周大庙，武公入右敔告禽，馘百讯册。王蔑敔历，史（使）尹氏受（授）厘敔圭鬲，□贝五十朋，锡田于敔五十田，于早五十田。"（《薛氏款识》卷十四）

《克鼎》："锡汝田于埜，锡汝田于渒，锡汝井家（邢家）囟田于畯山，以（与）厥臣妾，锡汝田于康，锡汝田于匽，锡汝田于陴原，锡汝田于寒山，锡汝史小臣霝龠鼓钟，锡汝井遉囟人耤，锡汝井人奔于罩。"

贵族亦可自由分授其子孙。

《不嫢敦》："伯氏曰不嫢，汝小子，肇敏于戎工，锡汝弓一，矢束，臣五家，田十田。"此敦之伯氏，乃不嫢之父。（王国维说）上伯氏言狎狁寇边，分二路而进；王命伯氏御戎。伯氏御于西，命不娶追于东。不娶有功，故伯氏锡之人民田器。

且可以之抵押，

　　《格伯敦》："佳正月，初吉，癸巳，王在成周，格伯段（假）良马乘于佣生，厥债卅田，则折（誓）。……铸保（宝）敦，用典格伯田。其万年子子孙孙永保用𤲀。"盖佣生向格伯借用良马车乘，以卅田为抵押或赁金。

以之赔偿。

　　《曶鼎》："昔馑岁。匡众及臣廿夫寇曶禾十秭，以匡季告东宫，乃曰：'求乃人！乃弗得，汝匡罚大！'匡乃稽首于曶，用五田；用众一夫曰益；用臣曰惠，曰朏，曰奠，曰'用丝四夫稽首'。……东宫乃曰：'赏（偿）曶禾十秭，遗十秭，为廿秭，来岁弗赏，则倍册秭。'乃或即曶用田二，又臣（曰）凡，用即曶田七日，厥五夫，曶印（抑）匡卅秭。"盖匡人寇曶禾十秭，曶控于东宫。匡季以七田赔偿，并以臣庶五人为曶服役七日。

　　《散氏盘》："用矢僕散邑，乃即散用田眉。自瀗涉以南至于大沽一封，以陟二封。至于边柳，复涉瀗陟雩睿棻陜以西封于敤城楮木，封于刍徕，封于刍衢内，陟刍登于厂湶，封割枅陜。陵劓枅，封于菓道，封于原道，封于周道。以东封于㵼东疆。右还封于眉道。以南封于𨾩徕道。以西至于玙莫眉井邑田。自粮木道左至于井邑封道以东一封，还以西一封，陟劓三封，降以南封于同道。陟州劓，登枅，降棫，二封。……"此为规定田界。此下复叙规定田界之矢散两造有司及定约时情形。盖因矢国侵略散氏国之故，矢国以田赔偿。

国之被灭者，不独人民成为奴隶，其土田亦为征服者分割之目的物。

> 周公敦、克鼎、散氏盘三器饶有关系，疑均厉王时物。《周公敦》记征服王侯事。并为殷代以来之古国名，在今陕西大散关附近。并灭后，其土地人民，实受瓜分，周公之后人有所得，善夫克有得，散氏亦有所得。

> 以上所引周金，大都采自郭沫若《中国古代社会研究》之《周金中的社会史观》。

盖自商亡周兴，社会经一绝大变革。商为氏族社会，土地为村落共有。周则一变而为奴隶社会，土地为新兴之贵族分割而据为己有矣。

> 殷金存世者约当周金五分之一，其中虽偶记锡贝朋器物，而无锡土田臣仆之记录。可知商时尚无土地分割及臣仆私有之事。此为殷周铜器所载史实之悬殊处。

（四）采地制之创行

由前所论，西周社会有显然之贵族与庶人两阶级，而土田与奴隶均为贵族之财产。大抵周民族自陕西东侵，次第征服东土，其贵族众戚各分得若干土地与人民，建立不少原始封建式之殖民地。然贵族不能自耕其田，耕作之劳，必委之于庶人（农奴）。利用庶人耕作之方式，大抵不出两种：一为直接畜养之而驱使力作，一为每夫授地若干亩，使其自养，而用其力以耕公田，公田所出，则贵族（领主）之收益也。前者为纯萃奴隶垦殖制，后者为采地制，即所谓借而不税之制也。观乎《诗经·小雅·大田》篇"雨我公田，遂及我私"，及《国语·鲁语》孔子曰"先王制土，籍田以力，若子季孙欲其法也，则有周公之籍矣"云云，二者皆言西周事。然则此种借而不税之采地制，当系事实。欧洲中古封建制度盛时，其采地中亦有公田私田之分，一夫授田若干亩，每星期规定工作若干日于公田。其详情自与西周不尽同，要可资以比较发明者也。

周公

（五）庶人之生活

耕种之农民，既为被征服之庶人阶级，原有土地被夺于贵族，领种贵族之地而以力代租，其生活之苦与地位之低，不言而喻。《诗经·豳风·七月》之诗曰："无衣无褐，何以卒岁。"然而女则蚕织，为公子裳，男则亩猎，为公子裘。

> 蚕月条桑，取彼斧斨，以伐远扬，猗彼女桑。七月鸣鵙，八月载绩。载玄载黄，我朱孔阳，为公子裳。
> 一之日于貉，取彼狐狸，为公子裘。

又《小雅·甫田》篇述农人如何勤于田事，妇子送饮食，田畯（即采地管理人）验禾之优劣，曾孙（即领主）见禾之善而不怒，及其收获之如何丰富。

> 倬彼甫田，岁取十千。我取其陈，食我农人。自古有年。今适南亩，

> 或耘或耔，黍稷薿薿。攸介攸止，烝我髦士以我齐明。与我牺羊，
> 以社以方。我田既臧，农夫之庆。琴瑟击鼓，以御田祖，以祈甘雨，
> 以介我稷黍，以谷我士女。曾孙来止。以其妇子，馌彼南亩。田畯至喜，
> 攘其左右，尝其旨否，禾易长亩，终善且有。曾孙不怒，农夫克敏。
> 曾孙之稼，如茨如梁。曾孙之庾，如坻如京。乃求千斯仓，乃求万斯箱。
> 黍稷稻粱，农夫之庆。报以介福，万寿无疆。

而《大田》篇则言年岁之丰，有遗秉滞穗，以利寡妇。

> 彼有不获稚，此有不敛穧，彼有遗秉此有滞穗，伊寡妇之利。

观此可知农人须在田畯管理之下，努力田事，以求曾孙之不怒。蚕织制裘，举以奉之公子，而己则无衣无褐，何以卒岁。曾孙之仓廪余粟粒，而民间有寡妇须拾遗穗以求生。社会之不平等，可谓极矣。

四　春秋时代之采地

（一）采地制之沿革

春秋时代之社会，仍有显然对立之贵族与庶人两阶级。所谓诸侯卿大夫士，皆贵族也。庶人则沿自西周之被征服者。《左传》亦记俘虏事颇多。

> 《左传》：隐公六年"郑伯侵陈，大获"。
> 成公八年"郑伯将会晋师，门于许东门，大获焉"。

昭公十三年“鲜虞人闻晋师之悉起也，而不警边，且不修备。晋荀吴自著雍以上军侵鲜虞及中人，驱卫竞，大获而归”。

十七年“晋荀吴帅师……灭陆浑。……陆浑子奔楚。其众奔甘鹿，周大获”。

十八年“鄅人借稻。邾人袭鄅。鄅人将闭门，邾人羊罗摄其首焉遂入之。尽俘以归”。

哀公四年，楚围蛮氏，蛮氏溃。“诱其遗民，而尽俘以归。”

甚者如晋大夫夏阳说与卫孙良夫等率师侵宋，道经卫郊，说见卫无备，而欲袭卫以图俘获。其重视俘人如此。

《左传》：成公六年“晋伯宗、夏阳说、魏孙良夫、宁相、郑人、伊雒之戎、陆浑、蛮氏侵宋，以其辞会也。师于鍼，卫人不保。说欲袭卫，曰，虽不可入，多俘而归，有罪不及死。伯宗曰，不可，卫唯信晋，故师在其郊而不设备。若袭之，是弃信也。虽多卫俘，而晋无信，何以求诸侯。乃止。师还，卫人登陴”。

且以人赏赐，以人贡赂。

《左传》：宣公十五年“晋侯赏桓子狄臣千室”。

定公十年，晋赵鞅围卫。卫人惧，贡五百家。鞅置之邯郸。十三年，徙诸晋阳。

视人如牛马器物，处置任意，其不自由可知。而人民为贵族之重要财产，亦甚明也。盖是时土地几为贵族之专利，

　　《左传》记采地之授辞争夺，皆贵族间事。《国语·晋语》："公食贡，大夫食邑，士食田，庶人食力。"又曰："大国之卿，一旅之田，上大夫一卒之田。……夫绛之富商，……能金玉其车，文错其服，能行诸侯之贿而无寻尺之禄，无大绩于民故也。"可见以田为贵族之禄，庶人无与也；商贾虽富，亦不能有也。《左传》哀公二年，晋赵简子誓师曰："克敌者上大夫受县，下大夫受郡，士田十万，庶人工商遂，人臣隶圉免。"论功行赏，田地之赐，亦只及贵族也。

庶人则力农以事其上。

　　《左传》：襄公九年，楚子囊赞晋国曰："其卿让于善，其大夫不失守，其士竞于教，其庶人力于农穑，商工皂隶，不知迁业。"又襄公十三年，君子曰："世之治也，君子尚能而让其下，小人力农以事其上。"庶人亦曰小人。观此可知力农为其专职。犹之孟子所谓"无君子莫治野人，无野人莫养君子"也。

　　《国语·晋语》："其犹隶农也，虽获沃田而勤易之，将不克飨，为人而已。"所谓隶农，殆即农奴。

犹因袭西周之采地制。惟历时既久，风会渐变，其性质自难尽同。西周为纯萃采地制，领主各专其土地与人民。逮春秋则君权渐强，以田为禄，稍似后世之食邑。

　　食邑之制，领主但食其邑之租入，其统治权仍归国家。

　　《左传》：成公十六年"曹人复请于晋。晋侯谓子臧返，吾归而(尔)君。子臧反(自宋还)，曹伯归。子臧尽致其邑与卿而不出(不出仕)"。

　　《国语·晋语》："秦后子来仕，其车千乘。楚公子于来仕，其车五乘。叔向为太傅，实赋禄。韩宣子问二公子之禄焉。对曰，大国之卿，一旅之田，上大夫一卒之田。夫二公子者，上大夫也，皆一卒可也。宣子曰，秦公子富，若之何其钧之。对曰，夫爵以建事，禄以食爵，德以赋之，功庸以称之。若之何以富赋禄也，夫绛之富商。韦藩木楗以过于朝，惟其功庸少也。而能金玉其车，文错其服，能行诸侯之贿，而无寻尺之禄，无大绩于民故也。且秦楚匹也，若之何其回于富也。乃均其禄。"（韦注，五百人为旅，为田五百顷；百人为卒，为田百顷）观此可知以田为禄。

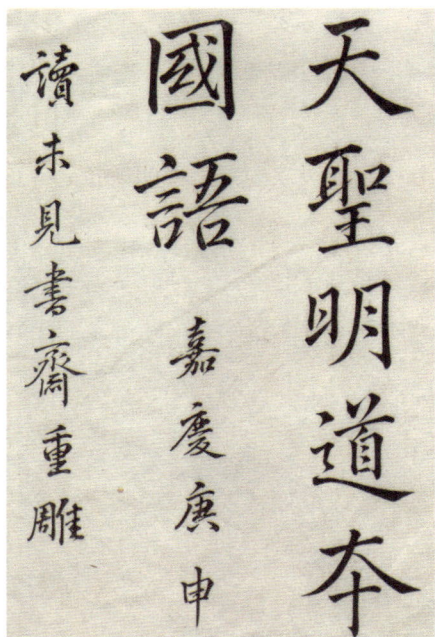

《国语》书影

然未几而贵族专政，往往在其封疆，俨若一独立集权之国。此又一变革也。其与耕者之关系，亦异旧制，不待春秋季年，借法早废矣。（详后）

（二）采地之授予

封建之世，土地属于国家。

《诗经·小雅·北山》篇"溥天之下，莫非王土"，《左传》：昭公七年"天子经略，诸侯正封，古之制也。封略之内，何非君土。"《国语·周语》："昔我先王之有天下也，规方千里以为甸服，以供上帝山川百神之祀，以备百姓兆民之用，以待不庭不虞之患，其余均分公侯伯子男，使各有宁宇。"观此可知至少在名义上土地属于王或诸侯。

分授国内贵族为采地。间亦授之异国贵族。

冉耕

《左传》：文公十八年，莒仆弑君，"以其宝玉来奔，纳诸宣公，公命与之邑。……季文子使司寇出诸竟"。

襄公二十八年，齐庆封"奔吴，吴句余予之朱方，聚其族焉而居之，富于其旧"。

照公三年"郑伯如晋，公孙段相，甚敬而卑，礼无违者。晋侯嘉焉。授之以策曰，子丰（子丰段之父）有劳于晋国，余闻而勿忘，赐汝州田，以胙乃旧勋"。

哀公十四年，宋"司马牛致其邑与珪（珪守邑符信）焉而适齐，……又致其邑焉而适吴"。盖齐曾以邑授司马牛也。

予夺之权，操之于王或诸侯；

《左传》：僖公元年"公赐季友汶阳之田及费"。

三十三年，晋侯"以再命命先茅之县赏胥臣，曰举郤缺子之功也。以一命命郤缺为卿，复与之冀"。

宣公十五年"晋侯赏桓子狄臣千室，亦赏士伯以瓜衍之县"。

成公二年，卫孙良夫帅师及齐师战于新筑，卫师败绩。"新筑人仲叔于奚救孙桓子，桓子是以免。既卫人赏之以邑。"

襄公二十六年"郑伯赏入陈之功。三月甲寅朔，享子展，赐之先路三命之服，先八邑。赐子产次路再命之服，先六邑。子产辞邑，曰，自上以下，隆杀以两，礼也。臣之位在四。且子展之功也。臣不敢及赏。礼请辞邑。公固与之，乃受三邑"。

二十七年，卫侯与公孙免余邑六十。

或出于执政之卿大夫，要亦代表国家者也。

《左传》：襄公二十一年，"邾庶其（庶其邾大夫）以漆闾丘来奔，季武子以公姑姊妻之。……而与之邑"。

三十年"子产为政，有事伯石，赂与之邑。……既伯石惧而归邑，卒与之"。

贵族请邑，请之国君。

《左传》：成公七年"楚围宋之役，师还，子重请取于申吕以为赏田，王许之。申公巫臣曰不可。此申吕所以邑也，是以为赋，以御北方。若取之，是无申吕也，晋郑必至于汉。王乃止"。

襄公二十七年"宋左师请赏，曰请免死之邑，公与之邑六十"。

哀公十四年"宋桓魋……请以鞍易薄。公曰，不可，薄宗邑也。乃益鞍七邑"。

致邑，亦致之国君。

《左传》：成公十三年，曹子臧致其邑于成公。

襄公二十二年，"郑公孙黑肱有疾，归邑于公"。

大抵一国之地，强半属于公室，余则分授贵族。在当时世卿世禄制之下，采地自属世袭。然亦不乏活动性。

《左传》：成公十一年"晋郤至与周争鄇田（鄇温别邑）。王命刘康公、单襄公讼诸晋。郤至曰，温吾故也，故不敢失。刘子、单子曰，昔周克商，使诸侯抚封。苏忿生以温为司寇，与檀伯达封于河。苏氏即狄，又不能于狄而奔卫（事在僖十年，狄灭温，苏子奔卫）。襄王劳文公而赐之温（左传二十五年）。狐氏、阳氏先处之（狐溱，阳处父先食温地），而后及子。若治其故，则王官之邑也。子安得之。晋侯使郤至勿敢争"。按鲁僖公十年当公元前六五〇年，成公十一年当公元前五八〇年，七十年间而温邑六易其主。

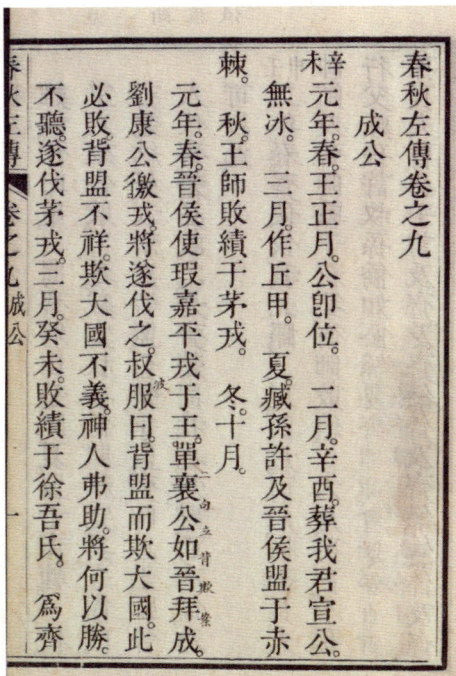

《左传·成公》书影

取此与彼，往往而有，似惟君之所欲。

《左传》：成公八年"晋赵庄姬为赵婴之亡，故僭之于晋侯，曰原屏将为乱，栾、郤为征。六月，晋讨赵同赵括，武从姬氏畜于公宫，以其田与祁奚，韩厥言于晋侯曰，成季之勋，宣孟之忠，而无后，为善者其惧矣。三代之令王皆数百年保天之禄，夫岂无辟王，赖前哲以免也。《周书》曰，不敢侮鳏寡，所以明德也。乃立武而反其田焉"。

《国语·晋语》："鄢之役，晋伐郑，荆救之。……栾武子欲战，范文子不欲。曰……今我战又胜荆与郑，吾君将伐智而多力，怠教而重敛，大其私暱，而益妇人田。不夺诸大夫田，则焉取以益此。诸臣之委室而徒退者，将与几人。"

然仅君权盛时如此。逮贵族专政，取夺由己，授受任意，甚或瓜分公室，则非国君所能问矣。

《左传》：襄公二十九年"公（鲁襄公）还及方城。季武子取卞（取卞邑以自益）。使公冶问。玺书追而与之。曰，闻守卞者将叛，臣帅徒以讨之，既得之矣，敢告。公冶致使而退，及舍而后闻取卞。公曰，欲之而言叛，只见疏也。公谓公冶曰，吾可以入乎？对曰，君实有国，谁敢违君。……五月，公至自楚。公冶致其邑于季氏（本从季氏得邑，故还之），而终不入焉（不入季孙家）。曰，欺其君，何必使余"。

昭公七年"晋人来治杞田。季孙将以成与之。谢息为孟孙守，不可。曰，人有言曰，虽有絜瓶之知，守不假器，礼也。夫子从君，而守臣丧邑，虽吾子亦有猜焉。季孙曰，君之在楚，于晋罪也；又不听晋，鲁罪重矣。晋师必至。吾无以待之。不如与之。间晋而取诸杞。吾与子桃。成反，谁敢有之。是得二成也。鲁无忧而孟孙益邑，子何病焉。辞以无山，与之莱柞。乃迁于桃。晋人为杞取成"。

十年齐"桓子（陈恒子）召子山，私具幄幕器用从者之衣屦而反棘焉；

子商亦如之而反其邑；子周亦如之而与之夫于；反子城、子公、公孙捷而皆益其禄；凡公子公孙之无禄者，私分之邑。国之贫约孤寡者私与之粟。曰，诗云，陈锡载周，能施也，桓公是以霸。公与桓子莒之旁邑，辞。穆孟姬为之请高唐，陈氏始大"。

哀公二年，赵简子誓曰："克敌者上大夫受县，下大夫受郡，土田十万。"观以上所引，可知取邑易邑，私相授受，或赏其属大夫，均非国君所能问。

瓜分公室，如鲁之三桓，晋之韩、赵、魏。

（三）采地之争夺

土地为财富所在。诸侯略地，每曰取某田，划界则曰疆某田，其重视农田可知。因是常为争夺之目标。

《左传》：僖公三十一年"取济西田，分曹地也"。成公二年"晋师及齐国佐盟于爰娄，使齐人归我汶阳之田"。四年"郑公孙申帅师疆许田"。襄公五年"莒人伐我东鄙以疆鄫田"。六年"齐侯灭莱。……迁于兒。高厚崔杼定其田"。哀公二年"季孙斯、叔孙州仇、仲孙何忌帅师伐邾，取漷东田及沂西田"。类似之例甚多，不备引。

国君或任意夺之卿大夫。贵族间亦每以强凌弱，夺人之田。往往为乱之阶。

《左传》：庄公十九年"初王姚嬖于庄王，生子颓，子颓有宠，蒍国为之师。及惠王即位，取蒍国之圃以为囿。边伯之宫近于王宫，王取之。王夺子禽祝跪与詹父田而收膳夫之秩。故蒍国、边伯、石速、詹父、子禽祝跪作乱，因苏氏"。

闵公二年"初公傅夺卜齮田，公不禁。秋八月辛丑，共仲使卜齮贼公于武闱"。

文公八年"夷之搜，晋侯将登箕郑父、先都，而使士谷、梁益耳将中军。先克曰，狐赵之勋，不可废也。从之。先克夺蒯得田于董阴。故箕郑父、先都、士谷、梁益耳、蒯得作乱"。

成公十七年，晋"郤锜夺夷阳五田。……郤犨与长鱼矫争田，执而梏之，与其父母妻子同一辕"。五、矫嬖于厉公，卒因厉公而杀三郤。

子禽

襄公十年"初子驷为田洫，司氏、堵氏、侯氏、子师氏皆丧田焉。故五族聚群不逞之人，因公子之徒以作乱"。

昭公十三年"楚子之为令尹也，杀大司马蒍掩而取其室。及即位，夺蒍居田，迁许而质许围。蔡洧有宠于王，王之灭蔡也，其父死焉，王使与于守而行。申之会，越大夫戮焉。王夺斗韦龟中犫，又夺成然邑，而使为郊尹。蔓成然故事蔡公。故蒍氏之族及蒍居、许围、蔡洧、蔓成然，皆王所不礼也，因群丧职之族，启越大夫常寿过作乱"。

其他争田不决，折之以理，劫之以力，施之以术，姑示以让者，亦不一而足。甚者至劳天王霸主，为之折冲。

《左传》：文公十八年"齐懿公之为公子也，与邴歜之父争田，

弗胜。及即位，乃掘而刖之。"

昭公三年"初州县栾豹之邑也。及栾氏亡，范宣子、赵文子、韩宣子皆欲之。文子曰，温吾县也。二宣子曰，自郤称以别，三传矣。晋之别县，不唯州，谁获治之。文子病之，乃舍之。二子曰，吾不可以正议而自与也，皆舍之"。

九年"周甘人与晋阎嘉争阎田。晋梁丙张趯率阴戎代颍。王使詹桓伯辞于晋。……叔向谓宣子曰：……王辞直。子其图之。宣子说。王有姻丧，使赵成如周，吊且致阎田与襚，反颍俘。王亦使宾滑执甘大夫襄以说于晋，晋人礼而归之"。

十四年"晋邢侯与雍子争鄐田，久而无成。士景伯如楚，叔鱼摄理，韩宣子命断旧狱。罪在雍子，雍子纳其女于叔鱼，叔鱼蔽罪邢侯。邢侯怒，杀叔鱼与雍子于朝"。

《国语·晋语》："范宣子与和大夫争田，久而无成。宣子欲攻之。……祁午见曰，晋为诸侯盟主，子为正卿，若能靖端诸侯，使股听命于晋，晋国其谁不为子从。何必和？盍密和，和大以平小乎？宣子问于訾祏。訾祏对曰，昔隰叔子违周难于晋国，生子舆为理，以正于朝，朝无奸官；为司空以正于国，国无败绩。世及武子，佐文襄为诸侯，诸侯无二心；及为卿以辅成景，军无败政；及为成师居太傅，端刑法，缉训典，国无奸民。后之人可则。是以受随范。及文子成晋荆之盟，丰兄弟之国，使无有间隙，是以受郫栎。今吾子嗣位，于朝无奸行，于国无邪民，于是无四方之患而无外内之忧，赖三子之功而飨其禄位。今既无事矣而非和，于是加宠，将何治为？宣子说。乃益和田而与之和。"

或更外取以为采邑。

《左传》：襄公十年"晋荀偃士匄请伐偪阳，而封宋向戌焉。（以宋常事晋，而向戌有贤行，故欲封之为附庸）”

　　哀公九年“郑武子胜之娶许瑕求邑，无以与之。请外取，许之。故围宋雍丘”。

争竞之烈，亦已甚矣。故或纳邑以免难，或少受以防争，良有以也。

　　《左传》：襄公二十二年“郑公孙黑肱有疾，归邑于公。召室老宗人立段，而使黜官薄祭，祭以特羊，殷以少牢，足以共祀。尽归其余邑。曰，吾闻之，生于乱世，贵而能贫。民无求焉，可以后亡。敬共事君与二三子。生在敬戒，不在富也”。

　　二十七年，卫“公与免余（公孙免余）邑六十。辞曰，惟卿备百邑，臣六十矣，下有上禄，乱也。臣弗敢闻，且宁子唯多邑，故死。臣惧死之速及也。公固与之，受其半”。

　　二十八年，齐“与晏子邶殿，其鄙六十。弗受。子尾曰，富人之所欲也。何独弗欲？对曰，庆氏之邑足欲，故亡。吾邑不足欲也，益之以邶殿，乃足欲。足欲，亡无日矣。在外不得宰吾一邑。不受邶殿。非恶富也，恐失富也”。

　　二十九年“吴公子札……聘于齐。说晏平仲，谓之曰，子速纳邑与政。无邑无政，乃免于难。齐国之政将有所归，未获所归。难未歇也。故晏子因陈桓子以纳政与邑。是以免于栾高之难”。

吴公子季札

（四）采地之大小

采地之大小，似有定制，以官品为准。

> 《左传》卫公孙免余曰："唯卿备百邑。"《国语·晋语》叔向曰："大国之卿一旅之田，上大夫一卒之田。"观此可知采邑之大小，似有定制。

实际则随时随地而异。国君赐邑，自数邑以至数十，多寡悬殊，不必尽依品位也。且地既世袭，赐或不止一次，则积累而多。益以强索攘夺，有力者不难日增。即有成法，而差别生焉。故同为晋卿，少者仅一卒之田，多者其富半公室，其家半三军，相差殊远。

> 《国语·晋语》："叔向见韩宣子。宣子忧贫，叔向贺之。宣子曰，吾有卿之名而无其实，无以从二三子。吾是以忧，子贺我何故？对曰，昔栾武子一卒之田，其宫不备其宗器。宣其德行，顺其宪则。使越于诸侯，诸侯亲之，戎狄怀之。以正晋国，行刑不疚。以免于难。乃桓子骄泰奢侈，贪欲无艺，略则行志，假贷居贿。宜及于难，而赖武之德以没其身。及怀子改桓之行而修武之德，可以免于难，而离桓之罪以亡于楚。夫郤昭子其富半公室，其家半三军，恃其富宠，以泰于国。其身尸于朝，其宗灭于绛。不然，夫八郤五大夫三卿，其宠大矣，一朝而灭，莫之哀也，惟无德也。今吾子有栾武子之贫，吾以为能其德矣。是以贺，若不忧德之不建，而患货之不足，将吊不暇，何贺之有。宣子拜稽首焉。曰，起也将亡，赖子存之。非起也敢专承之，其自桓叔以下嘉吾子之赐。"

大抵荫借厚者多，薄者少；族强者多，弱者少；贪而有力者日增，而谨厚者守成。故多寡之间，不可以道里计也。郑饥，子展饩国人粟，户一钟，以贤大夫而积粟如是之丰，一般贵族采地之大可知。

《左传》：襄公二十九年"郑子展卒，子皮即位。于是郑饥而
未及麦，民病。子皮以子展之命饩国人粟，户一钟。是以得郑国之民。
故罕氏常掌国政。以为上卿"。

晋灭祁氏，分其田为七县；灭羊舌氏，分其田为三县。

《左传》：昭公二十八年"夏六月，晋杀祁盈及杨食我。……
遂灭祁氏、羊舌氏。……秋，晋韩宣子卒，魏献子为政。分祁氏之
田以为七县，分羊舌氏之田以为三县。司马弥牟为邬大夫。贾辛为
祁大夫。司马乌为平陵大夫。魏戊为梗阳大夫。知徐吾为涂水大夫。
韩固为马首大夫。孟丙为孟大夫。乐霄为铜鞮大夫。赵朝为平阳大夫。
僚安为杨氏大夫"。

韩赋七邑，皆成县也。(见《左传》昭公五年)赵简子誓师，以县为赏。(见前引)
智伯索地于韩赵魏，韩魏各致万家之邑一。(见《战国策·赵策》)其后韩赵
魏卒因累次兼并，三分晋国。强者占地之广，越乎寻常远矣。

（五）田与邑

周金中记锡土田，每曰若干田，或曰锡于某处一田，锡于某处五十田。
(见前第三节"土田之分割"条)似田为记数之单位，其大小或有一定。一田之
面积几何，虽不可知，观于"臣五家"与"田十田"对举，则一田至少当
今之数十亩也。春秋时亦间言田若干，

  《国语·晋语》："公子夷吾出见使者。再拜稽首，起而不哭，退而私于公子絷曰：中大夫里克与我矣，吾命之以汾阳之田百万；丕郑与我矣，吾命之以负蔡之田七十万。"又见前引《左传》赵简子誓师曰"士田十万"。

惟以十万百万计，迥非西周所谓若干田，彰彰甚明；自来注释者以为田十万即十万亩，百万即百万亩，盖得其真。然春秋时代所常言者为若干邑，而非田若干，且以邑为采地或采邑之简称。（见前引）然则"邑"固当时采地计数之单位也。邑之大小如何？或谓四井为邑，方二里，凡三十六家；或谓一成为邑，方十里，凡八百家。

  杜预《春秋经传集解》于郑赐子展八邑注曰"八邑三十二井"，于卫与免余邑六十则曰"此一乘之邑，非四井之邑"。而一乘者则相传成方十里，凡八百家而出车一乘也；或云八十家出车一乘。

《春秋经传集解》书影

窃谓皆非也。卫与公孙免余邑六十，宋与左师邑六十，（见前引）宋卫均小国，而一人一次所授之邑多至六十，可知邑之面积必小。然而韩氏七邑皆成县，卿大夫七人而各一邑，（见前引）则邑之面积又甚大。《易》曰

"不克讼归，而逋其邑人三百户"，言三百户，有不三百户者矣。孔子尝称"十室之邑""千室之邑"（见《论语·公冶长》篇），赵奢言"万家之邑"（见后第五节"一般经济之转变"条引）。可知邑之户数殊不一律。盖邑为人所聚居之地（参看前第二节"村落与土地利用"条），聚人多则大，聚人少则小，而京师亦称大邑。余于上文曾谓商时之邑殆即村落，今此春秋时所谓邑，其小者亦村落也，小邑亦谓之鄙，又多属于大邑，而大邑亦复别有属邑。

《崔东壁遗书·三代经界通考》："聚人多则为大邑。聚人少则为小邑。千室百室十室，皆自其邑之大小而言之也。若卫免余所称唯卿备百邑者，则通大小截长补短而计之者也。然小邑又多统属于大邑。故大邑亦谓之都，小邑或谓之鄙。故《传》云：齐与晏子邶殿，其鄙十六，邶殿其大邑，而十六其所属之小邑也。故楚蓬启疆曰：韩氏七邑，皆成县也。卿大夫七人，而皆各一邑。则是但举大邑言之。小邑固不计其数也。盖自周室东迁以来，诸侯之国渐大，故其卿之采邑，亦复别有属邑。故晋郤至与周争鄍田，而曰，温，吾故也。七刍、赵武、韩起欲得州田，而赵武曰，温，吾县也。二子曰，自郤称以别，三传矣。然则温其大邑，而鄍与州其属邑也。"

盖邑者行政计数之单位，犹曰若干城，若干村，非有划一规定之亩数与户数也。

五　农业与社会之变革

（一）农业之推广与进步

周于克商以前，已为农业民族。

　　周相传为弃之后。弃在尧时为农师，舜时为后稷。《诗经·大雅·生民》篇记后稷稼穑之功。《公刘》篇记后稷曾孙公刘复修后稷之业，立国于豳。虽传说未必可信，而周之早有农业，则可概见。其他周诗言农事者甚多。

耜耕图

其主要农具为耜。（参看第二节"商之农业"条）技术幼稚。周之胜商，或谓由于周人初用铁耕。因以富强。信否待证。

> 说见郭沫若《中国古代社会研究》一一八至一二三面，盖周诗有钱、镈、銍三种从金之田器，又于耜字缀以犀利之形容辞，可知西周已用金属制之田器。《考工记》谓攻金之工六：筑氏为削；冶氏为杀矢，为戟；桃氏为剑；凫氏为钟；栗氏为量；段为氏镈器。虽未明言镈器为何种金属所制（因段氏阙），然谓金有六齐（均为铜之合金），以制其他五氏所治之器，而镈器除外，可知农具非铜所制。且世界各国均无铜犂或青铜犂出土。又《国语·齐语》管子有"美金以铸剑戟，试诸狗马，恶金以铸锄夷斤欘，试诸土壤"之言，恶金即铁，可知农具为铁所制。《大雅·公刘》篇"取厉取锻"之锻，即段氏之段。公刘为文王远祖，是则周一天下之前，早用铁耕矣。虽然，《公刘》篇相传为召康公戒成王而作，至只可证明西周已用铁，若无旁证，未为定论也。且郭君引《周书·无逸》篇"呜呼，厥亦惟我周，太王、王季，克自抑畏，文王卑服，即康功田功，……自朝至于日中昃，不遑暇食"，以为太王、王季、文王均须亲自下田，农业尚未十分发达，是亦认为铁之发现，至早当在文武之际矣。

逮既征服东土，农事未替。然势力所及，亦殊有限。河北山西之大部，为北狄所据，俗尚游牧。山东及苏皖北部之东夷，已否事农，犹未可必。大江以南，更无闻矣。

> 《容斋随笔》："成周之世，中国之地最狭。以今地理考之：吴、越、楚、蜀、闽皆为蛮；淮南为群舒；秦为戎，河北、真定、中山之境乃鲜于、肥、鼓国；河东之境有赤狄，甲氏、留吁、铎辰、潞国；

洛阳为王城，而有扬拒泉皋、蛮氏、陆浑、伊雒之戎；京东有莱、牟、介、莒，皆夷也；杞都雍丘，今汴之属邑，亦用夷礼；邾近于鲁，亦曰夷。其中国者，独晋、卫、齐、鲁、宋、郑、陈、许，而已，通不过数十州。盖于天下特五分之一耳。"按莱夷曾与齐争国。淮夷、徐夷至宣王始征服。白狄在春秋初年灭卫侵邢，势力甚盛；直至战国时为赵所灭之中山，犹为北狄所建之国。西周亡于犬戎；秦在春秋初年犹不齿于中国；至战国中叶尚有义渠之戎在今甘肃，号称强国，后灭于秦。吴、越、楚、蜀尚未通于中国。周初势力所及，只今河南全部（尚不甚全），及陕西、山东、河北、山西之一部分而已。

自周初迄平王东迁，其间三百余年，人口渐增，农业渐盛。而西周季年，宣王大定南服，邑舅申伯于谢（今河南南阳县），以式南国，而谢土初辟，文物未具，召伯为之平原隰，彻土田；

　　《诗·大雅·嵩高》："亹亹申伯，王缵之事，于邑于谢，南国是式。王命召伯，定申伯之宅，……彻申伯土田。"又《小雅·黍苗》："肃肃谢功，召伯营之；烈烈征师，召伯成之。原隰既平，泉流既清；召伯有成，王心则宁。"

又封弟桓公友于郑（今河南新郑县），郑土犹多草莱，斩蓬蒿藜藋以事开辟（见前第三节"被征服者成为奴隶"条引《左传》）；封韩弈于韩（今陕西韩城县），韩土犹未开化，逐土著之貊而从事垦殖。

　　《诗·大雅·韩弈》："蹶父孔武，靡国不到。为韩姞相攸，莫如韩乐。孔乐韩土，川泽訏訏，鲂鱮甫甫，麀鹿噳噳。有熊有罴，有猫有虎。庆既令居，韩姞燕誉。溥彼韩城，燕师所完，以先祖受命，因时百蛮。王锡韩侯其追其貊，奄受北国，因以其伯。实墉实壑。

实亩实籍。献其貔皮，赤豹黄罴。"

夫韩谢均近王畿，郑犹在中原之中，而犹如此，然则中原沃野，犹未尽耕也。西周盛行奴隶制，农场大而耕人多。

　　《诗·小雅》有《大田》、《甫田》等篇，甫亦大也，用农奴耕种，田大而收获多。又《周颂·噫嘻》篇"骏发尔私，终三十里，亦服尔耕，十千维耦"。《载芟》篇"千耦其耘，徂隰徂畛"。亦可见农场大而耕人多。盖西周盛行奴隶制，领主之田广而蓄奴多；且农具幼稚，费力而掘土浅，亦需人较多也。

耕则二人相耦，谓之耦耕。

　　耒耜之刃上有横木，系便于足蹈之处，利用全身重量，压刃入土，即所谓推。耒既入土，然后斜抑其柄，使土坟起，即所谓发。此种反复的推发，在战国以前，大都两人共作，谓之耦耕。耦耕原因，当系合力则易举，然主要由于古人有二人为耦之习惯，如耦射亦然。

耦耕之法，至春秋战国间犹存。

　　《左传》昭公十六年"庸次比耦，以艾杀此地"。《国语·吴语》："譬如农夫作耦，以刈杀四方之蓬蒿。"《论语·微子》："长沮、桀溺耦而耕。"《荀子·大略》："禹见耕者耦立而式。"《吕氏春秋·月令》："令农计耦耕事，修耒耜，具田器。"

夫耕而用人，不借役畜，效率之低可知。惟附铁于耒耜之端，则刃利而入土深，较之纯用木制者远胜矣。

农具之用铁，于耜端嵌一半圆形之金属片，较附铁于歧头之耒端，易于制作。故周人之用铁耕，实较早于东方用耒之地，至迟当在西周也。惟其始形制度必简陋，待后逐渐进步，功效渐著。

春秋以还，霸国并兴。社会之变革，产业之增殖，于时为烈。四方异族，渐次同化，农业因以推广。农事技术，亦随工商之进步而进步。农具改良，深耕易耨，则地力较易维持。且人口日增，欲望日奢，土地之利用，不得不较为经济。

《周礼》有"一易之地""再易之地"之说，当有所本。一易再易云云，即休闲制度也。不知始于何时，或在春秋以前乎？《左传》僖公十五年所谓爰田，《汉书·地理志》所谓商君制辕田（辕爰同）。疑亦休闲制度。

至战国而肥料见重，

《孟子》"百亩之粪，上农夫食九人"，又曰"凶年，粪其田而不足"，《月令》季夏之月"烧薙行水，利以杀草，如以热汤，可以粪田畴，可以美土疆"。据此可知至迟至战国已习用人畜粪为肥料，故谓施肥曰粪田；且已知绿肥之效用矣。

灌溉大兴。

《诗·小雅·白华》篇："滮池北流，浸彼稻田。"说者谓系灌溉之始。确否虽不可必。然魏文侯时，西门豹引漳水溉邺；秦昭王时，李冰穿江溉成都；始皇元年，韩遣水工郑国为间于秦，鉴泾水为渠，

灌溉图

溉田四万余顷。已作大规模之灌溉工程，复有水利专家。是则灌溉之始，必远在战国以前，至战国而大兴矣。

牛耕或亦始于是时。

　　牛耕原始，言者不一。或谓始于汉代赵过，然不能如此之晚。最有威权之说，为据孔子有犁牛之言，其弟子冉耕字伯牛，以为春秋已用牛耕而有犁。然犁牛为杂色之牛。冉耕之耕，王引之《春秋名字解诂》以为"耕当为牲。《说文》'牲，牛鬐下骨也'，引《春秋传》曰'宋司马牲字牛，即司马耕也'，冉耕亦当为冉牲，古字假借耳"。均不足为牛耕始于春秋之证。惟先秦遗物有大犁馆（或作犁冠），非人力所能胜任，据此可知先秦已有牛耕，殆始于战国中叶以后。

李悝尽地力之教，商鞅急耕战之策。土地之利用，更为集约。大抵一夫所耕，以百亩为率，与西周情形迥殊矣。

> 《孟子》曰："百亩之粪，上农夫食九人。"《汉书·食货志》魏李悝曰："今一夫挟五口，治田百亩。"《沟洫志》魏史起曰："魏氏之行田也以百亩，邺独二百亩，是田恶也。"可见战国时农户分别各治其田，大抵一夫所耕，上地以百亩为率。与西周之大农场而用多人共耕者不同。

（二）一般经济之转变

西周犹在村落经济时代。领主衣食，几全出自采地；庶人更属自产自给。（参看第三节"庶人之生活"条）虽有商业，未足重轻也。至春秋初年，周郑交恶，掠取禾麦。

> 《左传》隐公三年（公元前七二〇年）四月，郑祭足帅师取温之麦；秋又取成周之禾。又四年秋，诸侯之师败郑徒兵，取其禾而还。

后六十年，卫灭于狄，遗民男女仅七百有三十人，益以共滕之民为五千人，徙居于曹，齐赠以牛羊豕鸡狗皆三百。

> 《左传》：闵公二年（公元前六六〇年）"卫之遗民男女七百有三十人，益之以共滕之民为五千人，立戴公以庐于曹。许穆夫人赋载驰。齐侯使公子无亏率车三百乘，甲士三千人以戍曹。归公乘马祭服五称，牛羊豕鸡狗皆三百，与门材。归夫人鱼轩，重锦三十两。……卫文公大布之衣，大帛之冠，务材训农，通商惠工，敬教劝学，授方任能。元年革车三十乘，季年乃三百乘"。《诗·鄘风·定之方中》美卫

文公建城市，营宫室，植树务农，末云"骓牝三千"，盖畜牧亦并重也。

产业之犹未发达，可以概见。然是时齐已称霸，奖励工商。未几晋强于北，楚盛于南，秦兴于西，中原诸侯亦忙于盟会朝聘。交通发达。人口增加。物产丰富。而异地货品之流通，遂成急需。于是商业勃兴。离村落经济而入市镇经济时代。不久即使商人成为社会上有力阶级。绛之富商，通于诸侯。（见前第四节"采地制之沿革"条引《国语》）郑商弦高，计退秦师。

《左传》：僖公三十三年"秦师……及滑。郑商人弦高将市于周，遇之。以乘韦先牛二十犒师。曰，寡君闻吾子将步师出于敝邑，敢犒从者不腆。敝邑为从者之淹居，则具一日之积，行则备一夕之卫。且使遽告于郑。郑穆公使视客馆，则束载厉兵秣马矣。使皇武子辞焉，曰，吾子淹久于敝邑，唯是脯资饩牵竭矣，为吾子之将行也，郑之有原圃，犹秦之有具圃也，吾子取其麋鹿以闲敝邑，若何？杞子奔齐，逢孙扬，孙奔宋。孟明曰，郑有备矣，不可冀也，攻之不克，围之不继，吾其还也。灭滑而还"。

逮春秋季年，范蠡致富，子贡善贾，尤为后世所称道。

《史记·货殖传》："昔者越王勾践困于会稽

范蠡

之上，乃用范蠡计然。……范蠡既雪会稽之耻，乃喟然而叹曰，计然之策七，越用其五而得意。既已施于国，吾欲用之家。乃乘扁舟浮于江湖，变名易姓，适齐为鸱夷子皮，之陶为朱公。朱公以为陶天下之中，诸侯四通，货物所交易也，乃治产积居，与得遂，而不责于人。故善治生者，能择人而任时。十九年之中，三致千金，再分散与贫交昆弟。此所谓富好行其德者也。后年衰老，而听子孙。子孙修业而息之，遂至巨万。故言富者皆称陶朱公。"又："子赣既学于仲尼，退而仕于卫，废著鬻财放曹鲁之间。七十子之徒赐最为饶益。原宪不厌糟糠，匿于穷巷。子贡结驷连骑，束帛之币，以聘享诸侯，所至国君无不分庭与之抗礼。夫使孔子名布扬于天下者，子贡先后之也。此所谓得势而益彰者乎？"

降及战国，交通益繁，都市崛起，万家之邑相望。

苏秦

如齐之临淄，赵之邯郸，魏之大梁，秦之咸阳，楚之郢，皆为大都会。《战国策·齐策》苏秦说齐宣王曰："临淄之中七万户。臣窃度之，下户三男子，三七二十一万。不待发于远县，而临淄之卒固已二十一万矣。临淄甚富而实，其民无不吹竽鼓瑟，击筑弹琴，斗鸡走犬，六博蹋鞠者。临淄之途，车毂击，人肩摩，连衽成帷，举袂成幕，挥汗成雨。家敦而富。志高而扬。"当时大都市之繁盛可知。又《赵策》赵奢曰："古者四海之内，分为万国。城虽大，无过三百丈者，人虽众，无过三千家者。而以集兵三万，距此奚难哉。……今千丈之城，万家之邑，相望也。而索以三万之众，围千丈之城，不存其一角。而野战不足用也。"此其情形，与春秋初入市镇经济时代之情形大异，与西周之村落经济时代，更相悬殊矣。

富商大贾，其势益盛。

吕不韦以阳翟大贾，运谋废置秦王，而执强秦之政权。详见《史记》本传。又《货殖传》："乌氏倮畜牧。及众，斥卖求奇缯物，间献遗戎王。戎王什倍其偿，与之畜，畜至用谷量马牛。秦始皇帝令倮比封君，以时与列臣朝请。而巴蜀寡妇清，其先得丹穴，而擅其利数世，家亦不訾。清寡妇也，能守其业，用财自卫，不见侵犯，秦皇帝以为贞妇而客之，为筑女怀清台。"可知秦之富人，在社会上势力之大。

社会之经济基础，方之春秋初期以前，诚有天渊之别矣。

（三）封建渐坏而郡县代兴

西周自古代部落脱变为封建制度，诸侯各自为小组织，而统属于王室。东周以后，王室渐衰。至春秋初年，周郑交质，王室与诸侯几成对等地位。厥后徒拥虚名而已。诸侯复时相侵伐，各肆兼并，强者因兼并而日大。其初君权强盛，舍封建而趋于中央集权。既而如齐、鲁、晋等国，君权旁落，而贵族专政。即《论语》所谓"禄去公室，政逮于大夫"，《左传》（昭公三年）晋叔向所谓"政在家门"也。然其舍封建旧制而趋于中央集权也如故。惟前者集权于国君，此则操之于贵族而已。贵族间亦相兼并，瓜分采邑，弱者灭亡而强者日大，在其领域内隐然自成一中央集权制之国。卒致田氏代齐而三家分晋。世卿之制废而布衣卿相之局以启。封建制度至此，消亡殆尽。若楚与秦，自始即系自由建立，未受封建之拘束，亦未经贵族专政。故中央集权之郡县制，肇端于春秋，至战国而确立，岂必待始皇始废封建而建郡县哉。（参看《日知录》卷二十二"郡县"条）

（四）贵族阶级之崩溃与平民之解放

西周之世，外来之贵族与被征服之庶人阶级，分别显然。降及春秋，贵族相竞，或因获罪而灭族，或因竞争失败而废为庶人。

《左传》昭公三年，晋叔向曰："栾、郤、胥、原、狐、续、庆、伯降在皂隶。"

《孟子》书影

益以诸侯兼并，国家破灭者，其贵族夷为平民。兼并既盛，贵族之夷为平民者愈多。贵族之数日少而平民日众。一方则平民亦渐可借才能或贸易起家，势埒贵族。春秋之世，已有宁戚起于牧竖，百里奚困至乞食，而为齐秦卿相。至战国遂开布衣卿相之局。且土地之开发，往往不能与人口之增加相调剂，某一采邑之土地有限，而庶人日众，土地不敷分配，则过剩之人口惟有改业或他徙。当时人民除一部分为俘虏或奴隶外，似非绝对无迁徙之自由，观于《诗经》"逝将去女"及《论语》"襁负其子而至"可知。逮战国时，各国务为富强，招致农民，竞事垦殖。

> 梁惠王问孟子邻国之民不加少，寡人之民不加多，何也？孟子又言天下耕者皆欲耕于王之野。秦且用商鞅之策，诱三晋之民，耕秦之田。凡此皆当时诸国争欲吸集客民，开发本国地利之征也。

兼以市镇繁盛，益增人民迁徙之自由。或迁入市镇，从事工商，或适彼荒土或宽乡，从事垦殖。因此平民在经济上、政治上、法律上之限制渐除。学术公开，思想自由。贵族庶人之分浸废。而畴昔世袭之贵族制度，崩溃无存矣。

六　列国之新政与采地制之破坏

（一）土田之整理

世事复杂，往往互为因果。春秋以还，农业之进步，社会之变革，殊为剧烈，已如前述。土地制度与国家社会之关系至巨，岂能独外而不受影响哉？虽古书简略，不克详考，犹得见其梗概。春秋中叶，霸国并兴，对内趋于中央集权，对外采取军国主义，整军经武，以事挞伐。于是整理土田，以求岁收之增加，军备之有素，几为各国之共同趋势。如鲁之税亩，赋田；

《春秋》宣公十五年（公元前五九四年）"初税亩"。《左传》：

冉求

"初税亩，非礼也，谷出不过借，以丰财也。"哀公十一年（公元前四八四年）"季孙欲以田赋，使冉有访诸仲尼。仲尼曰，丘不识也。三发。卒曰，子为国老，待子而行。若之何子之不言也？仲尼不对。而私于冉有曰，君子之行也，度于礼，施取其厚，事举其中，敛从其薄，如是则以丘亦足矣。若不度于礼而贪冒无厌，则虽以田赋，将又不足。且子季孙若欲行而法，则周公之典在。若欲苟而行，又何访焉。弗听"。十二年"用田赋"。

齐使井田畴均，相地而衰征；

《国语·齐语》："桓公曰，伍鄙若何？管子对曰，相地而衰征（韦注：相，视也。衰，差也。视土田之美恶及所生出，以差征赋之轻重也），则民不移。政不旅旧，则民不偷。山泽各致其时，则民不苟。陵阜陆墐，井田畴均，则民不憾。无夺民时，则百姓富。牺牲不略，则牛羊遂。"

楚之画土田，井衍沃，量入修赋；

《左传》：襄公二十五年（公元前五四八年）"楚蒍掩为司马，子木使庀赋，数兵。甲午，蒍掩书土田，度山林，鸠薮泽，辨京陵，表

淳卤，数疆潦，规偃猪，町原防，牧隰皋，井衍沃。量入修赋，赋
车籍马，赋车兵徒兵甲楯之数。既成，以授子木，礼也。"

郑使田有封洫，庐井有伍，又作丘赋，其明征也。

　　《左传》：襄公三十年（公元前五四三年）"子产使都鄙有章，上
下有服，田有封洫，庐井有伍。大人之忠俭者，从而与之；泰侈者，
因而毙之。……从政一年，舆人诵之曰，取我衣冠而褚之，取我田
畴而伍之，孰杀子产，吾其与之。及三年，又诵之，我有子弟，子
产诲之，我有田畴，子产殖之，子产而死，谁其嗣之。"

　　昭公四年（公元前五三八年）"郑子产作丘赋，国人谤之曰，其父
死于路，已为虿尾，以令于国，国将若之何。子宽以告。子产曰，何害。
苟利社稷，死生以之。……浑罕曰，国氏其先亡乎？君子作法于凉，
其敝犹贪，作法于贪，敝将若之何。"

逮战国时，秦用商鞅之法，开阡陌，初为赋，亦整理土田之一种新政策，
与此类似者也。

　　《史记·秦本纪》孝公十二年"为田开阡陌"。十四年"初为赋"。
《商君列传》："为田开阡陌封疆而赋税平。"

　　《汉书·食货志》："秦孝公用商君，坏井田，开阡陌，急耕
战之赏。虽非古道，犹以务本之故，倾邻国而雄诸侯。"《地理志》：
"孝公用商君，制辕田，开阡陌。"

　　《通典》卷一"秦孝公任商鞅，鞅以三晋地狭人贫，秦地广人寡，
故草不尽垦，地利不尽出。于是诱三晋之人，利其田宅，复三代，
无知兵事，而务本于内。而使秦人应敌于外。故废井田，制阡陌，

任其所耕，不限多少。（原注孝公十二年之制）数年之间，国富兵强，天下无敌。"

按论者常以废井田，开阡陌，罪商鞅。然《史记》但言开阡陌。至《汉书》始言坏井田。盖班固生当东汉，受西汉井田论之影响，以意推之也。其后《通典》、《资治通鉴》等承之，遂以为古井田之法，废于秦孝公十二年矣。《史记》曰"为田开阡陌封疆而赋税平"，则所谓开阡陌者，犹孟子之正经界耳。阡陌者田间之道，南北曰阡，东西曰陌。封者聚土，疆则界也。盖积土为阡陌，以为田界，使赋均而免争。且在荒地，亦划分疆界，授民以垦之法也。

（二）赋税之改革

上古田赋之制，有贡助借彻等名。税其田谓之贡。不税其田而借其力以耕谓之助，亦谓之借，即所谓借而不税也。

孟子曰："夏后氏五十而贡，殷人七十而助，周人百亩而彻，其实皆什一也。彻者，彻也。助者，借也。……贡者，较数岁之中以为常。"《鲁语》孔子曰："先王制土，借田以力。……若子季孙欲其法也则有周公之籍矣。"

惟于彻法则无明文；后世之解释，以谓八家合力共耕一井九百亩之田而共分其粟谓之彻。余按此说如不诬，且如孟子所言，夏商周之税法，由贡而助而彻，则上古文化为逐步退化而非进化矣。有是理乎？

如彻法为通力合作而共分其粟之制，则颇似原始共产制度。大抵土地制度始为原始共产。继则强者占为己有，而驱弱者耕种，借法最为相宜，于是采用借而不税之采地制。逮经济进展，人事复杂，封建渐坏，借法不复相宜，于是改为按亩征税，此最后起者也。若谓夏行按亩征税制，殷则退为借而不税之制。周更退为原始共产制，有是理乎？

夏时不可知。商时殆行村落共有制。（见前第二节）周则改用借法，亦即助法，而彻与借或亦仅属异名，二而一者也。

　　西周之行借法，已论于前。（见前第三节）《诗·大雅·公刘》篇："度其隰原，彻田为粮。"《崧高》篇："王命召伯，彻申伯土田。"又曰"王命召伯，彻申伯土疆。"《江汉》篇："江汉之浒，王命召虎，式辟四方，彻我疆土。"是则西周固行彻法矣。然玩《诗》之语意，彻盖含有划分田界，规定制度，以给公家费用之意。意者所谓彻法，盖系划土分疆，使耕者通力合作于公田，以为赋税，退而耕其私田，用以自养也。若然，则彻与借固名异而实同也。孟子曰："周人百亩而彻"，又曰："《诗》云'雨我公田，遂及我私'，惟助为有公田。由此观之，虽周亦助也。"则亦以为周之彻亦助矣。

降及春秋，时异势迁，借法不复可用，于是鲁始税亩，齐则相地而衰征，舍借法而行按亩征税之制。

　　鲁宣公十五年，初税亩。盖是年初废借法。履亩而税也。哀公十一年，季孙欲以田赋，孔子曰："若子季孙欲其法也，则有周公之籍矣。"《论语》："哀公问于有若曰，年饥，用不足，如之何？有若对曰，盍彻乎？"是则哀公时借法早废矣。按哀公十一年前距宣公十五年已一百十年。

田税之外，复有人丁之赋。当时似以军旅伍民，赋有常额。惟世事日亟，战乱相寻，税赋之额，每有增益也。

经传多言千乘之国，百乘之家，此皆出之于民者也。或谓八十家出车一乘，大国地方百里，为井者万，故云千乘。或云成方十里，凡八百家而出车一乘，千乘之地则三百十六里有奇也。此盖后世曲解，未必然也。要视当时当地之人力财力，以定车乘之多寡也。

大抵当时田有税，人有赋。故《晋语》曰："夫郤昭子其富半公室，其家半三军。"富半公室，以田计也。家半三军，以人计也。三军云云：则以军旅伍民也。《左传》昭公五年（公元前五三七年）"舍中军卑公室也。毁中军于施氏、成诸臧氏。初作中军，三分公室而各有其一，季氏尽征之，叔孙氏臣其子弟，孟氏取其半焉。及其舍之也，四分公室，季氏择二，二子各一，皆尽征之，而贡于公。"观此则所谓军者，不独战时征发车乘徒卒，平时亦有人丁之赋，故三桓三分公室而征收其赋，间接以贡于公也。

季孙以田赋，子产作丘赋，其制如何，不可得详；要皆创立新法，赋增于旧也。

（三）采地制之破坏

土田之整理，赋税之改革，既为时代要求，不得不然，则旧日之封建采地制，势必破坏。夫耕地之授还，及用民之力以耕公田，为采地制之特征，而殊难管理者也。一贵族之采地有限，在其地之庶人不多，则农家之情形，私田之授还，及公田耕作之监督等，皆得视为门以内事，用一二家臣优为之。若在中央集权国家，国土既大，步亩大小，土地肥瘠，民间情形，岂少数人所能亲历。于是土地之授还，公田之督察，必由群吏，安能保其无弊。其间繁琐复杂，流弊孔多，殆难言喻。且领主各专其土地与人民，权分势散，削弱国力，为中央集权国家所不能容。采地之借法及自给经济，亦不适于农业进步，工商发达之时。盖农业进步，则生产多寡之依赖于农夫个性也益甚，农夫自耕还胜于监督下之农奴。工商发达则生活日侈，不能尽守借而不税之制，而将为尽量之诛求。灌溉大兴，复不便于采地之此疆彼界，各自独立，故采地制与封建为因缘，必有贵族与庶人两阶级，且恒在农业比较幼稚，生活比较简单之村落经济时代。逮农业进步，社会进入市镇经济，封建渐坏而郡县代兴，贵族阶级崩溃而平民解放，领土因兼并而日大，采地制遂不得不随之破坏。其端盖肇于春秋，至战国之初而破坏殆尽矣。然此但就中原诸侯言之，若楚与秦，或自始未有此制；有之惟食邑或变相之采地制而已。

七 采地制与井田论

如前所论，夏商均无井田制，西周以至春秋所行者为采地制，亦非儒者所传之井田制。然而儒者盛称其事，究属何如，信乎否乎？是不可以不辨。爰附论于此。

（一）何谓井田制

所谓井田制者，将每方里之地，划成井字形，即等分为九方，每方百亩，中为公田，余则分授八夫，各私百亩，同养公田，不另纳税。成年受田，老死则还。此井田制之基本也。积井为邑，以至于同，俱有定制。（见下章第十四节"井田论之记载"条下所引《周礼》等书）兹录明徐光启所作《井田图》（见《农政全书》卷四）于下，以示一斑。

井 田 图

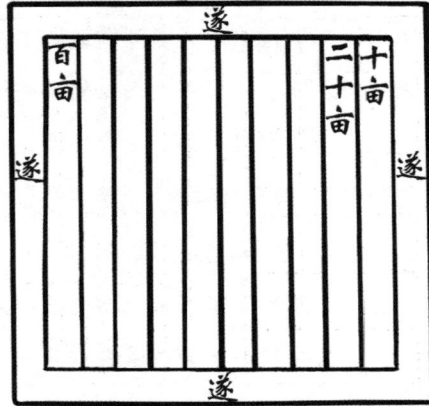

（1）亩百为夫

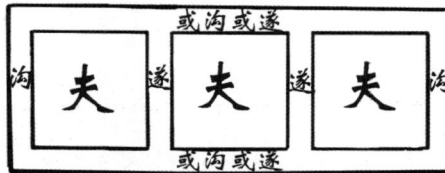

（2）夫三为屋

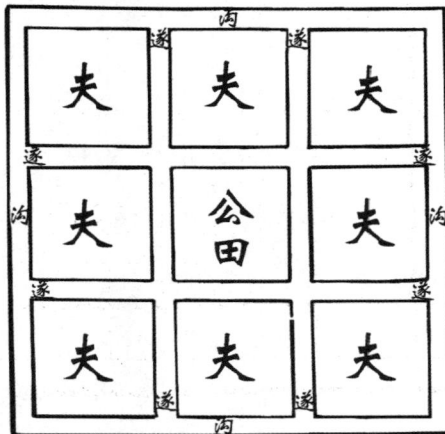

（3）屋三为井

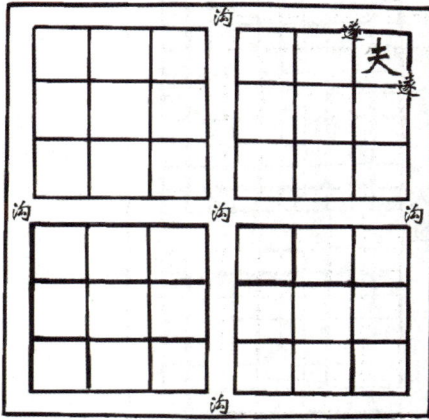

（4）四井为邑

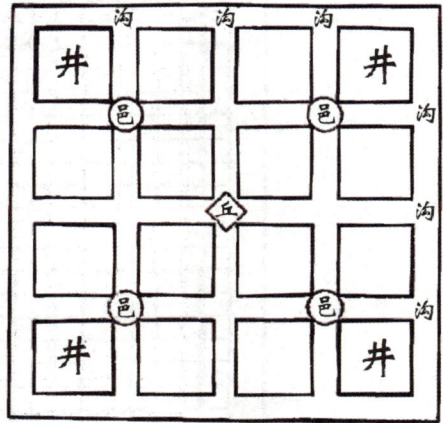

（5）四邑为丘

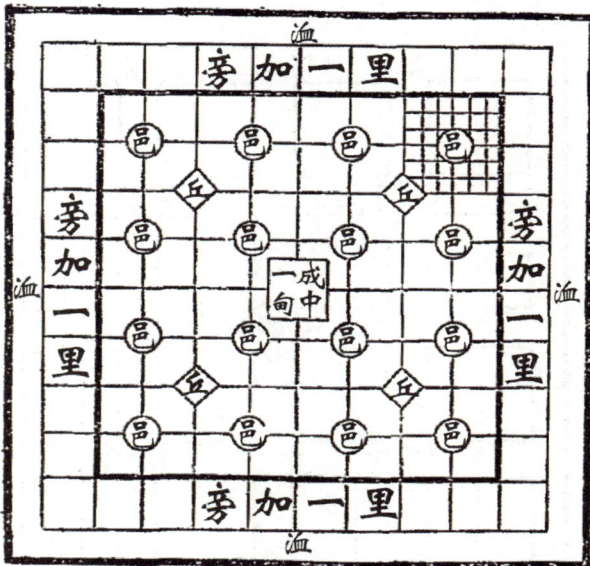

（6）四丘为甸

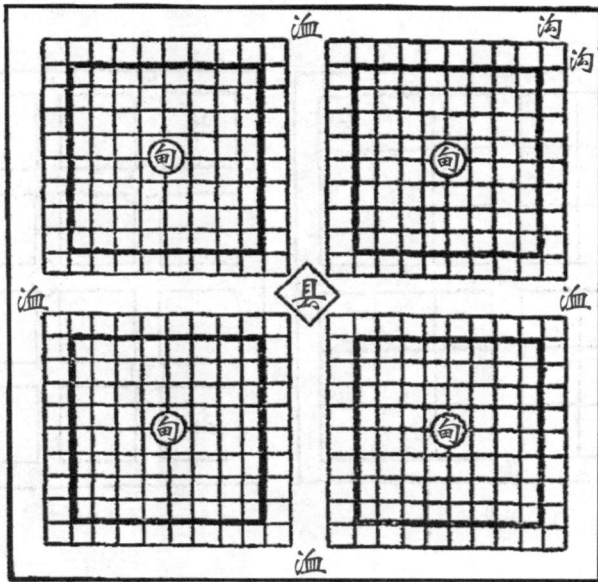

（7）四甸为县

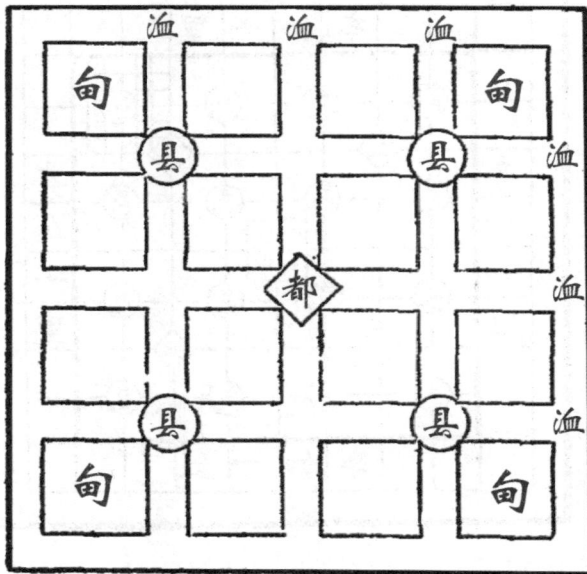

（8）四县为都

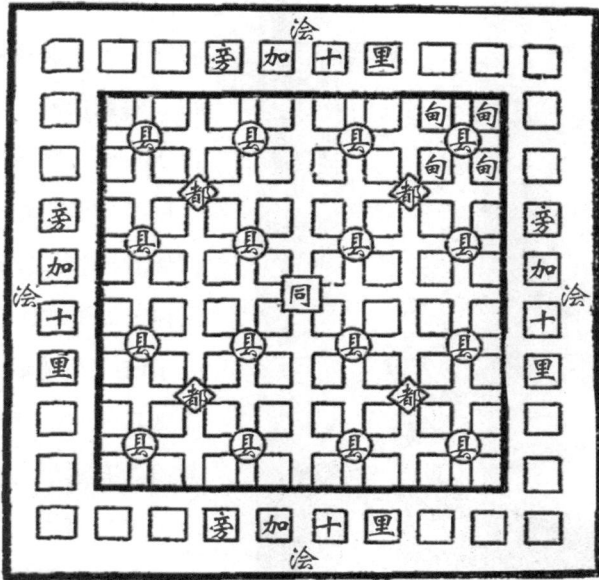

（9）四都为同

（二）井田论之非事实及其与采地制之同异

采地制既有公私田之分，及借而不税之制，私田授之庶人，当亦不无授还法之规定，其形式绝类所谓井田制。然有一根本不同之点在。儒者所以歌颂井田者，为其均贫富也。而采地制则为领主压迫农奴，榨取利益之一种制度。周既以力服商，对于被征服者，谓其将如儒者所传，采用理想的均贫富之井田制，谁实信之。余于上文（第三节）曾论西周庶人终岁勤劳而穷困，较之领主之安闲快乐而有余，诚有天渊之别。然则此岂儒者所钦慕之井田制度下之农民生活哉！即此可见井田论之非事实矣。且西周赐田，以"臣五家"与"田十田"对举，与八家同井之制不合。田之数以田计，曰一田，七田，十田，三十田，五十田（并见前第三节），与积井为邑，以至于同之制不合。春秋赐邑，自数邑以至数十，而大邑复有属邑，与井

田之邑丘甸县不合。赐田赐邑，动辄数十，而视臣仆如牛马器物，处置任意，悖乎均贫富齐苦乐之旨。《甫田》之诗曰："以其妇子，馌彼南亩。"若如儒者所传，家在井田之中，又何劳妇子送饮食哉？《鲁语》孔子曰："先王制土，借田以力，而砥其远迩。"必也人聚于邑，其田始有远近之分，然后视其远近以为出力之多寡。若家于井中公田之四周，绝无远近之分矣。即人居于邑，而八家同

孔子

养公田，亦无从平其远近矣。是则井田制与《诗经》及孔子之言，亦未合也。总之，儒者所传之井田制，实无其事。因名之曰井田论以别之，明其系理论，非事实也。

（三）井田名称之由来

然则井田纯属凭空虚造乎？亦不尽然。井田之名，盖本于耕地之井字形划分。耕地之划分为方块，殆为自然之事。其习惯在商已然，甲骨文中田字亦作⊞，象耕地划分形，可以推见。且耕字从耒从井，象耒耕田中之形。金文中静字从生从井从耒，象秉耒耕田中而禾黍孳生之形，当为耕之本字，耕静古同音。

静簋　　兔盨　　毛公鼎　　公伐郤鼎　　国差𦉜　　秦公敦

又荆字从井从刕（或省井），象树枝耕田中形，故荆为木名。

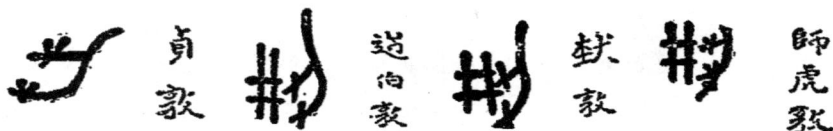

上静荆二字，均从徐君中舒之说。字亦录自徐君之《耒耜考》，见《国立中央研究院历史语言所集刊》第二本第一分。

然则以井形象田，或划分耕地为井字形，由来远矣，至迟当在西周也。逮春秋之世，齐使井田畴均，郑使庐井有伍，楚则井衍野，皆以井田为整理土田之法，使田畴均整，便于量入修赋，是则井田之名，早生于春秋，或犹在春秋以前矣。惟是否方里而井，不得而知，大抵未必如此，因地而异。在西周采地制中，或即划分为井形，以授庶人；然公田盖为整大片，必不在一井之中，而距庶人之居不近，否则不必"以其妇子，馌彼南亩"也，至若春秋齐、郑、楚之井田制，则并公田而无之矣。

（四）井田论之权舆

儒者之井田论，发源于孟子。

《孟子·滕文公》上"滕文公问为国。孟子曰，民事不可缓也。……有恒产者，有恒心。无恒产者，无恒心。……夏后氏五十而贡，殷人七十而助，周人百亩而彻，其实皆什一也。彻者，彻也。助者，借也。龙子曰治地莫善于助，莫不善于贡。贡者校数岁之中以为常。乐岁粒米狼戾，多取之而不为虐，则寡取之。凶年，粪其田而不足，则必取盈焉。为民父母，使民盼盼然将终岁勤动，不得以养其父母，又称贷而益之。使老稚转乎沟壑。恶在其为民父母也。夫世禄，滕固行之矣。《诗》云，雨我公田，遂及我私。惟助为有公田。由此观之，虽周亦助也。……使毕战问井地。孟子曰，子之君将行仁政，选择而使子，子必勉之。夫仁政，必自经界始。经界不正，井地不均，谷禄不平。是故暴君污吏，必慢其经界。经界既正，分田制禄，可坐而定也。夫滕壤地褊小，将为君子焉，将为野人焉。无君子，莫治野人；无野人，莫养君子。请野九一而助，国中什一使自赋。卿以下必有圭田，圭田五十亩。余夫二十五亩。死徙无出乡。乡田同井，出入相友，守望相助，疾病相扶持，则百姓亲睦。方里而井，井九百亩，其中为公田，八家皆私百亩，同养公田。公事毕，然后敢治私事，所以别野人也。此其大略也。若夫润泽之，则在君与子矣"。

盖参照西周旧制，及初期军国整理土田之新制，为滕国设此理想的计划也。公私田之分，本于采地制。以井伍民，本于初期军国之田制。每夫百亩，则以当时一夫所耕，恒以百亩为率也。（见前第五节）孟子所言本简单，至汉世始演绎为详备之井田论。（见下章第十四节）

八　土地私有制之成立

（一）私有制应运而生

封建坏，社会组织变，采地制不能独存，于是土地私有制应运而生，此自然之势也。于原行采地制之地，舍"借"法而改征田租或税。于新兼并之地，则令原占有者使用而征收田租或税。改革之结果，大抵因地因时而异。或改用租田制，而农奴渐次变为自由佃户。或改用收税制，而耕地占有者渐次变为自耕农。又当时贵族有卿大夫士之分，士为贵族中之最低级，殆系外来征服者间之平民，亦即保卫新邦之武士，略同清代之畿辅及各省驻防壮丁。士之领土甚小，随时势之推移而变为自由农民。于是土地所有权渐具私有制之性质。且列国不乏招致移民，开发本国土地者。欲吸引移民，鼓励垦殖，则必诱之以土地之永久使用权。如秦之利其田宅，任民所耕，不限多少是也。因此益促进土地之私有化。

（二）土地之买卖

土地为人生所资，财源所自出，人自无不乐于取得土地之使用与收益权。待人口日增，地各有主，而土地所有权渐具私有之性质，欲取得此种所有权，自须出以相当代价。贫富升降，随时而有，于是贫者售而富者购，遂为自然之趋势。春秋已入市镇经济时代，至战国时更发生大都市，商业繁盛，交易益为发达，土地自必随之渐可买卖。土地既可买卖，则私有制之性质全备矣。

（三）私有制成立之证

户籍与土地册见于《管子》。

《管子·禁藏》篇："夫叙钧者，所以量多寡也。权衡者，所以视重轻者。户籍田结者，所以知贫富之不赀也。"按《管子》系战国时书。

田圃之买卖，见于《韩非子》。

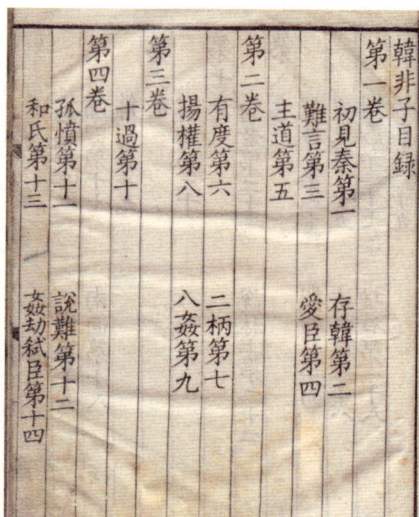

《韩非子·外储说》："王

《韩非子》目录

第一卷　初见秦第一　存韩第二　难言第三　爱臣第四　主道第五

第二卷　有度第六　二柄第七　扬榷第八　八奸第九

第三卷　十过第十

第四卷　孤愤第十一　说难第十二　和氏第十三　奸劫弑臣第十四

《韩非子》书影

登为中牟令，上言于襄王曰：'中牟有士曰中章胥己者，其身甚修，
其学甚博，君何不举之？'王登一日而见二中大夫，予之田宅。中
牟之人，弃其田耘，卖宅圃，而随文学者半。"

而《史记·苏秦传》曰："使我有附郭二顷田，吾岂能佩六国相印乎？"
易词言之，使秦富有田地，生活无虑，则亦惮于奋斗矣。是则土地不必人
人皆有，或有或无，贫富随土地之多寡而定，而土地复得买卖，可知战国
时土地私有制已确立矣。

九 地主与政权

（一）地主阶级之产生

土地私有制既渐次完成，旧日领主，将采地制改为租田制而成为地主。
大领主成为大地主。又因土地可以买卖，兼并不借武力或身分而用金钱，
富者可以无限制买地而成为大地主，小自耕农则往往因经济压迫而损失
田地。

《韩非子·亡征》篇："公家虚而大臣实，正户贫而寄寓富，
耕战之士困而末作之民利者可亡也。"此虽设譬，当时盖有此种情形：
客籍之人投资于土地，而本国人民因失地而贫；商人投资于土地，
而耕战之士——即农民——受压迫而困。

历时既久，失地者日多而成为佃户或奴隶；豪强则积渐收买土地而成为大

地主。于是产生一大地主阶级，用奴隶或雇工耕种，或坐食田租。

《韩非子·外储说左上》："夫卖庸而播种者，主人费家而美食，调布而求用钱者，非受庸也。曰，如是耕者且深，耨者且熟也。庸若致力而疾耘者，非爱主人也。曰，如是羹且美，钱布且易云也。"观此则地主亦雇工耕种矣。惟雇用劳工，适于地大之自耕农，以补家族劳动力之不足，不适于大地主，盖工多则不易管理也。于后者当以召佃耕种为多，即董仲舒所谓"或耕豪民之田，现税什五"也。

（二）官僚阶级与土豪劣绅

春秋以后，世卿之制渐废，列国务为富强，集权中央，用人视其才能，不复以贵族身分为本，遂开布衣卿相之局，而官僚阶级以兴。此等官僚，虽不必长于学问，必为社会上之智识分子。而智识之求得，则与经济有密切关系。地主坐食租税，生计宽裕，可以安居市镇，或出入市镇，求学有暇，交游有缘，不难互相汲引，参预政权。若佃农及小自耕农，则谋生不暇，无力求学。虽不无贫苦子弟，展转奋斗，成为智识分子，究属有限。且寒士一旦得志，几无不广植田园，以自奉养，以长子孙，变为地主。盖春秋战国间虽云商业已颇发达，财富所在，远不如土地之重大。且经商劳心冒险，盈亏无定，不若土地之简单可靠，水火无虑。益以自古重农。故社会心理，群趋于置田宅以为长久计。即商贾有余资，亦往往购置田产。是以社会豪强，类皆拥有土地。而地主遂为智识分子官僚阶级之泉源。其不能进而为官吏者，亦每借其富厚，称雄一方，为当地之土豪。或官吏退职里居，左右乡政，鱼肉农民，为乡邦之劣绅。故土豪劣绅，大抵属于地主阶级。其间固不乏善士，要皆社会上有力分子也。

一〇　春秋战国间农民之生活

（一）农民与自由

春秋中叶之初，晋大夫冀芮获罪而死，其子耕于冀野。季年，长沮、桀溺、荷蓧丈人，隐于农耕。战国前五十年，张孟谈既为赵襄子灭智伯，退而耕于负亲之丘。

　　《左传》僖公三十三年（公元前六二七年）："初臼季使，过冀。见冀缺耨，其妻馌之，敬，相待如宾。与之归，言诸文公曰：……"又《国语·晋语》："臼季使，舍于冀野。冀缺耨，其妻馌之，敬，相待如宾。从而问之，冀芮之子也。"《论语·微子》章"长沮，桀溺，耦而耕。孔子过之，使子路问津焉。长沮曰，夫执舆者为谁？子路曰，为孔丘。曰，是鲁孔丘与？曰，是也。曰，是知津矣。问于桀溺。桀溺曰，子为谁？曰，为仲由。曰，是鲁孔丘之徒与？对曰，然。曰，滔滔者天下皆是也，而谁以易之，且而与其从辟人之士也，岂若从辟世之士哉。耰而不辍。子路行以告。夫子怃然曰，鸟兽不可与同群，吾非斯人之徒与而谁与，天下有道，丘不与易也。"又"子路从而后。遇丈人，以杖荷蓧。子路问曰，子见夫子乎？丈人曰，四体不勤，五谷不分，孰为夫子？植其杖而芸。子路拱而立。止子路宿，杀鸡为黍而食之，见其二子焉。明日，子路行以告。子曰，隐者也。使子路反见之，至则行矣。子路曰，不仕无义，长幼之节，不可废也。君臣之义，如之何其废之，欲洁其身而乱大伦。君子之仕也，行其义也，

《孔子圣迹图·子路问津》

道之不行，已知之矣"。

　　《战国策·赵策》："张孟谈既固赵宗，广封疆。……便厚以便名纳地，释事以去权尊，而耕于负亲之丘。"按春秋终于公元前四八一年，战国起于公元前四〇三年。赵与韩魏灭智伯，在公元前四五三年。

然则春秋以还，不乏自由农民，且有贤者隐于田间矣。惟就大体论之，春秋犹在过渡时期，农民大都为被压迫之庶人；降及战国，平民之身分虽解放，而一般经济生活，则仍苦也。

（二）百亩之生产量

　　欲考农民生活之善否，首须检其收入之丰啬。如前所述，战国时一夫

所耕，以百亩为率。而百亩约合今之三十一亩，

按《汉书·食货志》谓周代六尺为步，步百为亩，与秦汉以来之五尺为步，二百四十方步为亩者不同。又周尺与后世之尺亦异。据《隋书·律历志》，周尺同刘歆铜斛尺，今此斛现存（即新莽嘉量，现藏北平故宫博物院），以今尺较之，合营造尺七寸二分。（见《学衡》五十七期王国维《中国历代之尺度》）依此推算，周时百亩，合今三十一亩一分零四毫正。

《农政全书》卷四《井田考》，谓周尺一尺当明季浙尺八寸，故周之百亩，当明季浙尺亩法二十六亩六分六厘六毫六丝六忽。盖误以五尺为步计算。若以周时六尺为步计算，应算得三十八亩四分正。

《农政全书》书影

地在黄河流域，

孟子及魏人所言百亩，皆在黄河流域。因气候关系，每亩所产，不及长江流域之多。

以其所出，供给一家之用，即用中国近世习用之耕作法，犹不宽裕。况古

代技术逊于今，出产之有限，可想而知，仅足糊口而已。李悝之言可证也。

《汉书·食货志》载李悝之言曰："今一夫挟五口。治田百晦。岁收亩一石半，为粟百五十石。除什一之税十五石，余百三十五石。食人月一石半，五人终岁为粟九十石，余有四十五石。石三十，为钱千三百五十。除社间尝新春秋之祠，用钱三百，余千五十。衣人率用钱三百，五人终岁用千五百，不足四百五十。不幸疾病死丧之费，及上赋敛，又未与此。此农夫所以常困，有不劝耕之心，而令籴至于甚贵者也。"

（三）征敛与剥削

农家收入虽少，而负担则重。鲁哀公征什二之税，犹虑不足。齐景公征至三之二公聚朽蠹而三老冻馁。同时晋亦庶民罢敝而宫室滋侈。征敛之重可知。

《论语·颜渊》章："哀公问于有若曰，年饥，用不足，如之何？有若对曰，盍彻乎？曰，二，吾犹不足。如之何其彻也？对曰，百姓足，君孰与不足；百姓不足，君孰与足。"

《左传》：昭公三年"晏子曰：'……民参其力，二入于公，而衣食其一。公聚朽蠹而三老冻

晏婴

馁。……'叔向曰'然，虽吾公室，今亦季也。……庶民罢敝，而宫室滋侈。道殣相望，而女富溢尤。民闻公命，如逃寇雠'。"

其后土地私有制成立，佃户纳租，现税什五。耕者勤劳经年，田间所出，半入地主。地主一而佃户以十数。故地主常裕，而佃户常患不足。诚如孟子所谓"乐岁终身苦，凶年不免于死亡"。不独佃农如此，小自耕农亦常困苦。偶遭意外，则称贷变产，嫁妻鬻子，以资泡注。

《韩非子·六反》篇："今家人之治产也，相忍以饥寒，相强以劳苦，虽犯军旅之难，饥馑之患，温衣美食者，必是家也。相怜以衣食，相惠以佚乐，天饥岁荒，嫁妻卖子者，必是家也。"

而豪民以其资金，买贱卖贵，高利出贷，榨取农民之剩余。驯至豪强日富，耕者日困。向之自耕农，往往失地而变为佃户或奴隶。

（四）时局之纷扰

且春秋时诸侯兼并；至战国而战祸益烈，役兵动辄数十万。其执干戈之兵，皆平时之民也。影响所及，浪费国用，妨碍农事，残贱生命，加重农民之负担。且战祸既烈，列国争存，于是破格以求才智之士。兼以学问解放，杰出者不安于乡里，周游干禄，而游士之风大盛。四公子之流，竞于养士，食客以千数。齐稷下常聚数万人，或赐列第为大夫，不治而议论。（见《史记·田完世家》）游食者既多，将何以养之，亦惟取之农民而已。

（五）逃亡与招徕

国家横征，豪强剥削，复累于兵役，乘以水旱，农民生活之苦，日甚一日。往往发生流散逃亡之事，而农田有乏人耕种之势。故孔子言上好礼、好义、好信，则四方之民，襁负而至。孟子亦言劳之徕之。《商君书》并记秦诱三晋之民，耕秦之地。而梁惠王且问孟子何以"邻国之民不加少，寡人之民不加多"。盖招徕农民，成为当时之重要问题矣。

第二章　两汉之均产运动

一一 传统的农本主义

（一）传统的经济思想

自来学者言论，政府措施，稍有作为者，莫不以务农为本，工商为末，重本抑末。因其以农为本，故名之曰农本主义，直至晚近海通以来，情异势迁，思想稍变，然犹不无残存。"我国自古重农，以农立国"云云，几成为口头禅。诚可谓为我国传统的经济思想。

（二）农本主义之产生

子贡

商及西周，虽在农业时代，人民殆皆事农，田畜几为唯一富源。然无所谓农本主义。盖其时商业未盛，不足影响农业，无所谓本末，更无所谓重本抑末也。降及春秋，市镇渐兴，商业渐盛，封建渐坏，农业渐受商业之影响。然春秋犹在过渡时期，尚无鲜明之农本主义。子贡善贾（见前第五节"一般经济之转变"条引《史记》），孔子称其"赐不受命而货殖焉，亿则屡中"

（《论语》），殊无轻视或抑制商业之意。而一般出身贵族之士大夫，鉴于封建制度之渐坏，追怀往昔，以阶级差别之明显固定为美，

《左传》：襄公九年"其卿让于善，其大夫不失守，其士竞于教，其庶人力于农穑，商贾皂隶不知迁业。"（楚子囊赞晋国之言）

《左传》：昭公二十六年"民不迁，农不移，工贾不变，士不滥，官不滔"。（晏子之言）

亦无重农抑商之意。至战国则已另入一新时期，农本主义之言论，盛行于学者间矣。故农本主义之成熟，必在深入市镇经济，工商足以影响农业，封建已坏，集权中央之时期。

（三）战国诸子之言论

故孟荀为孔门大师，而于农商之态度，则与孔子异趋。孟子斥商人为贱丈夫。

《孟子·公孙丑下》："古之为市也，以其所有，易其所无者，有司者治之耳。有贱丈夫焉，必求龙断而登之，以左右望而罔市利。人皆以为贱，故从而征之，征商自此贱丈夫始矣。"

荀子欲减商贾之数。

《荀子·富国》篇："足国之道，节用裕民而善臧其余。节用以礼，裕民以政。彼裕民，故多余。裕民则民富。民富则田肥以易。田肥以易则出实百倍。上以法取焉，而下以礼节用之。……不知节用裕民，则民贫。民贫则田瘠以秽。田瘠以秽则出实不半。上虽好取侵夺，

荀子

犹将寡获也。……轻田野之税，平关市之征，省商贾数，罕兴力役，无夺农时，如是则国富矣。夫是之谓以政裕民。……上好攻取功则国贫（民不得安乐也）。上好利则国贫（赋数重也），士大夫众则国贫（所谓二百赤绋）。工商众则国贫（农桑者少）。无制数度量则国贫（不为限量则物耗费）。"（卷六）

法家言论，更为积极。《管子》欲强商人买贵卖贱以抑商。

《管子》："贾人贱卖而贵买。四郊之民，卖贱何为不富哉。商贾之人何为不贫乎。"（《轻重》篇丁）又曰："民无所游食必农，民事农则田垦，田垦则粟足，粟足则国富。"（《治国》篇）

按《管子》中一部分系重商主义，盖《管子》系战国时书，非一人所撰，而托名于管仲。管仲在齐执政时，则实行重商主义。

商君力主农战以兴邦。

《商君书》："国之所以兴者农战也。……豪杰务学诗书，随从外权，要靡事，商贾为技艺，皆以避农战。民以此为教，则粟焉得无少，而兵焉得无弱也。善为国者官法明，故不任智虑。上作壹，故民不荣，则国力博。国力博者强。国好言谈者削。故曰农战之民千人，而有诗书辩慧者一人焉，千人者皆怠于农战矣。农战之民百人，而有技艺一人焉，百人者皆怠于农战矣。国待农战而安，主待农战而尊。"（《农战》篇）又曰："使商无得籴，农无得粜。农无得粜，则窳惰之农勉疾，商不得籴，则多岁不加乐。多岁不加乐，则饥岁无裕利。无裕利则商怯，商怯则欲农。窳惰之农勉疾，商欲农，则草必垦矣。"（《垦令》篇）《商君书》中此类言论甚多，不备引。《史记·商君列传》称其在秦执政时使民"勠力本业，耕织致粟帛多者复其身；事末利及怠而贫者举以为收孥"。

韩非至称工商为国家之蠹；以商害农，国可亡也。

《韩非子》："其学者则称先王之道以藉仁义，盛容服而饰辩说，以疑当世之法，而贰人主之心。其言古者为设诈，称借于外力，以成其私，而遗社稷之利。其带剑者聚徒属，立节操，以显其名而犯五官之禁。其患御者积于私门，尽货赂而用，重人之谒，退汗马之劳。其商工之民，修治苦窳之器。聚弗靡之财，蓄积待时，而侔农夫之利。此五者，邦之蠹也。"（《五蠹》篇）又曰："耕战之士困，而末作之民利者，可亡也。"（《亡征》篇）

（四）汉代之措施

汉兴，农本主义更为进展，见诸言论，

汉文帝诏"农天下之大本也，民所恃以生也"。

晁错曰："方今之务，莫若使民务农而已矣。"（《汉书·食货志》）

贾谊曰："今驱民而归之农，使天下各食其力，末技游食之人，

贾谊

转而缘南亩，则畜积足而
人乐其所。"（《汉书·食
货志》）

《盐铁论》："衣
食者民之本，稼穑者民
之务。"

元帝时，贡禹甚至主
张复古，"不以金钱为币，
专意于农"。（详见《汉书·贡
禹传》）

施之政事。高祖令贾人不得衣丝乘车，重租税以困辱之。孝惠高后时，为
天下初定，复弛商贾之律。然市井之子孙，亦不得仕宦为吏。（见《史记·平
准书》）文帝以次，躬耕籍田，以为天下倡。又立孝弟力田之赏。累下重
农之诏。令二千石勉劝农桑，出入阡陌劳来之。而牧令以劝农称循吏者，
亦复不少；如西汉渤海太守龚遂，南阳太守召信臣，东汉南阳太守杜诗，
渔阳太守张堪，蒲亭长仇览，其章明较著者也。文帝且从晁错之言，令富
人入粟拜爵，以给国用，而免农田之税。（详下节）汉代农本主义之施行，
可谓勤矣。

（五）重农之原因

农本主义之兴，其为农民乎？不尽然也。

（1）农为民生之基本。农为衣食之源，工商所资，农民复占全国人
口十之八九，务本重农，谁曰不宜。此正面之理由也。

（2）衣食足则易教而国安。自其反面观之：若饥寒交迫，救死不暇，
荣辱不足动其心，刑赏不足励其行，欲言教化难矣。民不聊生，教化不行，

聚而为乱，则社会不安，而国亦危矣。故孔子言既富加教，孟子言恒产，《管子》谓衣食足知荣辱。

　　《论语》："子适卫，冉有仆。子曰，庶矣哉。冉有曰，既庶矣，又何加焉？曰，富之。曰，既富矣，又何加焉？曰，教之。"

　　《孟子》："有恒产者有恒心。无恒产者无恒心。苟无恒心，放辟邪侈，无不为已。"

　　《管子》："仓廪实知礼节，衣食足知荣辱。"

　　杜佑《通典》："夫礼道之先，在乎行教化。教化之本，在乎足衣食。"

人民什九皆农，欲其衣食均足，舍农末由。而君主欲求长治久安，永保其国，亦必重农。此农本主义之起因一也。

　　（3）民务农则易治而易用。农民朴实，安土重迁，易为之治；不若工擅技巧，商通变化，以其富厚，交通王侯，左右政治。故君主恶工商之威胁国祚也，常抑商重农。且一旦有事，以之作战，则农民体壮力健而持重，非末技游惰之人所可及。

　　《商君书》："圣人知治国之要，故令民归心于农。归心于农，则民朴而可正也，纷纷则易使也。信可以守战。一则小诈而重居。一则可以赏罚进也。一则可以外用也。夫民之亲上死制也，以其旦暮从事于农。夫民之不可用也，见言谈游士事君之可以尊身，商贾之可以富家也，技艺之足以距口也。民见此三者之便且利也，则必避农战，则民轻其居。轻其居，则必不为上守战也。"

　　《吕氏春秋》："民耕则朴，朴则易用。"

　　晁错曰"务民于农桑，民可得而有也。"（《汉书·食货志》）

《亢仓子》："人舍本事末，则其产约。其产约，则轻流徙。轻流徙，则多诈。多诈则巧法令，巧法令，则以是为非，以非为是。是故圣王之所以理人者，先务农业。农业非徒为地利，贵其志也。人农则朴，朴则易用，易用则边境安，边境安则主位尊。人农则重，重则少私义，少私义则公法立。力专一，民农，则其产复，产复则重徙，重徙则死其处，而无二虑，是天下一心矣。"

故人民务农则易治而易用。此农本主义之起因二也。

（4）重农以保护田租田赋之收入。自古国用泰半取自田赋。官僚亦以税收为俸禄；且其本身大都为地主，利于平民务农，而田租可恃。若商人资本发达，剥削农民，破坏农业生产力，则影响田租田赋之收入。故重农抑商之思想，自然产生于君主、官僚与地主间。此农本主义之起因三也。

（5）足食足兵以谋富强。国家富强，必须足食足兵。兵以农民为良，已如前述。食则产于农业。若食粮不足，不独民易为乱，且无以养兵，不克内除叛变，外战强敌。乱世募兵尚易，食粮则非一时可积。故必务农以足食。兼以环境宜农，农业发达而一般经济随以富裕。此农本主义之起因四也。

（六）重农之效果

如上所述，农本主义之目的，非有厚爱于农民也，主要为谋国家或统治者与官僚阶级之利益，盖别有所为也。史称李悝为魏文侯作尽地力之教，魏以富强。秦用商鞅农战之策，卒并六国。汉高重农抑商，文景劝农，与民休息，及武帝而国力充实，

《汉书·食货志》："娄（古屡字）敕有司以务农为务，民遂乐

业。至武帝之初七十年间，
国家亡事。非遇水旱则民
人给家足。都鄙廪庾尽满。
而府库余财，京师之钱累
百巨万，贯朽而不可校。
太仓之粟，陈陈相因，充
溢露积于外，腐败不可食。
众庶街巷有马。仟伯之间
成群，乘牸牝者摈而不得
会聚。守闾阎者食粱肉。
为吏者长子孙。居官者以
为姓号。人人自爱而重犯
法，先行谊而黜丑辱焉。"

汉武帝刘彻

西通西域，北弱匈奴，威震四裔。此重农之效也。然农民生活之善否，初
无与于此。文帝减免田赋，而受惠者地主，非佃农也。汉律重农抑商，惟
稍抑商人之势，农民之疾苦自若也。（详见第十三节）且以累代抑商之故，
商不得盛，农亦交困。国用取自田赋，而农业生产受天然之限制，设遇暴
君污吏，诛求无度，农民不能安生，流为盗匪而大乱作矣。此亦重本抑末
之果也。

　　有因必有果。然因果关系常欠单纯。水以摄氏表百度而沸，若
在山巅，气压轻，则不及百度而沸矣；以零度而冰。若水中含盐，
则须零度以下矣。物理如此，人事更为复杂。此所谓重农之因果，
就其著者言之，要不失为主要原因与结果之一。若胶柱鼓瑟，或过
甚其词，则失论事之旨矣。

一二　秦汉之赋税

（一）赋税释义

赋税租等字，沿用既久，颇为混杂。赋字从贝从武，有整军经武之义，原为兵车之赋，引申为一切上取于下之名。租税二字则通用，对实物之征敛也。汉制，计口而入谓之赋，供车马甲兵士徒之役，充实府库赐予之用；田租及工商衡虞所入谓之税，给郊社宗庙百神之祀，天子奉养，百官禄食，庶事之费。前者对人，后者对物，颇合古义。今则通称国家征收于人民者曰税，其中按亩征收于农地者曰田赋。地主收取于佃户者曰田租。

下献于上谓之贡，上取于下谓之赋。然孟子所谓夏后氏之贡，则今之田赋也。（见前第六节"赋税之改革"条）汉之田租，或称租税，亦今之田赋也。董仲舒曰"或耕豪民之田，现税什五"，则今之田租，非税也。《史记》言"军市之租"，则为军市之税，非今所谓租也。盖文字沿用，古今异谊矣。

（二）秦之赋税

《汉书·食货志》称始皇并天下，内兴功作，外攘夷狄，收泰半之赋，发闾左之戍。又引董仲舒之言曰："颛川泽之利，管山林之饶。……又加月为更卒，已复为正，一岁屯戍，一岁力役，三十倍于古。田租口赋盐铁之利，二十倍于古。"据此可见秦时赋税之重。

（三）汉之土地税

汉兴，接秦之敝，诸侯并起，民失作业而大饥馑，高祖于是约法省禁，轻田租什五而税一。其后增税。惠帝即位，减田租，复十五税一。文帝从晁错言，令民入粟拜爵，

《汉书·食货志》："晁错复说上曰：……欲民务农，在于贵粟。贵粟之道，在于使民以粟为赏罚。今募天下入粟县官：得以拜爵，得以除罪。如此富人有爵，农民有钱，粟有所渫。夫能入粟以受爵，皆有余者也。取于有余以供上用，则贫民之赋可损。所谓损有余补不足，令出而民利者也。顺于民心，所补者三：一曰主用足，二曰民赋少，三曰劝农功。……于是文帝从错之言，令民入粟边六百石爵上造，稍增至四千石为五大夫，万二千石为大庶长。"

于是边食足以支五岁，郡县粟足以支一岁以上，遂下诏赐民十二年（文帝十二年）租税之半，明年遂除民田之租税。如是租税全免者十三年。至景帝二年，始令民出田租之半，自是遂定三十税一为永制。东汉初年，以师旅未解，用度不足，尝行什一之税；建武六年，诏复旧制。终东汉之世，三十税一。然此为定额，每有额外征收

汉昭帝刘弗陵

者；例如《汉书·昭帝纪》载始元六年令民得以律占租，注云武帝时赋敛繁多，律外而取，今始复旧。又如《后汉书》载桓帝延熹八年初令郡国有田亩税敛钱，灵帝中平二年税天下田亩十钱以修宫室，此则盖若今之亩捐，额外之苛征也。田租除谷租外，复出稿税。又有山泽园池之税，谓之假税。又有海税。凡此皆土地收益税也。

（四）汉之人口税

汉时之赋，即人口税。其法之可考者：

（一）算赋，后汉亦谓之口算。高祖四年初为算赋。人年十五以上至五十六皆出赋钱，百二十为一算，人出一算，贾人与奴婢倍算。惠帝时令女子十六以上至三十不嫁者五算。文帝以户口繁滋，人民多故，丁男三年而一算，年出赋钱四十。后又改年龄为二十五至五十六。然此盖暂行之法，嗣即复旧，观于元帝时贡禹请改年二十乃算之举，可以推见。武帝征和中，诏益民赋口三十助边用。（见《汉书·西域传》）灵帝时南宫灾，中常侍张让赵忠等说帝下令敛口四十钱以治宫室。是则算赋亦有临时附加矣。

（二）口钱，征于未成丁者之赋也。汉初，民七岁至十四岁出口钱二十。武帝时，民产子三岁即出口钱，且加三钱以补车骑马。元帝因贡禹之请，令儿七岁去齿乃出口钱，二十乃算。

（三）更赋更迭力役之征也。古者正卒无常人，皆更迭为之；一月一更，是为卒更。贫者欲得雇更钱者，次直者出钱雇之，月二千，是为践更。天下人皆直戍边三日，人人不能自行，又行者当自戍，三日不可往还，故诸不行者出钱三百入官，官以给戍者，是为过更。男子年二十始傅，给繇役，五十六免赋。

（四）户赋，后汉谓之国租。诸侯王列侯食租税，岁率户二百，千户之君则二十万。

（五）赋税与农民

除上述赋税外，且税及六畜，估其价值，千钱者输二十。复有盐铁税、酒税、市租、船车税等，虽取自商人，而间接取之于一般人民。兼以奸吏或为法外之私求（见下引贡禹言），或借蒙蔽以作弊，

《后汉书·秦彭传》："建初元年迁山阳太守。……兴起稻田数千顷。每于农月，亲度顷亩，分别肥塉，差为三品，各立文簿，藏之乡县。于是奸吏跼蹐，无所容诈。彭乃上言宜令天下齐同其制。诏书以其所立条式，班令三府，并下州郡。"观此可知奸吏往往有所容诈，上下其手。

或因度田而扰民。

建武十五年，帝以天下垦田多不以实自占，又户口年纪互相增减，乃诏下州郡检核。于是刺史太守多为诈巧，苟以度田为名，聚民田中，并度庐屋里落。民遮道啼呼。或优饶豪右，侵刻羸弱。时诸郡各遣使奏事，帝见陈留吏牍上有书，视之云颍川宏农可问，河南南阳不可问。诘吏由趣，吏不肯服，抵言于长寿街得之。帝怒，时东海公阳年十二，在幄后，言曰，吏受郡敕，当欲以垦田相方耳。帝曰，即如此，何故言河南南阳不可问。对曰，河南帝城，多近臣，南阳帝乡，多近亲，田宅逾制，不可为准。帝令虎贲将诘问吏，吏乃实首服。十六年，河南尹张伋及诸郡守十余人皆坐度田不实，下狱死。

政府亦时为额外之诛求。

例如前述田税算赋之附加税。又《零陵先贤传》："郑产为白土啬夫。汉末产子一岁则出口钱，民多不举产，乃命民勿得杀子，口钱自当

代出。因名其乡曰更生乡。"是则七岁始出口钱者，且改为一岁即出矣。

故汉虽减轻田租，三十税一，而其他税目繁多，且额外有征，人民之负担，仍甚苛重。

故贡禹言："农夫父子，暴露中野，不避寒暑，捽屮把土，手足胼胝。已奉谷租，又出稿税，乡部私求，不可胜供。"又曰："民产子三岁则出口钱，故民重困，至于生子辄杀，甚可悲痛。"（《汉书·贡禹传》）王莽谓："常有更赋，罢癃咸出。"（《汉书·王莽传》）

逮季世国家多故，君昏吏贪，取快一时，则负担更重，卒致无以为生而大乱作矣。

一三　土地私有制弊害之暴露与均产运动之发生

（一）兼并之盛行

战国时已产生地主阶级。历秦至汉，曾无限制，兼并弥甚。宗室、外戚、宦者、官僚等，席丰履厚，左以政治势力，广植田园。商贾操奇计赢，子钱家高利盘剥，复兼并农人。

《汉书·货殖传》："庶民农工商贾，率以岁万息二千，百万之家即二十万，而更繇租赋出其中，衣食好美矣。"又曰："吴楚兵之起，长安中列侯封君行从军旅，赍贷子钱家，子钱家以为关东成败未决，莫肯予，唯毋盐氏出捐千金贷，其息十之。三月，吴楚平。一岁之中，则毋盐氏，息拾倍，用此富关中。"

时方专制，英主虑臣下之叛己，亦乐其置产自植，免干非分。王翦请美田宅以坚始皇之信，

> 《史记·白起王翦列传》："王翦将兵六十万人（将攻楚），始皇自送至灞上。王翦行请美田宅园池甚众。始皇曰，将军行矣，何忧贫乎？王翦曰，为大王将，有功终不得封侯，故及大王之向臣，臣亦及时以请园池为子孙业耳。始皇大笑。王翦既至关，使使还请善田者五辈。或曰，将军之乞贷，亦已甚矣。王翦曰，不然。夫秦王怚而不信人。今空秦国甲士而专委于我，我不多请田宅为子孙业以自坚，顾令秦王坐而疑我耶。"

萧何强买民田宅以释高祖之疑，

> 《史记·萧相国世家》："汉十二年秋，黥布反，上自将击之。数使使问相国何为。相国为上在军，乃拊循勉力百姓，悉以所有佐军，如陈豨时。客有说相国曰，君灭族不久矣，夫君位为相国，功第一，可复加哉，然君初

萧何

入关中。得百姓心十余年矣，皆附君，常复孳孳得民和。上所为数
问君者，畏君倾动关中。今君胡不多买田地。贱贳贷以自污，上心
乃安。于是相国从其计，上乃大说。上罢布军归。民道遮行上书，
言相国贱强买民田宅数千万。上至，相国谒。上笑曰，夫相国乃利民。
民所上书，皆以与相国，曰君自谢民。"

其明征也。待专制政局既定，豪右不思夺国，则转而谋所以富家。土地为
财富所在，借势兼并，固人情之常也。萧何以开国丞相，功高望重，至虑
后世田宅为势家所夺。

　　《史记·萧相国世家》："何置田宅，必居穷处，为家不治垣屋。
曰，后世贤，师吾俭；不贤，毋为势力所夺。"

然则兼并之烈，亦可畏矣。兼并既甚与时俱进，驯至富者愈富，贫者益贫。
武帝时董仲舒言"富者田连阡陌，贫者无立锥之地"。哀帝时师丹谓"今
累世承平，豪富吏民赀数巨万，而贫弱俞困"。（并见《汉书·食货志》）盖
纪实也。

（二）田产之大小

　　汉代田产分配之情形，虽不可详，豪强占地之多，及小民无田者之众，
则可概见。秦杨以田农而甲一州。（孟康曰，以田地过限，从此而富，为州中第一
也。）卓氏富至蓄僮八百人，田池射猎之乐，拟于人君。（并见《汉书·货殖传》）
武帝时，田蚡以外戚擅权，治田园极膏腴。

　　《汉书·田蚡传》："治宅甲诸第，田园极膏腴。市买郡县器物，

相属于道。前堂罗钟鼓，立曲旃。后房妇女以百数。诸奏珍物狗马玩好，不可胜数。"

成帝时，张禹以帝师见重，占田至四百顷。

  《汉书·张禹传》："禹为人谨厚。内殖货财。家以田为业。及富贵，多买田至四百顷，皆泾渭溉灌，极膏腴上贾。它财物称是。禹性习知音声，内奢淫，身居大第后堂，理丝竹筦弦。"

  马氏《文献通考》："孝成帝时，张禹占郑白之渠四百余顷，他人兼并者类此。"

哀帝时，董贤宠幸，帝赐田二千余顷。

  《汉书·王嘉传》，嘉上封事，言贤家"发取市物，百贾震动，道路谨哗，群臣惶惑，诏书罢菀，而以赐贤二千余顷。均田之制，从此堕坏"。

王莽则称当时强者规田以千数。(见后)东汉光武帝起自民间，其外家樊氏，为乡里著姓，外祖樊重开广田土三百余顷。即此可见一斑矣。

  《后汉书·樊宏传》："父重，字君云。世善农稼，好货殖。重性温厚，有法度。三世共财。子孙朝夕礼敬，常若公家。其营理产业，物无所弃。误役童隶，各得其宜。故能上下戮力，财利岁倍至。乃开广田土三百余顷。其所起庐舍，皆有重堂高阁，波渠灌注，又池鱼畜牧，有求必给。尝欲作器物，先种梓漆，时人嗤之。然积以岁月，皆得其用。向之笑者咸求假焉。赀至巨万。"

  郦道元《水经注》："湖水支分东北为樊氏陂，东西十里南北

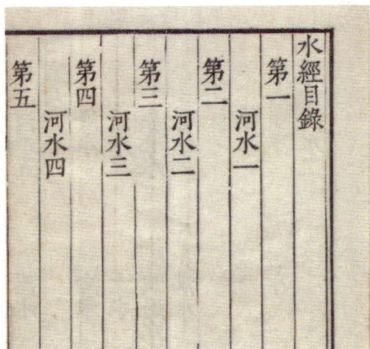

《水经注》书影

五里，亦谓之凡亭。陂东樊氏故宅。樊氏既灭，庾氏取其陂。故谚曰，陂汪汪，下田良，樊氏失业庾氏昌。其陂至今犹名为樊陂，在今邓州新野县之西南也。"

上所举例，均西汉时事。东汉则如光武帝子济南安王康置私田八百顷。

（三）豪强之气焰

经济与人生之关系极巨。豪富之家，既雄于资，则其生活之侈泰逸乐，自在意中。

观前段所言，可见一斑。两《汉书》载此类事颇多，不备引。

役奴婢，

例如前段所述卓氏蓄童八百人。东汉则济南安王康奴婢至千四百人，外戚马防兄弟奴婢各千人以上，梁冀奴婢至数千人，并见《后汉书》。

专生杀，

《汉书·食货志》董仲舒请限民名田。"塞兼并之路，盐铁皆归于民，去奴婢，除专杀之威。"服虔曰："不得专杀奴婢也。"

是则奴婢之生命，当时固无法律之保障矣。

甚或中家子弟为之服役，趋走与臣仆等勤。刺客死士，为之投命。

　　《后汉书·桓谭传》："今富商大贾，多放钱货。中家子弟为
之保役，趋走与臣仆等勤。收税与封君比入。"又参看后引仲长统
《昌言》。

利源可以垄断。犯罪可以贿免。

　　陶朱公曰："千金之子，
不死于市。"盖罪可贿免，先
古然矣。（《史记》卷四一）

贵显借势擅作威福。商贾因富交通
王侯。

　　《汉书·食货志》晁错曰：
"商贾大者，积贮倍息。小者
坐列贩卖。操其奇赢，日游都
市。乘上之急，所卖必倍。故
其男不耕耘，女不蚕织。衣必文采，食必粱肉。亡农夫之苦，有仟
伯之得。因其富厚，交通王侯，力过吏执，以利相倾。千里游敖，
冠盖相望，乘坚策肥，履丝曳缟。"

《史记》书影

小之亦武断于乡曲。

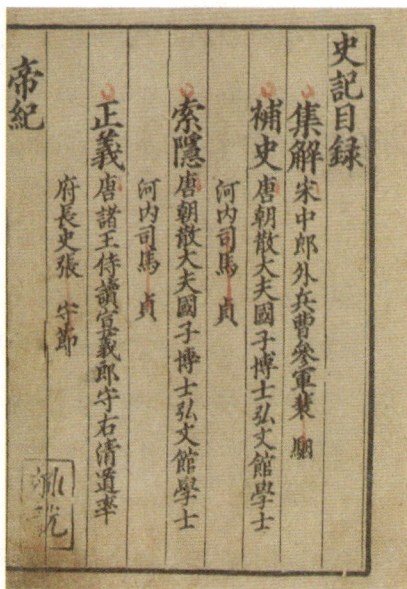

《汉书·食货志》称：武帝之初，"于是罔疏而民富，役财骄溢，或至兼并。豪党之徒，以武断于乡曲"。师古曰"怙其饶富，则擅行威罚也"。

气焰之豪，可谓甚矣。然而农民则何如？

（四）农民之疾苦

《史记·货殖传》曰："谚曰，夫用贫求富，农不如工，工不如商，刺绣文不如倚市门。"盖农业受自然生产之限制，不若工商之易以致富也。故虽汉律重农贱商，而商人兼并农人；农人则受政治及经济之压迫，生活甚苦。终岁勤劳，而不免于饥寒。往往卖田宅，鬻子孙。

> 《汉书·食货志》晁错曰："今农夫五口之家，其服役者不下二人，其能耕者不过百亩。百亩之收，不过百石。春耕，夏耘，秋获，冬藏。伐薪樵。治官府，给繇役。春不得避风尘。夏不得避暑热。秋不得避阴雨。冬不得避寒冻，四时之间，亡日休息。又私自送往迎来，吊死问疾，养孤长幼在其中。勤苦如此。尚复被水旱之灾，急政暴虐，赋敛不时，朝令而暮改。当具有者，半贾而卖；亡者，取倍称之息。于是有卖田宅，鬻子孙，以偿责者矣。"

其失田者，则以重租耕豪民之田；

> 《汉书·食货志》董仲舒曰："或耕豪民之田，见税什五。故贫民常衣牛马之衣，而食犬彘之食。重以贪暴之吏，刑戮妄加。民愁亡聊，亡逃山林，转为盗贼，赭衣半道，断狱岁以千万数。汉兴，循而未改。"

或卖身为奴，依于势家。循至奴婢成市，与牛马同栏。（见《汉书·王莽传》）浸假而困难愈甚，无以为生，以至于流亡。老弱转乎沟壑，少壮聚为盗匪。民生不堪问矣。

（五）均产运动之发生

贫富悬殊，民不聊生。水旱之灾，复乘于其间，数次人相食。学者目击时艰，思有以救之。推本求源，盖由于土地分配之不均。于是有均产运动。贾谊说文帝重农抑末，晁错建议令富民入粟拜爵，以足国用，而轻民田租税，贵粟利农而使民务本。董仲舒等创限民名田之议。扬雄且曰：“井田之田田也。……田也者，与众田之。……无限，则庶人田侯田，处侯宅，食侯食，服侯服，人亦多不足矣。”（《扬子法言·先知》

扬雄

篇）而均产主义之井田论，亦渐次完成于西汉。及王莽当国，竟大事更张，实行均产。事虽未成，蓬勃之均产运动，殊可称也。且于后世均田制度，不无若干影响焉。

一四　井田论之演进

（一）井田论之记载

前章尝论儒者所传之井田论，系理论而非事实，发源于孟子，经汉儒之演绎而详备。盖先秦诸书，言及井田之制度者惟孟子，且颇简单，及汉而言者骤盛，说亦详备，其较著者有《韩诗外传》，

> 《韩诗外传》卷四 "古者八家而井。田方里而一井。广三百步，长三百步为一里。其田九百亩。广一步，长百步为一亩，广百步，长百步为百亩。八家为邻，家得百亩。余夫各得二十五亩。家为公田十亩，余二十亩共为庐舍，各得二亩半。八家相保，出入更守，疾病相忧，患难相救，有无相贷，饮食相召，嫁娶相谋，渔猎分得，仁恩施行。是以其民和亲而相好。《诗》曰，中田有庐，疆场有瓜"。
>
> （汉文景时韩婴推《诗》之意而为内外传数万言。）

《周礼》，

> 《周礼·地官·大司徒》："凡造都鄙，制其地域而封沟之，以其室数制之，不易之地家百亩。一易之地家二百亩。再易之地家三百亩。"《小司徒》："乃均土地，以稽其人民，而周知其数。上地家七人，可任也者家三人。中地家六人，可任也者二家五人。下地家五人，可任也者家二人。……乃经土地而井牧其田野。九夫为井。四井为邑。四邑为丘。四丘为甸。四甸为县。四县为都。以任地事而令贡赋凡税敛之事。"
>
> 《遂人》："以土地之图经田野，造县鄙形体之法。五家为邻。

五邻为里。四里为酂。五酂为鄙。五鄙为县。五县为遂。皆有地域沟树之。……以土均平政，辨其野之土，上地、中地、下地，以颁田里。上地夫一廛，田百亩，莱五十亩；余夫亦如之。中地夫一廛田百亩，莱百亩；余夫亦如之。下地夫一廛，田百亩，莱二百亩；余夫亦如之。凡治野夫间有遂，遂上有径；十夫有沟，沟上有畛；百夫有洫，洫上有涂；千夫有浍，浍上有道；万夫有川，川上有路，以达于畿。"《冬官考工记》："匠人为沟。洫耜广五寸，二耜为耦。一耦之伐，广尺深尺谓之甽，田首倍之，广二尺深二尺谓之遂。九夫为井，井间广四尺，深四尺，谓之沟。方十里为成，成间广八尺，深八尺谓之洫，方百里为同，同间广二寻，深二仞，谓之浍，专达于川。"

《汉书》，

　　《汉书·食货志》："六尺为步，步百为亩，亩百为夫，夫三为屋，屋三为井。井方一里，是为九夫，八家共之，各受私田百亩，公田十亩，是为八百八十亩，余二十亩以为庐舍。……民受田，上田夫百亩，中田夫二百亩，下田夫三百亩。岁耕种者为不易上田，休一岁者为一易中田。休二岁者为再易下田，三岁更耕之，自爱其处。农民户一人已受田，其家众男为余夫，亦以口受田如此。士工商家受田，五口乃当农夫一人。"

何休《春秋公羊经传解诂》等书。

　　何休《春秋公羊经传解诂》于"初税亩"条下曰："圣人制井田之法而口分之。一夫一妇受田百亩，以养父母妻子五口为一家。

何休

公田十亩，即所谓什一而税也。庐舍二亩半。凡为田一顷十二亩半。八家而九顷，共为一井，故曰井田。……多于五口，名曰余夫。余夫以率受田二十五亩。十井共出兵车一乘。司空谨别田之高下善恶，分为三品，上田一岁一垦，中田二岁一垦，下田三岁一垦。肥饶不垦独乐，垮埆不得独苦。故三年一换土易居，财均力平，兵车素年，是谓均民力，强国家。……"

（二）诸说之违异

然诸书之说，殊欠一致。即一书之中，亦颇有自相矛盾或不可通者。如什一之说，

一井九百亩，八家皆私百亩，同养公田，似此则为九，一不得谓之什一矣，孟子曰："请野九一而助。"又曰："周人百亩而彻，其实皆什一也。"然则究为九一乎？什一乎？《公羊传》但谓什一而借，未详其制。《韩诗外传》谓八家各私百亩，复耕公田十亩，余二十亩以为庐舍，各得二亩半；是则一在十之外，实为十一分之一，不得谓之什一矣。且孟子言同养公田，盖通力合作之谓，若家各分耕公田十亩，复与同字之义相背。

授田之法，

　　授田之法：（一）《孟子》，八家皆私百亩。（二）《周礼·大司徒》，不易之地家百亩，一易之地家二百亩，再易之地家三百亩。（三）《遂人》，上地夫一廛，田百亩，莱五十亩；中地夫一廛，田百亩，莱百亩；下地夫一廛，田百亩，莱二百亩。（四）《汉书·食货志》，上田夫百亩，中田夫二百亩，下田夫三百亩。（五）何休《春秋公羊经传解诂》，分田为上中下三品，五口之家概授田百亩，惟三年一换土易居以为调剂。观上述五种，各不相同。或以家为单位，或以夫为单位。或概授百亩；或于一易再易之地则授二百亩，三百亩；或于田百亩之外，分别地之上中下，加授莱五十，一百，或二百亩。《孟子》《周礼》《汉书》等均不言易地，而何休别生换土易居之说。

余夫之制，诸书所言，不尽同也。

　　余夫之制：（一）《孟子》，余夫二十五亩。（二）《周礼·遂人》，上中下地夫若干亩，余夫亦如之。（三）《汉书·食货志》，农民户一人已受田，其家众男为余夫，亦以口受田如比。（四）何休《春秋公羊经传解诂》，多于五口，名曰余夫，余夫以率受田二十五亩。观上述，或以农民户一人为正夫，其家众男为余夫，或以多于五口为余夫，不符者一。或谓余夫授田二十五亩，或谓授田如正夫，不符者二。又据《周礼·小司徒》，上地家七人，中地家六人，下地家五人，而何氏以多于五口为余夫，不符者三。若加以郑司农及后世儒者之说，则异说益多。

即在《周礼》一书中，沟洫之制，遂人与匠人异；

匠人	夫间有遂，遂上有径	十夫有沟，沟上有畛	百夫有洫，洫上有涂	千夫有浍，浍上有道	万夫有川，川上有路，以达于畿
遂人	田首广二尺深二尺，谓之遂	九夫为井，井间广四尺深四尺，谓之沟	方十里为成，成间广八尺深八尺，谓之洫		方百里为同，同间广二寻深二仞，谓之浍，专达于川

观上表，遂、沟、洫、浍、川等名称及顺序虽同，然遂人言十夫有沟，而匠人言九夫为井，井间有沟，一以十进，一以九进，不符者一。匠人之浍，相当于遂人之川，不符者二。解之者或谓近郊乡遂用遂人沟洫之法，野外县都则用匠人之法，或谓遂人言十夫有沟，以一直度之，匠人则以方度之，或谓周之田制有井牧二种，井田用匠人之法，牧田用遂人之法。凡此皆不免为曲解，不可通也。

井田之区划，亦与乡遂制不相应。

小司徒井田制	九夫为井	四井为邑	四邑为丘	四丘为甸	四甸为县	四县为都	
匠人井田制	九夫为井			方十里为成			方百里为同
遂人县鄙制	五家为邻	五邻为里	四里为酇	五酇为鄙	五鄙为县	五县为遂	
大司徒乡遂制	五家为比	五比为闾	四闾为族	五族为党	五党为州	五州为乡	

观上表，井田制以九夫为井，或八家共一井，而乡遂县鄙之制

则以五家起算。然则田地同井者而乡遂编制必异，是何说耶？且如此复与《韩诗外传》所谓八家相保之说背矣。

根据已欠一致，故自来学者试绘之井田图亦各异，前章第七节所引之徐氏《井田图》，仅异说中之一种而已。

清朱克己《井田图考》（单行本）即与徐氏大异。

（三）事理之不可通

且三代授田数之改革，显背事理，虽迭经学者曲为解说，终不可通。

孟子曰："夏后氏五十而贡，殷人七十而助，周人百亩而彻，其实皆什一也。"是三代授田之数，迭有改革也。然井间有沟洫道路，易代而改，将不胜其扰矣，势不能也。于是后世之解释：王氏谓夏之民多，家五十亩，商之民稀，周之民尤稀，故授田较多。熊氏谓夏政宽简，一夫之地税五十亩，商政稍急，税七十亩，周政极烦，尽税焉。贾公彦谓夏五十而贡，据一易之地，

孟子

家二百亩而税百亩也；商七十而助，据六遂上地百亩，莱五十亩，而税七十五亩也；周百亩而彻，据不易之地，百亩全税之。徐光启谓盖因三代之尺度亩法不同，且三代治田务精而不贵多大。（以上并见《农政全书》）按前三氏之言，均为曲说。至谓古之民常多于后世，尤背于事实。徐氏之言较通而不尽然。近人陈柱氏谓周时纵横皆以六尺为步；殷则横步六尺，纵步八尺；夏亦横步六尺，纵以十二尺为步；是故异在步尺，而井疆沟洫未尝异也。（见陈氏《论井田制度》篇）按此亦为不根之说，纵横步尺之异如此，恐无是理，且安有如此之巧合哉。

井疆之整齐，为事实所不可能。

井田概作正方形。积井为邑、丘、甸（或成）、县、都、同；井间有遂、沟、洫、浍、川；沟洫之上有径、畛、涂、道、路；长宽深浅，皆有一定。形制非常整齐。观前录徐氏《井田图》可以概见。然而按之事实，决不可能。自然地势，山陵起伏，河流纵横，所在靡定。将改自然地势以合极整齐之井田制乎？或但取广大平原以为井田，余则弃而不顾乎？此不可能者一。气候有寒暖，土地有肥瘠（尚不必言地点之宜否），甲地百亩，或犹不及乙地之十亩。若一律划成正方形之井田，一家百亩，则苦乐不均，若瘠地加授，如《周礼·大司徒》之二百或三百亩，则破坏方里而井，井九百亩，八家皆私百亩之制。若如《遂人》之加授莱五十亩至二百亩，则莱是否在一井之内？在内则破坏方里而井之制。在外则井田积井至同，同方百里，其间沟、洫、道、路，俱有定制，亦不容有莱之存在。其在一同之外乎？然一家之田在此，莱在彼，相距在数十里以上，势又不能。若取何休三年一换土易居之说，亦不可能。（详后）无论如何，终不能调剂土地之肥瘠而不害井田之整齐形制。此其二。余夫授田二十五亩。此二十五亩是否即将一夫之田划为四分，或别有所在？若别有所在，则破坏井田之形制。若将一夫之田划分，则与余夫之数岂能适合，且与八家同井之说相背。此其三。史称文王三分天下有其二，又称武王伐殷，不期而会于盟津者八百国，据此则殷末至少尚有诸侯千余国。其服从周者，当仍其旧封，而与新封之诸侯相错，虽至春秋时尚有荆、蛮、戎、狄等与诸侯杂处。（以上但据史书传说）其国境度必犬牙相错，大小不同，岂能悉令改为正方形而封之。殷末遗留之诸侯千余国，必自有其不同之田制，岂能悉令改从成周百亩之制。借令能矣，而诸国环境不同，或地狭民众，或地旷人稀，岂能尽移其民以随地。且甲国平原沃野，乙国或为山地，丙国早经开发，丁则草莱初辟，又将如何划一之。此其四。即令上述四端俱非问题，试思井疆之整齐，其间沟洫道路，俱有定制，系何等浩大之工程，谈何容易！若此项工程将历数十百年而完成，则数十百年而后，情异势迁，田制岂无丝毫之变更。揆之情理，亦不可通。此其五。

授还之方法，将如何而得其平，可以行之久远而无弊，诸书所言，亦属欠通。

授田为井田制之必要条件。然其授受方法，稽之古籍，颇有不可通处。关于授田之年龄，《孟子》《周礼》等书无明文，后世之解释不一，大抵成年有室而授田。人口日增，数十百年而后，数倍于前，在地狭民众之处，将如何悉授以百亩之田乎？此其一。余夫授田二十五亩，无论以多于五口为余夫；或其家众男为余夫；或如程子之说，如有弟是余夫也，年十六别受田二十五亩，俟其壮而有室，然后更受百亩之田；要之，此种田必在夫田之外而相距不远，因余夫与正夫同居也。余夫之增，随时而有，每年必有授还，其田更属临时性。然授田之数必年多于还田之数，因人口日增也。余夫日增而田有限，其田复不能远离正夫之田，将如何调剂之？此其二。《周礼·小司徒》，上地家七人，中地家六人，下地家五人。郑注，一家男女七人以上，则授之以土地，所养者众也，男女五人以下，则授之下地，所养者寡也。然一家人数非一定而不变者也。增时将改授上地。减时将改授下地乎？则不胜其扰矣。此其三。何休谓一家受田百亩，而田有上中下，故三年一换土易居。以此调剂土地之肥瘠，较之于中下地授二百亩三百亩，或别授莱百亩二百亩，易于保持井疆之整齐。然上田下田不必在邻近，农民既为土著，则安土重迁，而必三年一换土易居，毋乃过于纷扰乎？此其四。

（四）井田论之演进

总之，儒者所传之井田论，系汉儒演绎孟子之言，逐渐增补而成。《孟子》方里而井云云，末言："此其大略也，若夫润泽之，则在君与子矣。"盖为滕国设计，以为标准，不必尽将土地划分为"豆腐干块"（用胡适之语）也。至《韩诗外传》等实言之，《周礼》更务为详密，不知自陷于细碎矛盾而不通。其非事实，灼然可见。惟其逐渐增补，而增补者非一人，各出己意，故诸说违异。惟其为演绎之词，托诸空谈，非凭事实，故多不可通。然而一再演绎，展转解释，恍若三代实有其制。而后世儒者更据此以论其可复不可复，不亦迂乎！

（五）井田论之目的与影响

虽然，井田论之目的，则未可厚非。豪强兼并，征敛无度，民不聊生。学者目击时艰，欲谋均产，而豪强势盛，积重难返，不得不托古改制，以抗强暴，而救当世之弊。虽不能施诸事实，然限田均田之议，盖出于此也。

一五　限民名田

（一）限民名田之创议

井田既属理论。未可实行。且兼并已久，势难骤改。不得已而思其次，则限民名田之议兴焉。董仲舒说武帝曰："古井田法虽难卒（读曰猝）行，宜少近古，限民名田，以澹不足，塞兼并之路。"颜师古注曰："名田，占田也。各为立限，不使富者过制，则贫弱之家可足也。"（并见《汉书·食货志》）盖兼并之弊，由于富贵者占田无限，土地集中于少数人之手，而大众向隅，耕者不能有其田。

董仲舒

若为之限制，严禁豪强不得占田过制，则一方可以防止大地主之产生，一方使贫弱占田之机会较多。虽不能即达均产之目的，而土地之分配，可以稍得其平，远较无限之为愈也。惜乎武帝未能用也。史称："仲舒死后，功费愈甚。天下虚耗，人复相食。"（《汉书·食货志》）盖慨乎其言矣。

（二）禁商贾名田

大抵兼并之徒，非为贵显，即系富豪。贵显自居政要，不欲自限，故除少数儒者欲限制王公贵人及一般官吏占田外，鲜有议及者。而抑制商贾，则往往言及。武帝时，公卿议重征商贾之税；并令贾人有市籍及家属皆无得名田以便农（师古曰，一人有市籍，则身及家内皆不得有田也），敢犯令，没入田货。

《汉书·食货志》："商贾以币之变，多积货逐利。于是公卿言：郡国颇被灾害，贫民无产业者，募徒广饶之地。陛下损膳省用，出禁钱以振元元，宽贷而民不齐出南亩。商贾滋众。贫者畜积无有，仰县官。异时算轺车贾人之缗钱，皆有差下。请算如故。诸贾人末作，贳贷卖买，居邑贮积诸物，及商以取利者，虽无市籍，各以其物自占，率缗钱二千而算一。诸作有租及铸，率缗钱四千算一。非吏比者，三老，北边骑士，轺车一算，商贾人轺车二算。船五丈以上一算。匿不自占，占不悉，戍边一岁，没入缗钱。有能告者，以其半畀之。贾人有市籍及家属，皆无得名田以便农。敢犯令，没入田货。"

盖欲借免商贾之兼并也。然此事曾否实行，则属疑问。

（三）限侯王吏民名田

哀帝即位，师丹辅政，建议限民名田及奴婢之数。

《汉书·食货志》："哀帝即位，师丹辅政。建言古之圣王，莫不设井田，然后治乃可平。孝文皇帝承亡周乱秦兵革之后，天下空虚，故务劝农桑，帅以节俭，民始充实，未有并兼之害，故不为民田及奴婢为限。今累世承平，豪富吏民赀数巨万，而贫弱愈困。

盖君子为政贵因循而重改作，然所以有改者，将以救急也。亦未可详，宜略为限。"

天子下其议。

《汉书·哀帝纪》，下诏曰："制节谨度，以防奢淫，为政所先，百王不易之道也。诸侯、王、列侯、公主、吏二千石，及豪富民，多畜奴婢，田宅亡限，与民争利。百姓失职，重困不足。其议限制。"

丞相孔光，大司空何武奏请，"诸侯王列侯皆名田国中，列侯在长安，公主名田县道，及关内侯、吏、民名田，皆毋过三十顷。诸侯王奴婢二百人，列侯公主百人，关内侯、吏、民三十人。期尽三年。犯者没入官。时田宅奴婢，贾为减贱。丁傅用事，董贤隆贵，皆不便也。诏书且须后，遂寝不行。"（《汉书·食货志》）

《哀帝纪》与《食货志》所言略同，惟多出"年六十以上，十岁以下，不在数中（指奴婢之数）。贾人皆不得名田为吏。犯者以律论。"

如淳注曰："名田国中者，自其所食国中也。既收其租税，又自得有私田三十顷。名田县道者，《令甲》'诸侯在国，名田他县，罚金二两'；今列侯有不之国者，虽遥食其国租税，复自得田于他县道。公主亦如之。不得过三十顷。"（《哀帝纪》注）

夫田三十顷，奴婢二百人，为数非小；而自此议起，田宅奴婢之价为减，可见豪强占田之广，奴婢之多，远逾于此。（参看前第一三节）丁傅均外戚，居要津，富有资财。董贤佞幸，以少年而位居三公，甲第服用之侈，儗于天子，哀帝且以田二千余顷赐之。一旦欲限其名田毋过三十顷，而诏书须由其手，谓将愿乎？直与虎谋皮耳。故自仲舒以来，限民名田云云，虽有计议，终不克行也。

一六　王莽之改革

（一）改革之远因

限田之议虽不行，而时会所趋，均产运动，未尝中止。《周礼》晚出，益为井田张目。且自武帝重儒，罢斥百家；贡禹之徒，力主复古。一方则兼并不减，小民愈困。因果相乘，卒致王莽代汉而欲实行均产。虽曰人为，亦时势使然也。

（二）均产主义的王田制度及其他

王莽始建国元年（公元九年）即下令颂古井田之善，斥汉之弊；更名天下田曰王田，奴婢曰私属，皆不得卖买。其男口不盈八，而田过一井者，分余田予九族、邻里、乡党。本无田者，受田如制度。反抗则严罚之。

《汉书·王莽传》："莽曰，古之设庐井八家，一夫一妇田百亩，什一而税，则国给民富而颂声作，此唐虞之道，三代所遵行也。秦为无道，厚赋税以自供奉，罢民力以极欲。坏圣制，废井田。是以兼并起，贪鄙生。强者规田以千数，弱者曾无立锥之居。又置奴婢之市，与牛马同栏。制于民臣，颛断其命。奸虐之人，因缘为利，至略卖人妻子。逆天心，悖人伦，谬于天地之性，人为贵之义。《书》曰，予则奴戮女。唯不用命者，然后被此罪矣。汉氏减轻田租，三十而税一，常有更赋，罢癃咸出。而豪民侵陵，分田劫假，厥名三十税一，实什税五也。父子夫妇终年耕耘，所得不足以自存。故富者犬马余菽粟，骄而为邪，贫者不厌糟糠，穷而为奸，俱陷于辜，刑用不错。予前在大麓，始令天下公田口井，时则有嘉禾之祥，遭反虏逆贼且止。今更名天下田曰王田，奴婢曰私属，皆不得卖买。其男口不盈八，而田过一井者，分余田予九族、邻里、乡党。故无田今当受田者如制度。敢有非井田圣制，无法惑众者，投诸四裔，以御魑魅，如皇始祖考虞帝（莽自称舜后）故事。"又曰："坐卖买田宅奴婢铸钱，自诸侯卿大夫至于庶民，抵罪者不可胜数。"

王田之名，盖出《诗经·小雅·北山》篇"溥天之下，莫非王土"。

是莽盖以极大决心，强制均产；收土地为国有，而废除奴婢。复立五均以平物价，而济贫弱之急；

《汉书·食货志》："下诏曰，夫《周礼》有赊贷，《乐语》有五均，传记各有斡焉。今开赊贷，张五均，设诸斡者，所以齐众庶，抑并兼也。"郑展注曰："《乐语》，乐元语，河间献王所传，道五均事。"臣瓒曰："其文云，天子取诸侯之土以立五均，则市无二贾，四民常均。疆者不得困弱，富者不得要贫。则公家有余，恩及小民矣。"五均者，据《食货志》所载：（一）市平，"诸司市常以四时中月，实定所掌，为物上中下之贾（即价格）自用其市平（平均的物价），毋拘他所。"（二）收滞货，"众民卖买五谷布帛丝绵之物，周于民用，而不雠（即售）者，均官有以考检厥实，用其本贾取之，毋令折钱。"（三）平市价，"万物卬贵过平一钱，则以平贾卖与民；其贾氏贱减平者，听民自相与平，以防贵庚（师古曰，庚，积也，以防民积物待贵也）者。"（四）赊，"民欲祭祀丧纪而无用者，钱府以所入工商之贡，但赊之（赊而不取息也）。祭祀无过旬日，丧纪无过三月。"（五）贷本，"民或乏绝，欲贷以治产业者，均受之，除其费，计所得受息，毋过岁什一”，《王莽传》作“赊贷与民，收息百月三”。

六筦以管重大营业，而防垄断之弊。

> 筦，《食货志》作斡，即由国家管理之意。六筦者：（一）盐，（二）酒，（三）铁，（四）名山大泽，（五）钱布铜冶，（六）五均赊贷。始建国二年，初设六筦之令。天凤中下诏曰：“夫盐，食肴之将。酒，百乐之长，嘉会之好。铁，田农之本。名山大泽，饶衍之臧。五均赊贷，百姓所取平，卬以给澹。钱布铜冶，通行有无，备民用也。此六者，非编户齐民所能家作，必卬于市，虽贵数倍，不得不买。豪民富贾，即要贫弱。先圣知其然也，故斡之。每一斡为设科条防禁，犯者罪至死。”（《食货志》）

推其所志，殆欲平均地权，节制资本，齐贫富而抑兼并也。今之所谓“国家社会主义者”非耶？其意甚善，法亦完备。然而千九百年来，为世诟病者何也？盖亦有其取败之道焉。

（三）王莽之为人

王莽出身豪族，姑为元帝皇后。元后父及兄弟，皆以元成世封侯，居位辅政。家凡九侯，五大司马。唯莽父曼蚤死不侯，莽群兄弟皆将军五侯子，乘时侈靡，以舆马声色佚游相高。莽独孤贫，因折节为恭俭，受礼经，师事沛郡陈参，勤身博学，被服如儒生。事母及寡嫂，养孤兄子，行甚敕备，又外交英俊，内事诸父，曲有礼意。及后居官，位渐高，行愈谦，振施宾客，收赡名士，交给将相卿大夫甚众。声誉日隆。卒代汉而有天下。然其人外端内诈，动称符命。躁扰怪辟，数杀其子。恶闻逆耳之言，而好时日小数。师心自用，不能无为，佞古自大而昧于时。则其短也。

（四）王莽左右之学者

莽既勤身博学，广交英俊，收赡名士，故其左右不乏才智之士。刘歆其著者也。

> 歆为汉宗室。与父向领校秘书。集六艺群书，种别为《七略》。经籍目录之学自歆始。歆欲建立《左氏春秋》及《毛诗》《逸礼》《古文尚书》，皆列于学官，为众儒所讪，且忤执政大臣，乃出为太守。王莽少时与歆俱为黄门郎，甚重之。

莽"每有所兴造，必欲依古，得经文"（《食货志》），而颇多出自《周礼》。《周礼》虽号称作于周公，而学者颇疑系刘歆伪造。且歆为莽之国师。是则莽之政策，与歆之关系，可以思过半矣。歆之外，有张邯、孙阳、鲁匡等，均为改制中之重要人物。

《胡适文存》二集卷一《论王莽》："孙阳已不可考。张邯见于《汉书·儒林传》之《后苍传》下。后苍通《诗》《礼》，传匡衡、翼奉、萧望之。匡衡的传经表如下：

```
             ┌ 琅邪    师丹
             │
             │        伏理
匡衡 ┤                      ┌ 九江    张邯
             │        满昌 ┤
             └ 颍水         └ 琅邪    皮容
```

按《王莽传》，满昌为莽

《胡适文存》二集书影

太子讲诗。又按《后苍传》，张邯与皮容'皆至大官，徒众尤盛'。鲁匡见于《后汉书·鲁恭传》'恭，扶风平陵人也。……哀平间自鲁而徙。祖父匡，王莽时为义和，有权数，号智囊'"。按义和即汉之大司农，若今之财政部长。

大抵五均出于刘歆；

> 《汉书·食货志》："国师公刘歆言：周有泉府之官，收不雠，与欲得，即《易》所谓理财正辞，禁民为非者也。"于是莽下诏（见前引）立五均之法。

酒筦出于鲁匡；

> 《汉书·食货志》："义和鲁匡言：名山大泽、盐、铁、钱、布帛、五均赊贷，斡在县官，唯酒酤犹未斡。酒者，天之美禄，帝王所以颐养。天下享祀祈福扶衰养疾，百礼之会，非酒不行，故《诗》曰无酒酤我，而《论语》曰酤酒不食，二者非相反也。夫《诗》据承平之世，酒酤在官，和旨便人，可以相御也。《论语》，孔子当周衰乱，酒酤在民，薄恶不诚，是以疑而弗食。今绝天下之酒，则无以行礼相养。放而亡限，则费财伤民，请法古令官作酒。以二千五百石为一均，率开一卢以卖。雠五十酿为准，一酿用粗米二斛，曲一斛，得成酒六斛六斗。各以其市月朔，米曲三斛，并计其贾而参分之（师古曰，参，三也）。以其一为酒一斛之平。除米曲本贾，计其利而什分之，以其七入官，其三及醙载灰炭（师古曰，载酢，浆也），给丁器薪樵之费。"

其余井田废奴，推演汉以来之均产运动。盐、铁、铸钱、山泽之筦，本于汉之旧制，而歆辈合力规划之。

　　盐与铁由国家设官专卖，起于东郭咸阳与孔仅，事在武帝元狩四年（公元前一一九年）。铸钱在汉初尚不归政府专办，至武帝时始禁铸钱，由上林三官专铸。榷酒始于天汉三年（公元前九八年），见《武帝本纪》。

　　《胡适文存》三集卷七《再论王莽》："依这些史实看来，王莽的六筦，止有三筦是他的创制。"窃按名山大泽本视为帝室或政府私产，观于西汉遇灾荒每弛山泽之禁可知。酒筦亦非创举。其纯系新创者，实只五均赊贷耳。

　　《汉书·王莽传》载，地皇二年南郡秦丰，平原女子迟昭平，各聚众作乱。莽召问群臣禽贼方略。故左将军公孙禄征来与议。禄曰："……国师嘉信公（刘歆）颠倒五经，毁师法，令学士疑惑。明学男张邯，地理侯孙阳，造井田，使民弃土业。羲和鲁匡设六筦，以穷工商。……宜诛此数子，以慰天下。……"莽怒，使虎贲扶禄出。然颇采其言，左迁鲁匡为五原卒正，以百姓怨非故。六筦非匡所独造，莽厌众意而出之。

新莽嘉量

故其制度颇有可观也。

（五）王莽之失败

制度虽善，且以便民，然其结果，"农商失业，食货俱废，民人涕泣于市道"（《王莽传》），天下骚然。不得不于始建国四年（公元十二年）下书除卖买田宅奴婢之禁。地皇三年（公元二二年），"天下溃畔，事穷计迫，乃议遣风俗大夫司国宪等，分行天下，除井田、奴婢、山泽、六筦之禁。即位以来不便于民者，皆收还之。待见未发"（《王莽传》）。翌年即及身而亡，首斩尸裂矣。此其故何哉？举其大要，盖有三端：

（一）西汉均产运动之所以迄无成者，以豪强势盛，积重难返也。今一旦齐贫富，抑兼并，一切干涉之，必遭强固之反对，自在意中。

《汉书·王莽传》："及卖买田宅奴婢，铸钱，自诸侯卿大夫至于庶民，抵罪者不可胜数，"又莽议封邑，"以图簿未定，未授国邑，且令受奉都内，月钱数千。诸侯皆困乏，至有庸作者"。夫豪强养尊处优已惯，一旦受此，谓将愿乎？故"中郎区博谏莽曰：井田虽圣王法，其废久矣。周道既衰，而民不从。秦知顺民之心可以获大利也，故灭庐井而置阡陌，遂王诸夏。讫今海内未厌其敝。今欲违民心，追复千载绝迹，虽尧舜复起，而无百年之渐，弗能行也。天下初定，万民新附，诚未可施行。莽知民怨，乃下书曰，诸名食王田皆得卖之，勿拘以法；犯私买卖庶人者，且一切勿治"。

而中兴汉室之刘秀，固起自地主阶级者也。

（二）国家施政，必借手于官吏，而自来官僚政治之积弊甚深。虽有少数贤哲，创行新政，将以利民，反使吏缘为奸，适以害民。

　　《汉书·食货志》："义和置命士，督五均六斡，郡有数人，皆用富贾。洛阳薛子仲、张长叔，临菑姓纬等，乘传求利，交错天下，因与郡县通奸，多张空簿，府臧不实，百姓愈病。"

　　《王莽传》："遣尚书大夫赵并使劳北边，还言五原北假膏壤殖榖，异时常置田官。乃以并为田禾将军，发戍卒屯田北假，以助军粮。是时诸将在边，须大众集，吏士放纵，而内郡愁于征发，民弃城郭，流亡为盗贼。并州平州尤甚。莽令七公六卿，号皆兼称将军。遣着武将军逯并等填名都。中郎将，绣衣执法，各五十五人，分填缘边。大都督，大奸猾，擅弄兵者，皆便为奸于外，挠乱州郡，货赂为市，侵渔百姓。"又地皇三年"流民入关者数十万人，乃置养赡官禀食之。使者监领与小吏共盗其禀，饿死者十七八"。

卒致农桑失业，不独地主反对，农民亦相率而叛矣。

　　（三）王莽迷信制度，而忽民务之急。务欲自揽众事，而众事不尽可胜。以致政多延误。吏便为奸。

　　《汉书·王莽传》："莽意以为制定则天下自平。故锐思于地理，

新莽"偏将军印"铜印

制礼作乐,讲合六经之说。公卿旦入暮出,议论连年不决。不暇省狱讼冤,结民之急务。县宰缺者,数年守兼。一切贪残日甚。中郎将绣衣执法,在郡国者,并乘权报执,传相举奏。又十一公士分布劝农桑,班时令,案诸章,冠盖相望,交错道路。召会吏民,逮捕证左。郡县赋敛,递相赇略,白黑纷然。守阙告诉者多。莽自见前颛权以得汉政,故务自揽众事。有司受成苟免。诸宝物名帑藏钱榖官,皆宦者领之。吏民上封事书,宦官左右开发,尚书不得知。其畏备臣下如此。又好变改制度,政令烦多。当奉行者,辄质问乃以从事。前后相乘,愦眊不渫(师古曰:乘,积也,登也,愦眊不明也;渫,散也,彻也)。莽常御灯火至明,犹不能胜。尚书因是为奸寝事。上书待报者,连年不得去,拘系郡县者,逢赦而后出。衙卒不交三岁矣。”

制度烦碎,又数更改,民病愈甚。

《汉书·王莽传》:“莽之制度,烦碎如此。课计不可理,吏终不得禄,各因官职,受取赇略,以自共给。”天凤四年(公元十七年),临淮瓜田仪,琅邪女子吕母起兵,众皆万数,“莽遣使者即赦盗贼。还言,盗贼解辄复合。问其故。皆曰愁法禁烦苛,不得举手力作,所得不足以给贡税。闭门自守,又坐邻伍铸钱挟铜。奸吏因以愁民。民穷悉起为盗贼”。

且数启边衅,军旅骚动。威福自擅,旧人离心。厌闻忠言,言路为塞。卒致百姓怨恨,盗贼并起,不旋踵而亡矣。

一七　均产运动之尾声

（一）地主阶级之胜利

王莽末，四方农民，迫于饥寒穷愁，起为盗贼。其利用之以夺取统治权者，非为豪族，即为桀骜亡命之徒。而成功卒归于刘秀。秀本宗室，家富有，外家樊氏，尤为殷实（见前引《后汉书·樊宏传》），从龙功臣，亦多地主意味；谓为代表地主阶级，不为过也。刘秀成功之易，虽原因不一，而人心厌乱思汉，尤以地主阶级苦于莽之新政，乐于拥护，实为主要原因之一。故秀之成功，谓为地主阶级之反动与胜利可也。

汉光武帝刘秀

（二）均产运动之衰歇

西汉均产运动，一时颇为蓬勃，至王莽而极。不幸莽性迂阔，措施失当，有志未遂。代之而同兴者，则为出身华贵之刘秀，是为东汉光武帝，一反莽之所为，听民自由。尊贤礼士，奖励名节，故士尚气节，吏多循良，民命稍苏。且经极大变乱之后，百姓虚耗（见后第二〇节），人口之压迫大减，农田问题不如西汉之严重。生计稍裕，侈靡相尚。

> 王符《潜夫论·浮侈》篇："今京师贵戚衣服、饮食、车舆、文饰、庐舍，皆过王制，僭上甚矣。从奴仆妾，皆服葛子升越筒中女布，细致绮縠，冰纨锦绣，犀象珠玉，琥珀瑇瑁。石山隐饰，金银错镂，摩虒履鸟，文组彩褋，骄奢僭主，转相夸诧。箕子所晞今在仆妾。富贵嫁娶，车辂各十，骑奴侍僮，夹毂节引。富者竞欲相过。贫者耻不逮及。是故一飨之所费，破终身之本业。"（卷三）

学风流于训诂传注，缺乏思想，兼以中叶以后，迭逢幼主，外戚宦官，乘机擅权，互为消长，朝政日非。一般学者，转其视线于中央，无暇顾及民间生计。故蓬勃于西汉之均产运动，一时衰歇，几无闻矣。

（三）汉末学者之土地国有论

逮东汉末叶，则有二三思想家起，注意田制问题，崔实欲复五等之爵，立井田之制。

> 《后汉书·崔骃传》（实为骃孙）引崔实《政论》曰："必欲行若言，当大定其本。使人主师五帝而式三王（式，法也）。荡亡秦之俗，遵先圣之风。弃苟全之政，蹈稽古之踪。复王等之爵，立井田之制。然后选稷契为佐，伊吕为辅。乐作而凤凰仪，击石而百兽舞。若不然，则多为累而已。"（卷八十二）

又主移民就宽乡，以调节人地之不相副。

崔实《政论》："昔圣人分口耕耦，地各相副。今青、徐、兖、冀人稠土狭，不足相供。而三辅左右及凉幽州内附近郡皆土旷人稀，厥田宜稼，悉不垦发。今宜遵故事，徙贫人不能自业者于宽地。此亦开草辟土振人之术也。"

仲长统亦极言井田之宜恢复，

《后汉书·仲长统传》引统《昌言·损益》篇曰："井田之变，豪人货殖，馆舍布于州郡，田亩连于方国。身无半通青纶之命，而穷三

《仲长统乐志图》　明　苏显祖

辰龙章之服，不为编户一伍之长，而有千室名邑之役。荣乐过于封君，执力侔于守令。财赂自营。犯法不坐。刺客死士，为之投命。至使弱力少智之子，被穿帷败，寄死不敛，冤枉穷困，不敢自理。虽亦由纲禁疏阔，盖分田无限，使之然也。今欲张太平之纪纲，立至化之基趾，齐民财之丰寡，正风俗之奢俭，非井田实莫由也。"（卷七十九）

而欲限制官荒之领垦。

《昌言·损益》篇："今者土广民稀，中地未垦（上田已耕，唯中地以下未垦也）。虽然，犹当限以大家，勿令过制。其他有草者尽曰官田。力堪农事，乃听受之。若听其自取，后必为奸也。"

荀悦则以为井田久废，未可猝复；宜以口数占田，为之立限，人得耕种，不得卖买，即所谓"不专地"也。

荀悦《申鉴·时事》篇议专地："诸侯不专封。富人名田逾限，富过公侯，是自封也，大夫不专地。人卖买由己，是专地也。或曰，复井田与？曰，否。专地，非古也。井田，非今也（言专地固非隆古之典，而井田废久又非今所可行）。然则如之何？曰，耕而勿有，以俟制度可也（耕而勿有，不得卖买由己，以俟制度，不得逾限也）。"（卷二）

荀悦论曰："古者什一而税，以为天下之中正也。今汉氏或百一而税，可谓鲜矣。然豪强人占田逾侈，输其赋大半。官家之惠，优于三代，豪强之暴，酷于亡秦。是上惠不通，威福分于豪强也。文帝不正本，而务除租税，适足以资豪强也。且夫井田之制，不宜于人众之时。田广人寡，苟为可也。然欲广之于寡，立之于众，土地布列在豪强，卒而革之，并有怨心，则生纷乱，制度难行。由是观之，若高祖初定天下，光武中兴之后，人众稀少，立之易矣。既未悉备井田之法，宜以口数占田，为之立限。人得耕种，不得卖买，以赡贫弱，以防兼并。且为制度张本，不亦善乎。"（《文献通考》引）

前节所引《春秋公羊经传解诂》之撰者何休，亦汉末人。

夫土地不得卖买，耕而勿有，则实际推翻土地私有制矣。虽非儒者所言之井田制，其欲废止私有，以防兼并，则一也。由是言之，汉末思想家盖皆积极主张土地国有矣。

（四）重税论

自来论者以薄赋敛为美。荀悦则讥"文帝不正其本，而务除租税，适足以资豪强"。盖田属地主，惠不及农也。仲长统且欲恢复什一之税，谓"二十税一，名之曰貊，况三十一税一乎？"

> 《孟子》："白圭曰，吾欲二十而取一何如？孟子曰，子之道貊道也。"赵岐注云："貊夷貊之人在荒者也。貊在北方，其气寒，不生五谷，无中国之礼，故可二十取一而足也。此言欲轻税也。"

此亦汉末学者主张特殊处。今欧美亦有主张重税以防大地主之产生者。惟统之重税目的，则在增加税收，以厚俸禄而清吏治，与此不同。统欲恢复井田，根本无地主存在之余地也。官吏禄薄，则无以供养而营私，受害者仍为小民。故"奉禄诚厚，则割剥贸易之罪乃可绝也"。（详见《损益》篇）其间殊有至理。然亦不可一概论也。

一八　政府救济贫弱无田之政策

（一）借贫民田

上述均产运动，除王莽一度试行改革外，限田则议而未行，余皆托诸空论而已。政府惟知重农，以为民务农则衣食足而民裕，于根本之田制问题，未尝有何积极政策。然以兼并之甚，农民贫困，未始不知。故以郡国公田，假与贫民，以振困乏，尝数数行之。间且免租赋，贷食粮。贫民苦于无田，得此亦不无小补也。

颜师古

高祖二年，故秦苑囿园池令民得田之。

武帝建元元年，罢苑马以赐贫民。（师古曰，养马之苑，禁百姓刍牧，今罢之。）

昭帝元凤三年，罢中牟苑，赋贫民。

宣帝地节元年，假郡国贫民田。三年诏池籞未御幸者假与贫民；又令流民还归者，假公田，贷种食，又《广陵厉王胥传》载：宣帝即位，相胜之奏夺王射陂草田以赋贫民，奏可。

元帝初元元年，以三辅太常郡国公田及苑可省者振业贫民，江海陂湖园池属少府者以假贫民，勿租赋。二年诏罢水衡禁圃、宜春下苑、少府佽飞外池、严籞池田，假与贫民。永光元年令民各务农亩，无田者假之。

哀帝建平元年，太皇太后诏外家王氏田非冢茔皆以赋贫民。

后汉明帝永平九年，诏郡国以公田赐贫人各有差。十三年，汴渠成，诏以滨渠下田赋与贫人，无令豪右得固其利。

章帝建初元年，诏以上林池籞田赋与贫人。元和元年，诏令郡国募人无田欲徙他界就肥饶者恣听之，到所在赐给公田。三年，告常山、魏郡、清河、巨鹿、平原、东平郡太守相曰：月令孟春善相丘陵土地所宜。今肥田尚多，未有垦辟，其悉以赋贫民，给与粮种，务尽地力，勿令游手。

安帝永初元年，以广城游猎地及被灾郡国公田假与贫民。又《樊宏传》载永初二年悉以公田赋与贫人。（以上除特别注明外，概见两汉书本纪。）

（二）移民就宽乡

民生问题之最感困难者为人多地少。古谓地广人稀处为宽乡，反之为狭乡。狭乡得田之机会少，人人竞争于农田之使用，田价因以胜贵，租亦飞涨，而小民愈困。在昔交通不便，工商幼稚，过剩之人口，若不为其觅一出路，则惟有坐以待毙，或流为盗匪。此与国家之安宁殊有关系。故汉世颇知移

汉景帝刘启

民就宽乡。盖如此则宽乡之田加辟，而狭乡因人口减少而生计可较裕也。景帝元年（公元前一五六年）诏议民欲徙宽大地者听之。

《汉书·景帝本纪》元年诏曰：“间者岁比不登，民多乏食，天绝天年，朕甚痛之。郡国或硗陿无所农桑系畜，或地饶广荐草水泉利，而不得徙。其议民欲徙宽大地者听之。”

章帝元和元年（公元八十四年）诏令郡国募人无田欲徙它界就肥饶者恣听之，到所在赐给公田。桓帝时，崔实谓“今宜遵故事，徙贫人不能自业者于宽地”（见前引）。可知汉世奖励人民由狭乡徙宽乡之举，盖非一次也。

（三）移民实边

移民实边，与移民就宽乡之功效相仿，可借以开垦边疆荒地，而减轻内地人口之压迫。然其主要目的则为巩固边防。文帝十一年（公元前一六九年）募民耕塞下，开移民实边之端。

晁错

晁错之论移民实边及其规划，颇具远识，爰备录之。《汉书·晁错传》错上书曰："令远方之卒守塞，一岁而更，不知胡人之能。不如选常居者，家室田作，且以备之。以便为之高城深堑，具蔺石，布渠答。复为一城，其内城闲百五十步。要害之处，通川之道，调立城邑，毋下千家。为中周虎落。先为室屋，具田器。乃募罪人及免徒复作令居之。不足，募以丁奴婢赎罪及输奴婢欲以拜爵者。不足，乃募民之欲往者，皆赐高爵，复其家。予冬夏衣，廪食，能自给而止。郡县之民，得买其爵，以自增至卿。其亡夫若妻者，县官买予之。人情非有匹敌，不能久安其处。塞下之民，禄利不厚，不可使久居危难之地。胡人入驱而能止其所驱者，以其半予之。县官为赎其民。如是则邑里相救助，赴胡不避死。非以德上也，欲全亲戚而利其财也。此与东方之戍卒，不习地执而心畏胡者，切相万也。"又曰："臣闻古之徒远方以实广虚也，相其阴阳之和，尝其水泉之味，审其土地之宜，观其草木之饶，然后营邑立城，制里割宅，通田作之道，正阡陌之界。先为筑室，家有一堂二内门户之闭，置器物焉。民至有所居，作有所用，此民所以轻去故乡而劝之新邑也。为置医巫以救疾病，以脩祭祀。男女有昏。生死相恤。坟墓相从。种树畜长。室屋完安。此所以使民乐其处，而有长居之心也。臣又闻古之制边县以备敌也，使五家为伍，伍有长；十长一里，有假士；四里一连，连有假五百；十连一邑，邑有假侯。皆择其邑之贤材有护，习地形，知民心者。居则习民于射法，出则教民于应敌。故卒伍成于内，则军正定于外。服习以成，勿令迁徙。幼则同游，长则共事。夜战声相知，则足以相救。昼战目相见，则足以相识。骧爱之心，足以相死。如此而劝以厚赏，威以重罚，则前死不还踵矣。所徙之民，非壮有材力，但费衣粮，不可用也。虽有材力，不得良吏，犹亡功也。"

武帝元鼎六年，分武威、酒泉地置张掖、敦煌郡，徙民以实之。后汉光武帝建武十五年，徙雁门、代郡、上谷吏人六万口置常山关、居庸关以东，其后明帝、章帝、和帝、桓帝时，亦尝数募罪徒戍边。

一九　屯田

屯田边境，与一般田制无甚关系，更无与于两汉之均产运动。惟与移民实边之功用相近。且后世屯田，遍及内地，与民生之关系甚大。屯田始于汉，故附记于此。

（一）屯田之原始

勒兵而守曰屯，故兵耕曰屯田。秦汉以来，疆域辽阔，边境多事，军师屡动，召募日广，于是始有长戍之兵，而国家浸增养兵之费。当事者以地远运艰，师久粮匮，乃思通变以就利，即兵以务农，得地以兴垦，而屯田兴矣。自汉文帝募民耕塞下，始有屯田之说。至武帝屯田车师、渠

汉文帝刘恒

犁，始有屯田之名。

（二）西汉屯田

武帝元鼎六年，初置张掖、酒泉郡（在今甘肃），而上郡、朔方、西河、河西（在今陕西、绥远、宁夏等地），开田官，斥塞卒六十万人戍田之。又置校尉屯田渠犁（在今新疆）。晚年，桑弘羊请屯田轮台（在渠犁之西，亦今新疆地），未许。然昭帝后又屯田张掖郡及轮台、车师、乌孙（并在今新疆）、休循（在今新疆之西）、辽东。宣帝亦遣使屯田渠犁、车师等地，置都护，以屯田校尉属之；而以赵充国屯田金城（在今甘肃）以破羌为最有名。

赵充国

《古今治平略》节引《汉书·赵充国传》曰："宣帝神爵元年，先零诸羌叛。充国愿驰至金城图上方略。既至，以远斥堠为务，行必为战备，止必坚营壁，持重爱士卒，先计后战。度先零必坏，遂欲罢骑兵，屯田以待其弊。奏曰，度临羌东至浩亹羌虏故田及公田民所未垦，可二千顷以上，其间邮亭多坏败者。臣前部士入山伐材木，大小六万余枚，皆在水次。愿罢骑兵，留弛刑应募及淮阳汝南步兵，与吏士私从者，合一万二百八十一人。用谷月二万七千三百六十三斛。分比要害处。冰解漕下，缮乡亭，浚沟渠，治湟陿以西道桥七十所，令可至鲜水左右。田事出赋，人二十晦。至四月草生，发郡骑及属国胡骑伉健各千倅焉。什二就草为田者游兵以充入金城郡。益积蓄，省大费。并及其器用簿上焉。当是时，以为步兵九校，吏士万人，留屯以为武备。因田致谷，威德并行一也。又因排折羌虏，令不得归肥饶之地，贫破其众，以成羌虏相畔之渐，二也。居民得并田作，不失农业，三也。军马一月之食，度支田十二岁，罢骑兵以省大费，四也。至春省甲士卒，循河湟漕谷，至临羌以示羌虏，扬威武，传世折冲之具，五也。以闲暇时下所伐材，缮治邮亭，充入金城，六也。兵出乘危徼幸，不出令反畔之虏，窜于风寒之地，离霜露疾疫瘃堕之患，坐得必胜之道，七也。亡经阻远追死伤之害，八也。内不损威武之重，外不令虏得乘间之势，九也。又亡惊动河南大开小开，使生他变之忧，十也。治隍陜中道桥，令可至鲜水以制西域，信威千里，从枕席上过师，十一也。大费既省，繇役豫息，以戒不虞，十二也。留屯田得十二便，出兵失十二利。奏每上，辄报可。以故羌卒降，而置金城属国以处之。是之谓先为不可胜以待敌，故足贵也。"

元帝时置戊己校尉，屯田车师。

（三）东汉屯田

光武中兴，海内萧条，于是分遣诸将屯田内地，借资粮储。既而海内略定，乃屯田北边及西北。明帝破匈奴，始屯田伊吾庐（在今新疆），西域复通。和帝时屯田金城。顺帝时屯田湟中（在今青海）。凡此皆在西北边，所以备匈奴，通西域者也。

汉明帝刘庄

两汉屯田与一般田制无甚关系，故仅略及之。可参看《古今图书集成·戎政典·屯田部》《文献通考·田赋考七·屯田》及《古今治平略·屯田》篇等。暇当别作屯田考以详之。

二〇　人口及土地利用之一斑

（一）战国人口

战国人口，虽无统计，犹可于苏秦说列国之言得其梗概。大抵共计不下三千万人。

《饮冰室文集》第四十四册《中国史上人口之统计》："苏秦说六国，于燕、赵、韩、齐，皆言带甲数十万；于楚则言带甲百万；于魏则言武士、苍头、奋击各二十万。张仪言秦虎贲之士百余万。又苏秦言齐、楚、赵，皆车千乘，骑万匹；言燕车六百，骑六千；言魏车六百，骑五千。张仪言秦车千乘，骑万匹。以秦楚两国推例之，大抵当时兵制，有车一乘，骑十匹者，则配卒一千人。故秦楚千乘而卒百万，赵六百乘而卒六十万。然则苏秦虽不确言齐、赵、燕、韩之卒数，然亦可比例以得其概，大约齐赵皆当百万，燕韩皆当六十万，盖当时秦、齐、楚工力悉敌，而苏秦亦言山东之国莫强于赵，故合纵连衡时，秦、越、齐、楚，皆一等国，而魏、韩、燕，二等国也。以此计之，七雄所养兵，当合七百万内外也。由兵数以算户数。据苏秦说齐王云，临淄七万户，户三男子，则临淄之卒可得二十一万。是当时之制，大率每一户出卒三人。则七国之众，当合二百五十余万户也。由户数以算人数。据孟子屡言八口之家，是每户以八人为中数。则二百五十余万户，应得二千余万人也。此专以七雄推算者。当时尚有宋、卫、中山东西周、泗上小侯，及蜀、闽、粤等不在此数。以此约之，当周末时，人口应不下三千万。"

齐自春秋首称大国，三晋处天下之中，故除赵之北部外，人烟稠密。秦偏于西，楚偏于南，燕偏于北，则较稀也。

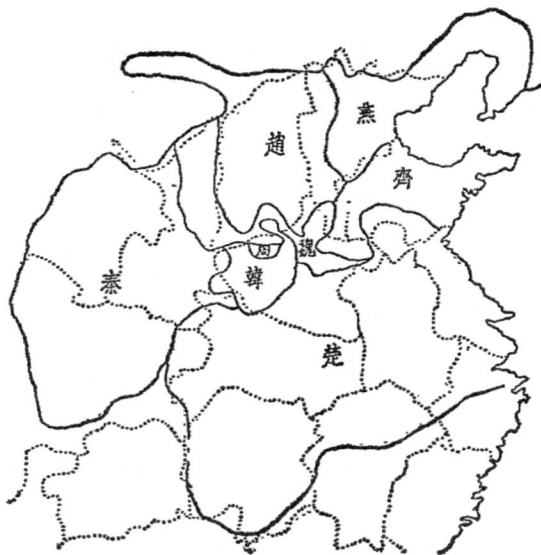
战国七雄图

临淄之繁盛，见前引。《商君书》言三晋土狭民众，而秦则反之。《战国策·魏策》苏秦说魏王曰："大王之地，……地方千里。地名虽小，然而庐田庑舍，曾无所刍牧牛马之地。人民之众，车马之多，日夜行不休。已无以异于三军之众。"

（二）两汉人口之总数

秦破六国，杀戮甚多。继以暴秦之政，刘项之扰，人口大减，六去其五。

《饮冰室文集·中国史上人口之统计》："据《史记·秦本纪》及《六国表》，则自秦孝公至始皇之十三年，其破六国兵，所斩首虏共百二十余万。而秦兵之被杀六国者尚不计。六国自相攻伐，所

杀人尚不计。然则七雄交哄，所损士卒当共二百万有奇矣。而始皇
一天下之后，犹以四十万使蒙恬击胡，以五十万守五岭，以七十万
作骊山驰道。三十年间，百姓死亡，相踵于路。陈项又恣其酷烈，
新安之坑，二十余万。彭城之战，睢水不流。汉高定天下，人之死
伤亦数百万。及平城之围，史称其悉中国兵而为数不过三十万耳。
方之六国，不及二十分之一矣。汉既定天下，用民服兵役者，当不
至如六国之甚。然以比拟计之，当亦无逾五六百万者。"

汉休养生息二百年，自文景及孝平，由五六兆进为五十九兆，殆加十倍。
及王莽更始之乱后，锐减至二十一兆，几去三之二。东汉二百年稍苏，复
进至五十兆。此其大较也。

两汉人口总数之可稽者如下：

第一表　两汉人口总数表

	户	口	
前汉平帝元始二年（2A. D.）	12 233 062	59 594 978	见《汉书·地理志》
后汉光武帝中元二年（57）	4 271 634	21 007 820	见《后汉书·郡国志》注引《帝王世纪》
明帝永平十八年（75）	5 860 572	34 125 021	见《后汉书·郡国志》注引《帝王世纪》
章帝章和二年（88）	7 456 784	43 356 367	见《后汉书·郡国志》注引《帝王世纪》
和帝元兴元年（105）	9 237 112	53 256 229	见《后汉书·郡国志》注引《帝王世纪》
安帝延光四年（125）	9 647 838	48 690 789	见《后汉书·郡国志》注引《帝王世纪》
顺帝永和五年（140）	9 698 630	49 150 220	见《后汉书·郡国志》

（续表）

	户	口	
顺帝建康元年 （144）	9 946 919	49 730 550	见《后汉书·郡国志》注引《帝王世纪》
冲帝永嘉元年 （145）	9 937 680	49 524 183	
质帝本初元年 （146）	9 348 227	47 566 772	
桓帝永寿二年 （156）	16 070 906	50 066 856	
	10 677 960	56 486 856	见《通典》

按上引《通典》与《帝王世纪》所载之数不同。又《帝王世纪》所载之数，亦见应劭《汉官仪》；惟《汉官仪》于光武帝中元二年作 4 279 634 口。

（三）人口之分布

然吾兹所重者，非总数之多寡，而为人口之分布，将借以觇州郡土地利用之比较，与文物经济之转变也，欲详人口之分布，必求各地户口细数。幸两汉书载有平帝元始二年（公元二年）及顺帝永和五年（公元一四〇年）郡国户口之数，爰据以立表，并填之图如次：

第二表　前汉郡国户口表
元始二年（2A.D.）据《汉书·地理志》

	县数	户数	口数
司隶	132	1 519 857	6 682 602

（续表）

	县数	户数	口数
京兆尹	12	195 702	682 468
左冯翊	24	235 101	917 822
右扶风	21	216 377	836 070
弘农郡	11	118 091	475 954
河内郡	18	241 246	1 067 097
河南郡	22	276 444	1 740 279
河东郡	24	236 896	962 912
豫州	108	1 459 911	7 551 734
颍川郡	20	432 491	2 210 973
汝南郡	37	461 587	2 596 148
沛郡	37	409 079	2 030 480
梁国	8	38 709	106 752
鲁国	6	118 045	607 381
冀州	129	1 133 099	5 177 462
魏郡	18	212 849	909 655
巨鹿郡	20	155 951	827 177
常山郡	18	141 741	677 956
清河郡	14	201 774	875 422
赵国	4	84 202	349 952
广平国	16	27 984	198 558
真定国	4	37 126	178 616
中山国	14	160 873	668 080

（续表）

	县数	户数	口数
信都国	17	65 556	304 384
河间国	4	45 043	187 662
兖州	115	1 656 478	7 877 431
陈留郡	17	296 284	1 509 050
山阳郡	23	172 847	801 288
济阴郡	9	290 025	1 386 278
泰山郡	24	172 086	726 604
东郡	22	401 297	1 659 028
城阳国	4	56 642	205 784
淮阳国	9	135 544	981 423、
东平国	7	131 753	607 976
徐州	132	1 042 193	4 633 861
琅邪郡	51	228 960	1 079 100
东海郡	38	358 414	1 559 357
临淮郡	29	268 283	1 237 764
泗水国	3	25 025	119 114
广陵国	4	36 773	140 722
楚国	7	124 738	497 804
青州	119	959 815	4 191 341
平原郡	19	154 387	664 543
千乘郡	15	116 727	490 720

（续 表）

	县数	户数	口数
济南郡	14	140 761	642 884
北海郡	26	127 000	593 159
东莱郡	17	103 292	502 693
齐郡	12	154 826	554 444
甾川国	3	50 289	227 031
胶东国	8	72 002	323 331
高密国	5	40 531	192 536
荆州	**115**	**668 597**	**3 597 258**
南阳郡	36	359 316	1 942 051
江夏郡	14	56 844	219 218
桂阳郡	11	28 119	156 488
武陵郡	13	34 177	185 758
零陵郡	10	21 092	139 378
南郡	18	125 579	718 540
长沙国	13	43 470	235 825
扬州	**93**	**710 821**	**3 206 213**
卢江郡	12	124 383	457 333
九江郡	15	150 052	780 525
会稽郡	26	223 038	1 032 604
丹阳郡	17	107 541	405 170
豫章郡	18	67 462	351 965

（续表）

	县数	户数	口数
六安国	5	38 345	178 616
益州	**128**	**1 024 159**	**4 784 214**
汉中郡	12	101 570	300 614
广汉郡	13	167 499	662 249
犍为郡	12	109 419	489 486
武都郡	9	51 376	235 560
越嶲郡	15	61 208	408 405
益州郡	24	81 946	580 463
牂牁郡	17	24 219	153 360
巴郡	11	158 643	708 148
蜀郡	15	268 279	1 245 929
凉州	**115**	**331 260**	**1 282 013**
陇西郡	11	53 964	236 824
金城郡	13	38 470	149 648
天水郡	16	60 370	261 348
武威郡	10	17 581	76 419
张掖郡	10	24 352	88 731
酒泉郡	9	18 137	76 726
敦煌郡	6	11 200	38 335
安定郡	21	42 725	143 294
北地郡	19	64 461	210 688

（续表）

	县数	户数	口数
并州	157	707 394	3 321 572
太原郡	21	169 863	680 488
上党郡	14	73 798	337 766
西河郡	36	136 390	698 836
朔方郡	10	34 338	136 628
五原郡	16	39 322	231 328
云中郡	11	38 303	173 270
定襄郡	12	38 559	163 144
雁门郡	14	73 138	293 454
上郡	23	103 683	606 658
幽州	180	937 438	3 993 410
勃海郡	26	256 377	905 119
上谷郡	15	36 008	117 762
渔阳郡	12	68 802	264 116
右北平郡	16	66 689	320 780
辽西郡	14	72 654	352 325
辽东郡	18	55 972	272 539
玄菟郡	3	45 006	221 845
乐浪郡	25	62 812	406 748
涿郡	29	195 607	782 764
代郡	18	56 771	278 754

（续表）

	县数	户数	口数
广阳国	4	20 740	70 653
交州	55	215 448	1 372 290
南海郡	6	19 613	94 253
郁林郡	12	12 415	71 162
苍梧郡	10	24 379	146 160
交趾郡	10	92 440	746 237
合浦郡	5	15 398	78 980
九真郡	7	35 743	166 013
日南郡	5	15 460	69 485
全国共计	1 578	12 366 470	57 671 401

第三表　后汉郡国户口表

永和五年（140A.D.）据《后汉书·郡国志》

	县数	户数	口数
司隶	106	616 355	3 106 161
河南尹	21	208 486	1 010 827
河内郡	18	159 770	801 558
河东郡	20	93 543	570 803
弘农郡	9	46 815	199 113
京兆尹	10	53 299	285 574
左冯翊	13	37 090	145 195

（续表）

	县数	户数	口数
右扶风	15	17 352	93 091
豫州	99	1 142 783	6 179 139
颍川郡	17	263 440	1 436 513
汝南郡	37	404 448	2 100 788
梁国	9	83 300	431 283
沛国	21	200 495	251 393
陈国	9	112 653	1 547 572
鲁国	6	78 447	411 590
冀州	100	908 005	5 931 919
魏郡	15	129 310	695 606
巨鹿郡	15	109 517	602 096
常山国	13	97 500	631 184
中山国	13	97 412	658 195
安平国	13	91 440	655 118
河间国	11	93 754	634 421
清河国	7	123 964	760 418
勃海郡	8	132 389	1 106 500
赵国	5	32 719	188 381
兖州	80	727 302	4 052 111
陈留郡	17	177 529	869 433
东郡	15	136 088	603 393

（续表）

	县数	户数	口数
东平国	7	79 012	448 270
任城国	3	36 442	194 156
泰山郡	12	8 929	437 317
济北国	5	45 689	235 897
山阳郡	10	109 898	606 091
济阴郡	11	133 715	657 554
徐州	62	476 054	2 791 683
东海郡	13	148 784	706 416
琅邪国	13	20 804	570 967
彭城国	8	86 170	493 027
广陵郡	11	83 907	410 190
下邳国	17	136 389	611 083
青州	65	635 885	3 709 803
济南国	10	78 554	453 308
平原郡	9	155 588	1 002 658
乐安国	9	74 400	424 075
北海国	18	158 641	853 604
东莱郡	13	104 297	484 393
齐国	6	64 415	491 765
荆州	117	1 399 394	6 265 952
南阳郡	37	528 551	2 439 618

（续表）

	县数	户数	口数
南郡	17	162 570	747 604
江夏郡	14	58 434	265 464
零陵郡	13	212 284	1 001 578
桂阳郡	11	135 029	501 403
长沙郡	13	255 854	1 059 372
武陵郡	12	46 672	250 913
扬州	**92**	**1 021 096**	**4 338 538**
九江郡	14	89 436	432 426
丹阳郡	16	136 518	630 545
庐江郡	14	101 392	424 683
会稽郡	14	123 090	481 196
吴郡	13	164 164	700 782
豫章郡	21	406 496	1 668 906
益州	**109**	**1 525 257**	**7 241 028**
汉中郡	9	57 344	267 402
巴郡	14	310 691	1 086 049
广汉郡	11	139 865	509 438
广汉属国		37 110	205 652
蜀郡	11	300 452	1 350 476
蜀郡属国		111 568	475 629
犍为郡	9	137 713	411 378

（续表）

	县数	户数	口数
犍为属国		7 938	37 187
牂牁郡	16	31 523	267 253
越嶲郡	14	130 120	622 418
益州郡	17	29 036	110 812
永昌郡	8	231 897	1 897 344
凉州	92	102 492	419 267
陇西郡	11	5 628	29 637
汉阳郡	13	27 423	130 138
武都郡	7	20 102	81 728
金城郡	10	3 858	18 947
安定郡	8	6 094	29 060
北地郡	6	3 122	18 637
武威郡	14	10 043	34 226
张掖郡	8	6 552	26 040
张掖属国		4 656	16 952
张掖居延属国		1 560	4 732
酒泉郡	9	12 706	
敦煌郡	6	748	29 170
并州	98	115 011	696 765
上党郡	13	26 222	127 403
太原郡	16	30 902	200 124

（续表）

	县数	户数	口数
上郡	10	5 169	28 599
五原郡	10	4 667	22 957
定襄郡	5	3 153	13 571
雁门郡	14	31 862	249 000
西河郡	13	5 698	20 838
云中郡	11	5 351	26 430
朔方郡	6	1 987	7 843
幽州	84	396 263	2 044 572
涿郡	7	102 218	633 724
广阳郡	5	44 550	280 600
代郡	11	20 123	126 188
上谷郡	8	10 352	51 204
渔阳郡	9	68 456	435 740
右北平郡	4	9 170	53 475
辽西郡	5	14 150	81 714
辽东郡	11	64 158	81 714
辽东属国			
玄菟郡	6	1 594	43 163
乐浪郡	18	61 492	257 050
交州	56	270 769	1 114 444
南海郡	7	71 477	250 282

（续表）

	县数	户数	口数
苍梧郡	11	111 395	466 975
郁林郡	11		
合浦郡	5	23 121	86 617
交趾郡	12		
九真郡	5	46 513	209 894
日南郡	5	18 263	100 676
全国共计	1 160	9 336 666	47 891 382

按此二表所算出之全国县邑户口总数，与两汉书所载总数不尽合。

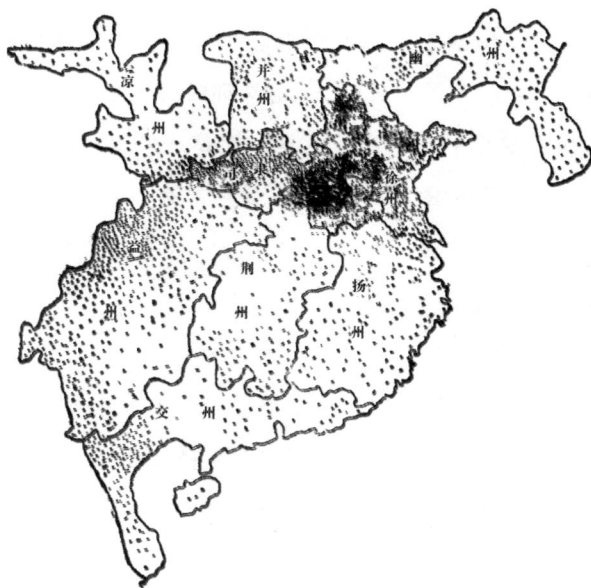

前汉人口分布图

每点代表一万人（2A.D.）

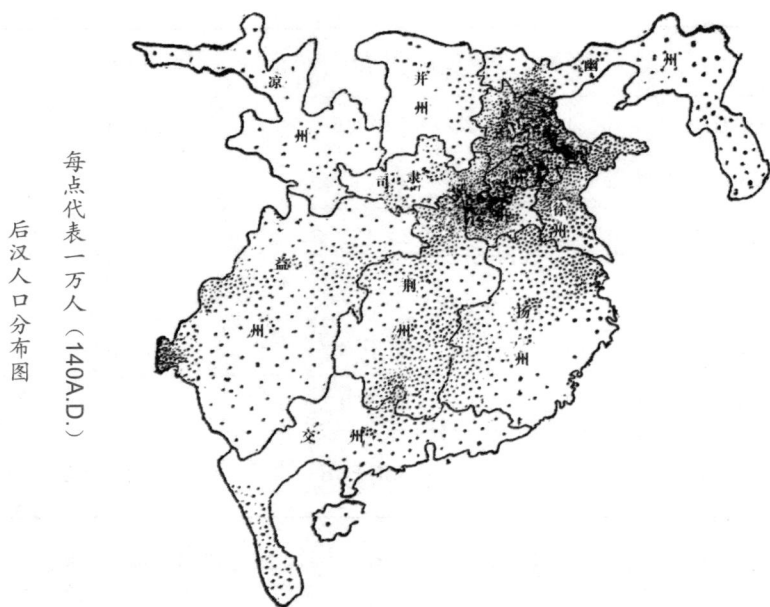

每点代表一万人（140A.D.）

后汉人口分布图

　　上二图虽未将郡国界限表明，然实先绘郡国图为底，然后按郡与国填入代表人口数之点。前汉郡国图系根据杨守敬之《汉书地理图》缩绘，惟其中朝鲜地形不类，因稍加修改，又补出安南一部分，杨氏《后汉郡国图》有州界而未著郡国界，今参照该图与《前汉郡国图》及前后汉地方区划之更改绘制，大体当去事实不远；惟其中益州永昌郡必有误，人口不能若是之密也。

观图及表，可知人口之分布，至不平均，且与近世异趋。前汉泰半集中于今山东全省、河南东部、河北南部、苏皖北部及陕西中部；尤以山东西部及河南东部为最密，大江以南，远不如也。

　　全国十三部，而司隶校尉及豫、冀、兖、青、徐五州刺史等六部，占地约仅全国八分之一，人口则占百分之六十八以上。豫州约占全国面积五十分之一，而人口则占百分之十三以上。且豫州全部仅及豫章一郡（今江西省）面积之半，而豫州有县一百〇八，人口七百五十余万，豫章郡则仅有十八县，三十五万人。

后汉人口之分布，稍有变动。大抵北部减少，尤以西北及东北为甚，南部则增加。然山东西部、河南东部及河北南部，仍为人口最密之处。

前后汉州界及郡国界颇有更改，尤以豫、冀、兖、青、徐等州为甚，故不可但据州名或郡国名比较。三辅在前汉为人烟稠密之处，合共二百四十余万人，至后汉则面积增加而人口减为五十余万，殆五去其四矣；尤以右扶风之八十三万，减为九万，九去其八，最为剧烈。并州在前汉有三百三十余万人，后汉面积无甚出入，而人口则减为六十九万，几去五分之四。凉州在前汉为一百二十八万人，后汉加一武都郡，而人口反减为四十一万，除去武都郡则为三十三万，四去其三。西北人口之减，实为可惊。东北亦然。即中原繁盛之地，较之前汉，亦稍减色。总之，北部除南阳郡以帝乡而有显著增加外，余均减少。长江流域则见增加，尤以江西、湖南两省为甚。

两汉书所记户口，未必尽实，盖当时户与口均有税，不无隐匿也。然以平均计之，尚离事实不远，要无害于疏密转变之比较也。

（四）人口与土地利用之关系

农业之发展与进步，原于生存问题。人口增殖，欲望渐奢，卒至固有物力，不足维持生存。补救之法，不外两途，非另辟新地，即改良技术。二者皆予土地利用以重大之影响，而中原农业所以渐次推广与进步也。

（五）各地经济状况与土地利用鸟瞰

　　《禹贡》殆战国时书，列举九州土壤及农田等第，《史》《汉》于经济状况，亦颇载述，益以人口分布图，自战国以至两汉，地方物力之开发与转变，可得而观焉。陕南古称关中，周、秦、汉资以兼天下，泾渭灌溉，沃野千里。故《禹贡》以为田第一。汉都长安，徙齐诸田，楚昭、屈、景，及诸功臣家于长陵，后世世徙吏二千石、高訾富人，及豪杰并兼之家于诸陵，故三辅（今陕西中部）富庶。田亦膏腴。

　　　　《汉书·张禹传》："及富贵，多买田至四百顷，皆泾渭灌溉，极膏腴上贾。"

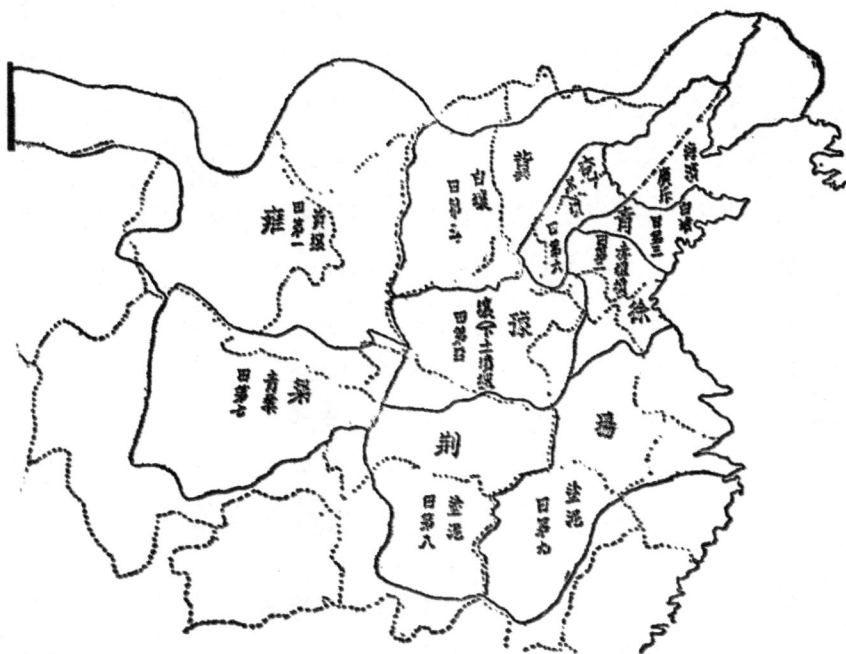

禹贡九州土壤及农田等第图

陕北甘东，地近关中，人口尚多。甘西本匈奴地，武帝时攘之，地广民稀，而畜牧为天下饶。逮经王莽更始之乱，关中虚耗，边塞几绝人烟。嗣虽经营，未能恢复。后汉中叶以降，陕、甘人口，远不如昔，即关中亦地多未垦矣。

　　崔实《政论》："三辅左右及凉、幽州内附近郡，皆土旷人稀，厥田宜稼，悉不垦发。"

河南、山东及苏皖北部、冀晋南部，自春秋以来，为诸侯争霸之地，人物荟萃之处。地亦肥沃，民好稼穑。故《禹贡》谓其田仅次关中。人口最为稠密，至汉末犹有地不副人之感云。

　　崔实《政论》："今青、徐、兖、冀，人稠土狭，不足相供。"

山西、河北之北部，东至辽宁，地广民稀，数被胡寇，农业远逊中原。四川本南夷地，秦并以为郡。土地肥美，有江水沃野山林竹木疏食果实之饶。《禹贡》谓其田次黄河下游，两汉亦不失为富庶之地。若夫大江以南，湘、鄂以东，开发较晚。《禹贡》以为厥土涂泥（水泉湿也），田最劣。至汉仍以江南卑湿为嫌。

　　《史记》："江南卑湿，丈夫早夭。"《汉书·景十三王传》："长沙定王发，以其母微无宠，故王卑湿贫国。"

地广人稀，饭稻羹鱼，或火耕而水耨。后汉虽较进展，犹不足与中原并论也。

（六）垦田数

　　各地垦田亩数，惜无记载；惟全国垦田总数，一见于《汉书·地理志》，五见于《后汉书·郡国志》注。兹据以立表如下：

第四表　两汉垦田数

	垦田数/顷	户数	口数	每户平均口数	每户平均亩数	合今亩	
						垦田总数/顷	每户亩数
平帝元始二年 (2A.D.)	8 270 536	12 233 062	59 594 978	4.87	67.61	4 300 678.72	35.23
和帝元兴元年 (105)	7 320 170.80	9 237 112	53 256 229	5.76	79.25	3 806 488.85	41.28
安帝延光四年 (122)	6 942 892.23	9 647 838	48 690 789	5.04	71.96	3 610 303.96	37.42
顺帝建康元年 (144)	6 896 271.56	9 946 919	49 720 550	4.99	69.33	3 586 061.21	36.05
冲帝永嘉元年 (145)	6 957 676.20	9 937 680	49 524 181	4.99	70.01	3 617 991.62	36.46
质帝本初元年 (146)	6 930 123.38	9 348 227	47 566 772	5.08	74.13	3 603 664.16	38.55

按汉尺一尺，约合今营造尺七寸二分，汉一亩约合五分二厘。

观上表，垦田总数，前汉多于后汉；然户口亦以前汉为多，故每户平均亩数反少于后汉。又《汉书·地理志》载元始二年全国面积东西九千三百二里南北万三千三百六十八里。提封田（提封者大举其封疆也）一万万四千五百一十三万六千四百五顷，其一万万二百五十二万八千八百八十九顷邑居道路山川林泽群不可垦，其三千二百二十九万九百四十七顷可垦，定垦田八百二十七万五百三十六顷。据此则当时耕地总数，占全国面积之百分之五点六九。

按以理度之，上述定垦田或在可垦田之中。然以定垦田、可垦田及不可垦地三项合计，犹不足提封田之总数，未知何故。或记载有误耶？兹据以推算三种地所占之百分数，立表如下：

第五表　前汉耕地百分数

	顷数	百分数
提封田	145 136 405	
不可垦地	102 523 889	70.64%
可垦地	32 290 947	22.25%
定垦田	8 270 536	5.69%

第三章　北朝隋唐之均田制度

二一　西晋占田法

（一）汉末丧乱及三国纷争

东汉和帝即位（公元八九年），年才十几，窦太后秉政，其族恃势专横，谋为不轨。宦官郑众辅帝黜窦氏之党，遂启宦官弄权之端。自是外戚宦官，迭为消长。及灵帝时，十常侍尤为跋扈，大兴党狱，杀戮名士。朝政不堪问闻。于是黄巾大起（公元一八四年），京师震动。逮黄巾破灭，而州郡权重，割据兼并。天下大乱，百姓流离。谷一斛五十万，豆麦二十万，人相食。长安经董卓、李、郭之乱，城中尽空，二三年间无复行人。献帝建安元年（公元一九六年），帝还洛阳，宫闱荡涤，百官披荆棘而居，尚书郎官自出采稆，或不能自反，死于墟巷。州郡则袁绍军人皆资椹枣，袁术战士取给赢蒲。虽曹操奋起，励行屯垦，安抚流民；而三国纷争，兵革未已。计自黄巾贼起，至晋武平吴（公元二八〇年），历时九十七年，战乱相寻，迄无宁宇。人口因以大减，三国合计，仅余七兆，比盛汉时南阳、汝南两郡之数，盖七而余一矣。

曹操

《通考》卷十"灵帝遭黄巾之乱，献帝罹董卓之难，大焚宫庙，劫御西迁。京师萧条。豪杰并争。郭汜李傕之徒，残害又甚。是以兴平、建安之际，海内荒废，天子奔流，白骨盈野。故陕、津之难，以箕撮指，安、邑之东，后裳不全。遂有戎寇。雄雌未定。割剥庶民，三十余年。及魏武戡平天下、文帝受禅，人众之损，万有一存"。此虽甚言之词，然生民之不遭，亦至是极矣。

《通考》载魏、蜀、吴之户口，据以立表如下：

第六表　三国户口

	户	口	带甲将士	吏	后宫
魏	663 423	4 432 881			
蜀（亡时）	280 000	940 000	102 000	40 000	
吴（亡时）	530 000	2 300 000	230 000	32 000	5 000
合计	1 473 423	7 672 881			

惟据《晋书·地理志》载，太康元年平吴，大凡户二百四十五万九千八百四十，口一千六百一十六万三千八百六十三，则又倍于三国合计之数。然即以此数方之前后汉盛时，犹不如远甚，仅及十之三耳。观于《晋书·庾峻传》称"于陵旧万户，今裁数百"，可见一斑。

（二）西晋百姓占田法

人口锐减，流亡复众，无主及待垦之田甚多，遂使晋得授民以土地。晋武帝平吴之后，令"男子一人占田七十亩，女子三十亩。其外丁男课田五十亩，丁女二十亩，次丁男半之，女则不课。男女年十六以上至六十为正丁；十五以下至十三，六十一以上至六十五，为次丁；十二以下，六十六以上，为老小，不事。"（《晋书·食货志》）兹更立表以明之如下：

第七表　西晋占田数

	占田	课田	共计
丁男	七十亩	五十亩	百二十亩
次丁男	七十亩	廿五亩	九十五亩
丁女	三十亩	二十亩	五十亩
次丁女	三十亩	无	三十亩

晋武帝司马炎

夫一夫耕田百二十亩，丁女、次丁男等复别有田，则平均一户所耕之田大增。较之两汉，田多而人少，颇为明显。惟技术未有进步，田亩既多，耕作势必较前粗放，每亩之收获量以减。时人或以为病，傅玄之言可证也。

《晋书·傅玄传》泰始四年，玄为御史中丞，上便宜五事，其四曰："古以步百为亩，今以二百四十步为一亩，所觉过倍。近魏初课田，不务多其顷亩，但务修其功力。故白田收至十余斛，水田收数十斛，自顷以来，日增田顷亩之课；而田兵益甚，功不能修理，至亩数斛已远，或不足以偿种。非与曩时异天地，横遇灾害也，其病正在于务多顷亩而功不修耳。"（卷四七）

（三）官品占田

自魏立九品官人之法，品第人物，定为九等，末流至于专论门第，严士庶之别。虽与封建时代之贵族不同，而社会阶级显然。上品权利，常优于寒门。故晋制"官品第一至第九，各以贵贱占田：品第一者占五十顷，第二品四十五顷，第三品四十顷，第四品三十五顷，第五品三十顷，第六品二十五顷，第七品二十顷，第八品十五顷，第九品十顷"。（《晋书·食货志》）官僚阶级占田之数，远多于平民。

（四）王公田宅

晋惩于魏以孤立而亡，大封宗室，以为屏藩。王公除藩封外，复得于京师置田宅。"武帝平吴之后，有司奏诏书王公以国为家，京城不宜复有田宅。今未暇作诸国邸，当使城中有往来处，近郊有刍藁之田，今可限之：王公侯京城得有一宅之处，近郊田大国田十五顷，次国十顷，小国七顷，城内无宅城外有者皆听留之。"夫诏书为之限，则当时王公田宅，殆多逾限也。

（五）户调之制

曹操"初平袁氏，以定邺都，令收田租亩粟四升，户绢二匹而绵二斤，余皆不得擅兴，藏强赋弱"。（《晋书·食货志》）是为田租与户调并征之始。及晋武帝平吴之后，乃损益其法，"制户调之式：丁男之户岁输绢三匹，绵三斤；女及次丁男为户者半输；其诸边郡或三分之二，远者三分之一；

昔者先王量地以制邑度地以居民因三才以节其务
敬四序以成其业观其谣俗而正其纪纲易农桑之本
通鱼盐之利登艮山而採符玉泛瀛海而阜珠玑日中
爲市總天下之隶先諸布帛繼以货泉遷有無各得
其所周禮正月始和乃布教于象魏若乃一夫之士十
畝之宅三日之徂九均之賦施陽禮以興其讓命春社

晋书卷二十六
唐太宗文皇帝御撰
志第十六
食货

乾隆四年校刊　晋书卷二十六·食货志　一

《晋书·食货志》书影

夷人输賨布，户一匹，远者或一丈，……丁男课田五十亩，丁女二十亩，次丁男半之，女则不课。……远夷不课田者输义米，户三斛，远者五斗，极远者输算钱，人二十八文。"（《晋书·食货志》）课田若干亩云云，其制如何，不可得详。大抵课田按亩输租，余田则无租也。若如魏之亩粟四升，则丁男课粟二石，次丁男一石，丁女八斗；或尚不止此数，观于远夷输义米户三斛（即三石），而东晋口米多至五石，可知也。

胡钧《中国财政史》："三国两晋讫无班禄之制。晋初诏王公以国为家，京城不宜复有田宅。今未暇作诸国邸，当使城中有往来处，近郊有刍藁之田。今可限国王公侯，京城得有一宅之处，近郊田大国十五顷，次国十顷，小国七顷。又其官品第一至于第九，各以贵贱占田，品第一者占五十顷，每降一品减田五顷，至第九品则为十顷。东晋元帝时，督课农功，诏二千石长吏以入谷多少为殿最，其非宿卫要任，皆宜赴农，使军各自佃作，即以为廪。至后魏孝文帝太和八年，始有班禄之明文，此外皆无有可知也。"（一二六面）又曰："西晋止有户调而无田租，非无田租也。其时官吏无禄，分田以为禄。其官品第一至于第九，皆以贵贱占田，品第一者占五十顷，每下一品则减五顷，至第九品而为十顷。其田之租必由占田之官征收，以为禄养，国家不取也。观于元帝督课农功，诏二千石长吏以入谷多少为殿最，可知田租为官吏所收矣。东晋成帝始度田，亩税米三升。其税虽纳之于百姓，国家必转征之于长官。证以咸康中算田，税米空悬五十万斛，尚书诸曹以下皆免官，此空悬之税，必在官吏，故负其责任也。孝武帝除田租，改收口米，王公以下口税三斛，是田租不按亩计，而按官吏之口计矣。马端临谓晋之户调为合田赋户口之赋为一，其考订似未精。"（一三四面）按胡君非马端临之说，甚是。惟胡君所言，亦不尽然。王公田宅，系藩封以外在京畿所置之田宅，非即以此为禄也。依官品贵贱占田，盖犹百姓占田，惟田数较多耳，亦非以田为禄也。且据《晋书·职官志》所载，有如下表所示。

第八表　西晋俸禄

	品秩	食俸	太康二年又给			元康元年始给	
			春绢/匹	秋绢/匹	绵/斤	菜田/顷	田驺/人
诸公及开府位从公者	第一	日五斛	100	200	200	10	10
特进	第二	日四斛	50	150	150	8	8
光禄大夫假银章青绶者	第三	日三斛	50	100	100	6	6
尚书令		月50斛	30	70	70	6	6
太子太傅少傅		日三斛	50	100	100	6	6

注：1. 此外载有食俸、春秋赐绵、绢、菜田、田驺如某官者不备录。

　　2. 立夏后不及田者食俸一年。

未尝无班禄之制。菜田则为禄田，别于前述官品占田。《隋书·食货志》载东晋以至南朝丁男课租米五石，禄米二石，丁女并半之。是则孝武帝除田租改收口米，王公以下口税三斛，继增为五石云云，系指上自王公下至百姓而言，绝非纯按官吏之口计矣。

晋武帝所定户调之制，远夷不课田者输义米，户三斛，远者五斗，是则内地人民之课田，显为按亩征租，非无田租也。惟每丁课田之数有定额，故租粟亦可以丁计。逮东晋占田之制已坏，故度百姓田，亩税米三升，旋减为二升。既而又除度田收租之制，改为口税米三斛，旋增为五石。依此推之，西晋每丁之租，约略可见，当在二石至五石之间。

（六）佃客制度

凡人民皆须课租及户调，惟荫于贵显者则可免税。官吏"各以品之高卑，荫其亲属，多者及九族，少者三世。宗室、国宾、先贤之后及士人子孙亦如之。而又得荫人以为衣食客及佃客。品第六已上，得衣食客三人，第七、第八品，二人，第九品及举辇、迹禽、前驱、由基、强弩、司马、羽林郎、殿中冗从武贲、殿中武贲、持椎斧武骑、武贲、持级冗从武贲、命中武贲、武骑一人。其应有佃客者：官品第一、第二者，佃客无过五十户，第三品十户，第四品七户，第五品五户，第六品三户，第七品二户，第八品、第九品一户"。（《晋书·食货志》）

《晋书·王恂传》："魏氏给公卿已下租牛客户，数各有差。自后小人惮役，多乐为之。贵势之门，动有百数。又太原诸部亦以匈奴胡人为田客，多者数千。武帝践位，诏禁募客。恂明峻其防，所部莫敢犯者。"（卷九三）然则佃客之制，自魏已然，晋盖因承旧习，立为条例，并为之限耳。

（七）财产之不均

史称晋武平吴之后，制户调之式，"天下无事，赋税平均，人咸安其业而乐其事"。（《晋书·食货志》）然所谓赋税平均者，亦仅相对比较之言耳。民皆依额授田而纳税，故税可均。然荫于官吏之家者可免税，则亦不平矣。仕宦者占田远多于平民。而占田之法，又不尽遵行，别给厨田。

> 《晋书·陈骞传》："诏曰，骞元勋旧德，统又东夏，方弘远绩，以一吴会。而所苦未除，每表恳切，重劳以方事。今听留京城以前太尉府为大司马府。增置祭酒二人，帐下司马官骑，大军鼓吹，皆如前。亲兵百人。厨田十顷，厨园五十亩，厨士十人。器物经用，皆留给焉。又给乘舆辇，出入殿中加鼓吹，如汉萧何故事。"（卷三五）《卫瓘传》："给厨田十顷，园五十亩，钱百万，绢五百匹。"（卷三六）

且不限田宅，听令卖买。

> 《晋书·李重传》："时大中大夫恬和表陈便宜，称汉孔光、魏徐干等议，使王公已下制奴婢限数，及禁百姓卖田宅。中书启可属主者为条制。重奏曰：……《周官》以土均之法，经其土地井田之制，而辨其五物九等贡赋之序，然后公私制定，率土均齐。自秦立阡陌，建郡县，而斯制已没。降及汉魏，因循旧迹。王法所峻者，唯服物车器有贵贱之差，令不僭拟以乱尊卑耳。至于奴婢私产，则实皆未尝曲为之立限也。……盖以诸侯之轨既灭，而井田之制未复，则王者之法，不得制人之私也。人之田宅既无定限，则奴婢不宜偏制其数。"（卷四六）

故王戎"广收八方园田水碓，周遍天下，积实聚钱，不知纪极"。(《晋书·王戎传》)石崇则"水碓三十余区，仓头八百余人，他珍宝货贿田宅称是"。(《晋书·石苞传》)崇恺斗富，尤见豪富侈靡之甚。

> 《晋书·石苞传》苞子崇"财产丰积，室宇宏丽。后房百数，皆曳纨绣，珥金翠。丝竹尽当时之选。庖膳穷水陆之珍。与贵戚王恺、羊琇之徒，以奢靡相尚。恺以饴澳釜，崇以蜡代薪。恺作紫丝步布障四十里，崇作锦步障五十里以敌之。崇涂屋以椒，恺用赤石脂。崇恺争豪如此。武帝每助恺，尝以珊瑚树赐之，高三尺许，枝柯扶疏，世所罕比。恺以示崇。崇便以铁如意击之，应手而碎。恺既惋惜，又以为嫉己之宝，声色方万。崇曰，不足多恨，今还卿。乃命左右悉取珊瑚树，有高三四尺者六七株。条干绝俗，光彩耀日，如恺比者甚众"。(卷三三)

而地方大姓，且占田至二百余顷。

> 《晋书·张辅传》："初补蓝田令，不为豪强所屈。时强弩将军庞宗，西州大姓，护军赵浚，宗妇族也。故僮仆放纵，为百姓所患。辅绳之，杀其二奴，又夺其宗田二百余顷，以给贫户。一县称之。"
>
> (卷六十)

是则当时财产，亦殊不均也。

二二　五胡乱华与南北对峙

（一）西晋之亡与五胡乱华

晋武帝既一中国，颇事荒淫。子惠帝愚骏而贾后放肆。未几即肇八王之乱，骨肉相残，屏藩一空。晋室内溃，兼以士尚清谈，民气萎靡，于是五胡乘机蜂起。五胡者，匈奴、鲜卑、羯、氐、羌，自汉以来，杂居内地。永兴元年（公元三〇四年），刘渊称左国，李雄据成都，统一之局复破。计自平吴至此，中国为一者二十四年耳。既而京都再陷，西晋以亡，元帝偏安江左，而中原沦于异族。

（二）中原鼎沸与百姓南迁

晋自惠帝即位，政教陵夷。"至于永嘉，丧乱弥甚。雍州以东，人多饥乏，更相鬻卖，奔迸流移，不可胜数。幽、并、司、冀、秦、雍六州大旱蝗，草木及牛马毛皆尽。又大疾疫，兼以饥馑，百姓又为寇贼所杀，流尸满河，白骨蔽野。"（《晋书·食货志》）逮五胡乱起，石勒、刘曜等所杀晋人，不下数十万人。其被驱掠转徙者，不可胜计。且诸胡纷争，此仆彼起，战乱不已。中原鼎沸，无复宁宇。独江左差安。于是百姓相率南迁。

柳诒徵《中国文化史》节引《晋书·地理志》："元帝渡江，建都扬州。是时司、冀、雍、凉、青、并、兖、豫、幽、平诸州皆沦没。江南所得，但有扬、荆、江、梁、益、交、广，其徐州则有过半，豫州惟得谯城而已。中原乱离，遗黎南渡，并侨置牧司，在广陵、丹徒、南城，非旧土也。及胡寇南侵，淮南百姓皆渡江。成帝初，苏峻、祖约为乱于江淮，胡寇又大至，百姓南渡者转多。乃于江南侨立淮南郡及诸县，又于寻阳侨置松滋郡，遥隶扬州。咸康四年，侨置魏郡、广川、高阳、堂邑等诸郡并所统县，并寄居京邑，改陵阳为广陵。孝武宁康二年，又分永嘉郡之永宁县置乐成县。是时上党百姓南渡，侨立上党郡为四县，寄居芜湖。永嘉之乱，临淮、淮陵并沦没石氏。元帝渡江之后，徐州所得惟半，乃侨置淮阳、阳平、济阴、北济阴四郡。又琅邪国人随帝过江者，遂置怀德县及琅邪郡以统之。是时幽、冀、青、并、兖五州及徐州之淮北流人，相帅过江、淮，帝并侨立郡县，以司牧之。割吴郡之海虞北境，立郯、朐、利城、祝其、厚丘、西隰、襄贲七县，寄居曲阿。以江乘置南东海、南琅邪、南东平、南兰陵等郡。分武进立临淮、淮陵、南彭城等郡。属南徐州。又置顿丘郡，属北徐州。明帝又立南沛、南清河、南下邳、南东莞、南平昌、南济阴、南濮阳、南太平、南泰山、南济阳、南鲁等郡以属徐、兖二州。初或居江南，或居江北，或以兖州领州。郄鉴都督青、兖二州诸军事、兖州刺史、加领徐州刺史，镇广陵。苏峻平后，自广陵远镇京口。又于汉故九江郡界置钟离郡，属南徐州。江北又侨立幽、冀、青、并四州。穆帝时，移南东海七县出居京口。义熙七年，始分淮北为北徐州，淮南但为徐州。"（《学衡》第五十三期）

侨寓不归，谓之侨人。

《隋书·食货志》："晋自中原丧乱，元帝寓居江左，百姓之自拔南奔者，并谓之侨人。皆取旧壤之名，侨立郡县。往往散居，无有土著。"

其后数令土断，而侨寓遂为土著。

土断者，依现所居土断定户籍也。

东晋成帝咸康七年，实编户，王公以下，皆正土断白断。见《晋书·成帝本纪》。

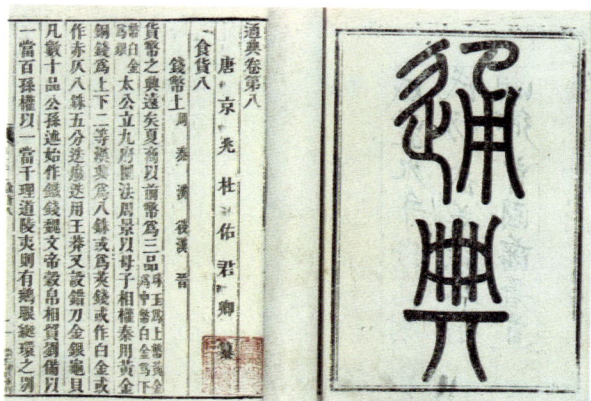

《通典》书影

哀帝隆和元年，令天下所在土断。见《通典》卷三。

孝武帝时，范宁陈时政曰：昔中原丧乱，流寓江左，庶有旋反之期，故许其挟注本郡。自尔渐久，人安其业，邱垄坟柏，皆以成行。无本邦之名，而有安土之实。今宜正其封疆，土断人户。明考课之科，修间伍之法。难者必曰，人各有桑土之怀，下役之虑，斯诚并兼之所执，而非通理之笃论也。古者失地之君，犹臣所寓之主，列国之臣，亦有违适之理。随会仕秦，致称《春秋》，乐毅谊燕，见襄良史。且今普天之人，原其氏出，皆随代移迁。何至于今而独不可。帝善之。见《通典》。

安帝义熙九年，刘裕请复土断之制。于是依界土断，唯徐、兖、青三州居晋陵者不在断例。谱流寓郡县多被并省。见《宋书·武帝本纪》。

宋孝武帝大明中，王元谟请土断雍州诸侨郡县。见《通典》。

梁武帝天监元年，土断南徐州诸侨郡县。见《册府元龟》。

是为汉民族之一大迁徙。

（三）南北之对峙与田制

自西晋衰亡，东晋偏安百有三年。五胡云扰中原，先后建国十六，历百三十年（起晋永兴元年，讫宋元嘉十六年），是为五胡十六国（内有汉人所建国三）。逮刘宋代晋而魏一北方，遂成南北朝之局。南朝由宋（五十八年）历齐（二十三年）梁（五十五年）至陈（三十二年）。北朝由后魏（九十四年）分为东魏（十五年）西魏（二十二年），而北齐（二十八年）代东魏，北周（二十四年）代西魏。及周灭北齐而隋代周灭陈，中国复归统一。自东晋偏安（公元三一七年）至此（五八九年），亘二百七十三年。当此之时，汉族南迁，北方则胡汉杂居而以胡为盛。兼以自然地利，南厚于北。故南北风气，背道而驰。南朝尚清谈，任旷达，浮华虚靡，因循游惰，虽半壁已失，略无忧时奋起之思。北人则勇健质朴，崇尚实学，颇事经久之建设。田制税法，因亦异趣。大抵北朝接西晋之绪，行均田之法，国用仰给于田赋；南朝则袭东晋余业，地利饶富，商业兴盛，国用不专恃田赋，杂税（最重要者为契税及关市税）亦足以取盈，于田制未尝为积极之规划。卒致南并于北。隋唐统一之大业，上承北朝笃实之风；而均田之制，亦流传至隋唐。

二三　南朝田制

（一）占田法之破坏与兼并占夺

西晋统一未久，即遭败亡。元帝渡江以后，时值丧乱，不能遵行占田之制。田宅卖买任民自由，国家且从而税之，法认土地之私有。宋、齐、梁、陈，沿而未改。

《隋书·食货志》："晋自过江，凡货卖奴婢马牛田宅有文券。率钱一万输估四百入官，卖者三百，买者一百。无文券者随物所堪，亦百分收四，名为散估。历宋、齐、梁、陈，如此以为常。"

故江左各朝，迄无均田制度。兼并起而贫鄙生。豪族权斗，拥田甚多，而百姓流离，不得保其产业，无田者众。

《宋书·武帝本纪》："晋自中兴以来，治纲大弛。权门并兼，强弱相凌。百姓流离，不得保其产业。"

《孔季恭传》：弟灵符"为丹阳尹。山阴县土境褊狭，民多田少。灵符表徙无赀之家于余姚、鄞、鄮三县界，垦起湖田。上使公卿博议。太宰江夏王义恭议曰，夫训农脩本，有国所同。土著之民，习玩日久。如京师无田，不闻徙居他县。寻山阴豪族富室，顷亩不少，贫者肆力，非为无处。耕起空荒，无救灾歉。又缘湖居民，鱼鸭为业，

《宋书》书影

及有居肆，理无乐徙。尚书令柳元景，右仆射刘秀之，尚书王瓒之、顾恺之、颜师伯、嗣湘东王讳议曰，富户温房，无假迁业，穷身寒室，必应徙居。茸宇疏皋，产粒无待，资公则公未易充，课私则私卒难具。生计既完，畬功自息。宜募亡叛通衅及与乐田者，其往经创，须粗脩立，然后徙居。侍中沈怀文、王景文，黄门侍郎刘敳、郗颙议曰，百姓虽不亲农，不无资生之路，若驱以就田，则坐相违夺。且鄞等三县，去治并远。既安之民，忽徙他邑，新垣未立，旧居已毁，去留两困，无以自资。谓宜适任民情，从其所乐，开宥逋亡，且令就业。若审成腴壤，然后议迁。太常王玄谟议曰，小民贫匮，远就荒畴，去旧即新，粮种俱阙。习之既难，劝之未易。谓宜微加资给，使得肆勤。明力田之赏，申怠惰之罚。光禄勋王升之议曰，远废之畴，方剪荆棘，率课穷乏，其事弥难，资徙粗立，徐行无晚。上违议从其徙民，并成良业"。又"灵符家本丰，产业甚广。又于永兴立墅，周回三十三里，水陆地二百六十五顷，含带二山。又有果园九处，为有司所纠，诏原之"。（卷五四）

且豪右霸占山泽，以致贫弱者无薪苏渔采之地。宋时虽为之禁，已占而加工者听不追，新占多寡，亦以官品高下为差。

《宋书·羊玄保传》：兄子希，"大明初为尚书左丞。时扬州刺史西阳王子尚上言：山湖之禁，虽有旧科，民俗相因，替而不奉。炘山封水，保为家利。自顷以来，颓弛日甚。富强者兼领而占，贫弱者薪苏无托，至渔采之地，亦又如兹。斯实害治之深弊，为政所宜去绝，捐益旧条，更申恒制。有司检壬辰诏书，占山护泽，强盗律论，赃一丈以上皆弃市。希以壬辰之制。其禁严刻，事既难遵，理与时弛。而占山封水，渐染复滋。更相因仍，便成先业。一朝顿去，易致嗟怨。

今更刊革立制五条。凡是山泽先常炕炉，种养竹木杂果为林，及陂湖江海鱼梁鳝鳖场常加功脩作者，听不追夺。官品第一、第二，听占山三顷，第三、第四品，二顷五十亩，第五、第六品，二顷，第七、第八品，一顷五十亩，第九品及百姓一顷。皆依定格，条上赀簿。若先已占山，不得更占。先占阙少，依限占足。若非前条旧业，一不得禁。有犯者，水上一尺以上，并计赃依常盗律论。停除咸康二年壬辰之科。从之。"（卷五四）

复霸占公田，贵价租与贫民。梁武帝禁之，而已占者亦听不追，富室给贫民种粮共营作者不在禁例。

《梁书·武帝本纪》大同七年诏曰："用天之道，分地之利，尽先圣之格训也。凡是田桑废宅没入者，公创之外，悉以分给贫民，皆使量其所能以受田分。如闻顷者豪家富室，多占取公田，贵价僦税以与贫民，伤时害政，为蠹已甚。自今公田悉不得假与豪家。已假者特听不追。其若富室给贫民种粮共营作者，不在禁例。"

梁武帝萧衍

要而论之，政府固无意于均田也。

（二）南朝赋税

南朝赋税之制，始于东晋，宋、齐、梁、陈皆因而不改。大率丁男调布绢各二丈，丝三两，绵八两，禄绢八尺，禄绵三两二分，租米五石，禄米二石；丁女并半之。男女年十六已上至六十为丁。男年十六亦半课，年十八正课，六十六免课。女以嫁者为丁；若在室者，年二十乃为丁。其男丁每岁役不过二十日，又率十八人出一运丁役之。其田亩税米二斗。其军国所须杂物，随土所出，临时折课市取，乃无恒定法令。列州郡县，制其任土所出以为征赋。其无贯之人，不乐州县编户者，谓之浮浪人，乐输亦无定数，任量准所输，终优于正课焉。诸蛮陬俚洞沾沐王化者，各随轻重收其赕物，以裨国用。又岭外酋帅，因生口翡翠明珠犀象之饶，雄于乡曲者，朝廷多因而署之，以收其利。

上据《隋书·食货志》。按《晋书·本纪》及《食货志》载：成帝咸和五年，始度百姓田，取十分之一，率亩税米三升。哀帝即位，乃减田租，亩收二升。孝武太元二年，除度田收租之制，王公以下口税三斛，唯蠲在役之身。八年又增税米口五石。据此则渡江之初，或犹沿用西晋旧制，嗣渐变易，至中叶之末，始改为《隋书》所称之丁男课租米五石也。

与东晋同时之五胡十六国，兴减不常，赋税之制，不可得详。兹附录《文献通考》所载二条于此，以见一斑："前燕慕容皝以牧牛给贫家，田于苑中，公收其八，二分入私；有牛而无地者，亦田苑中，公收其七，三分入私。"征敛可谓奇重。"蜀李雄赋丁岁谷二斛，女丁半之，调绢不过数丈，绵数两，事少役稀，百姓富实。"

（三）南朝佃客

占田之制，东晋未能遵行，佃客制度则沿自西晋，而盛行于南朝。"都下人多为诸王公贵人左右佃客、典计、衣食客之类，皆无课役。官品第一、第二，佃客无过四十户；第三品，三十五户；第四品，三十户；第五品，二十五户；第六品，二十户；第七品，十五户；第八品，十户；第九品，五户。其佃谷皆与大家量分。其典计：官品第一、第二，置三人，第三、第四，置二人，第五、第六及公府参军、殿中监、监军长史、司马、部曲、督、关外侯、材官、议郎已上一人，皆通在佃客数中。官品第六已上，并得衣食客三人，第七、第八二人，第九品及举辇、迹禽、前驱、由基、强弩、司马、羽林郎、殿中冗从武贲、殿中武贲、持椎斧武骑、武贲、持钑冗从武贲、命中武贲、武骑，一人。客皆注家籍。"（《隋书·食货志》）所谓"其佃谷皆与大家量分"者，以应纳国课，与所投靠之王公贵人剖分，两得其利也。

《通典》："自西晋则有荫客之制，至东晋其数更加。"（卷一）

又百姓南迁，多庇大姓以为客。

《南齐书·州郡志》："南兖州镇广陵。……时百姓遭难，流移此境。流民多庇大姓以为客。元帝太兴四年，诏以流民失籍，使条名上有司为给客制度，而江北荒废，不可检实。"

内外官有田在近道，听遣所给吏僮附业。

《宋书·孝武帝本纪》，孝建三年"制内外官有田在近道，听遣所给吏僮附业"。

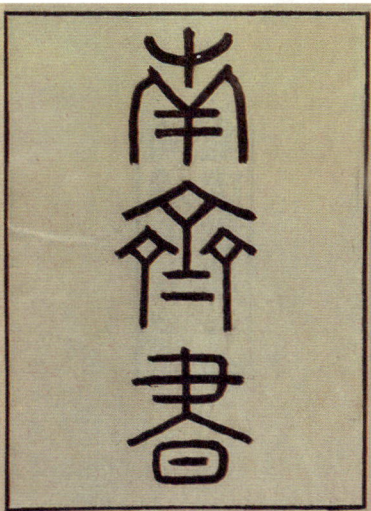

《南齐书》书影

南齐书卷一
本纪第一
高帝上

太祖高皇帝讳道成字绍伯姓萧氏小讳鬬将汉相国酂侯何二十
四世孙也何子定侯延生侍中彪彪生公府掾章生皓皓生
生光禄勋闿生济阴太守闿生光禄大夫郎中令整生即巨合沛侍中
仰仰生御史大夫望之望之生御史中丞绍绍生
陵府丞豹生太中大夫禀生淮阴令整从事迁生孝廉休休生广
苞生博士周周生蛇上长矫矫
辅国参军乐子承明二年九月赠太常皇考萧何居沛侍中
处免官居东海照中部乡中部里晋元康元年分东海郡
陵郡中朝乱淮阴令整字公齐过江居晋陵武进县之东城里寓

盖亦佃客制度之类也。

（四）门阀与不平等

魏晋以来，重视门阀，至南北朝而极。流弊所至，尤以南朝为甚。高官厚禄，为世族子弟所专；品位高下，则依家谱为断。至谓"上品无寒门，下品无世族"。虽无世袭之制，实有阶级之分。一切权利，显有轩轾。高门甲族，坐拥巨产，而赋役不及。且得借荫客之制，窃取国课。占夺利源，剥削贫弱。驯至士流端居役物，坐食百姓；而庶民生计维艰，备于奔命矣。

《南齐书·虞玩之传》上表曰："又有改注籍状，诈入仕流，昔为人役者，今反役人。"（卷七七）

《通志》唐德宗时礼部员外郎沈既济议曰："汉世虽丞相之子，不得蠲户课，而近世以来，九品之家，皆不征其高荫，子孙重承恩奖，端居役物，坐食百姓，其何以堪之！"（卷七六）

二四 后魏之均田制度

（一）均田与时代背景

汉末三国之际，兵连祸结，人民流离，户口锐减。西晋统一未久，即肇八王之乱，重以旱蝗，遂致五胡乱华，中原鼎沸，百姓南迁。已如前述。魏承丧乱之后，人烟稀少，土地荒芜，田多无主，于是政府复得授民以田。此一事也。乱离之余，民返乡里，事涉数世，庐井改观，假冒占夺，在所不免，争讼滋多。且强者或霸占而不耕，地有遗利。弱者无田以自存，流徙不定。亦有均田以塞争端，以尽地利，以抚流民之需要。此又一事也。魏虽起自蛮夷，钦慕华化，孝文帝变法尤力，以自同于华夏。南人虽以词藻相尚，北朝则崇经学，舍浮靡而重经世。儒者井田之说，均产之论，较为易入。益以西晋占田法之前例，于时复有均田之可能与需要，土地问题遂受重视，而均田之制，由议论而见于行事矣。

（二）均田之筹议与施行

孝文帝时，李安世上疏请均田以惠细民，帝深纳之，由是始议均田。

《魏书·李孝伯传》，孝伯兄子安世，历主客给事中。“时民困饥流散。豪右多有占夺。安世乃上疏曰：臣闻量地画野，经国大式。邑地相参，致治之本。井税之兴，其来日久。田莱之数，制之以限。盖欲使土不旷功，民罔游力。雄擅之家，不独膏腴之美。单陋之夫，

李安世

亦有顷亩之分。所以恤彼贫微，抑兹贪欲。同富约之不均，一齐民于编户。窃见州郡之民，或因年俭流移，弃卖田宅，漂居异乡，事涉数世。三长既立，始返旧墟，庐井荒毁，桑榆改植。事已历远，易生假冒。强宗豪族，肆其侵凌。远认魏晋之家，近引亲旧之验。又年载稍久，乡老所惑。群证虽多，莫可取据，各附亲知，互有长短。两证徒具。听者犹疑。争讼迁延，连纪不判。良畴委而不开，柔桑枯而不采。侥幸之徒兴。繁多之狱作。欲令家丰岁储，人给资用，其可得乎？愚谓今虽桑井难复，宜更均量审其径术。令分艺有准，力业相称。细民获资生之利，豪右靡余地之盈。则无私之泽，乃播均于兆庶；如阜如山，可有积于比户矣。又所争之田，宜限年断。事久难明，悉属今主。然后虚妄之民，绝望于觊觎；守分之士，永免于凌夺矣。高祖深纳之。后均田之制，起于此矣。"（卷五三）

太和元年（公元四七七年）始敕均田。

《魏书·孝文帝本纪》，太和元年诏曰："朕政治多阙，灾眚屡兴。去年牛疫，死伤大半。耕垦之利，当有亏损。今东作既兴，人须肆业。其敕在所督课田农，有牛者加勤于常岁，无牛者倍庸于余年。一夫制治田四十亩，中男二十亩，无令人有余力，地有遗利。"

九年诏均给天下民田。

　　《魏书·孝文帝本纪》，太和九年诏曰："朕承乾在位，十有五年。每览先王之典，经纶百氏。储畜既积，黎元永安。爰暨季叶，斯道陵替。富强者并兼山泽，贫弱者望绝一廛，致令地有遗利，民无余财。或争亩畔以亡身，或因饥馑以弃业。而欲天下太平，百姓丰足，安可得哉？今遣使者循行州郡，与牧守均给天下之田，还受以生死为断。劝课农桑，兴富民之本。"

而均田必须周知户籍，方可按口授田，故立三长以定民籍。

　　《魏书·孝文帝本纪》，太和十年"二月甲戌，初立党里邻三长，定民户籍"。

　　《食货志》："魏初不立三长，故民多荫附。荫附者皆无官役，豪强征敛，倍于公赋。十年，给事中李冲上言，宜准古五家立一邻长，五邻立一里长，五里立一党长。长取乡人强谨者。邻长复一夫，里长二，党长三，所复复征戍，余若民。三载亡愆，则陟之一等。其民调一夫一妇帛一匹，粟二石。民年十五以上未娶者，四人出一夫一妇之调。奴任耕，婢任绩者，八口当未娶者四。耕牛二十头，当奴婢八。其麻布之乡，一夫一妇布一匹。下至牛以此为降。大率十匹为工调，二匹为调外费，三匹为内外百官俸。此外杂调。民年八十以上，听一子不从役。孤独癃老笃疾贫穷不能自存者，三长内迭养食之。书奏，诸官通议，称善者众。高祖从之，于是遣使者行其事。……初百姓咸以为不若循常，豪富并兼者尤弗愿也。事施行后，计省昔十有余倍，于是海内安之。"

　　《李冲传》："旧无三长，惟宗主督护。所以民多隐冒，五十三十家方为一户。冲以三正治民，所由来远。于是创三长之制而上之。文明太后览而称善，引见公卿议之。中书令郑义、秘书令高祐等曰，冲求立三长者，乃欲混天下一法，言似可用，事实难行。义又曰，不信臣言，但试行之，事败之后，当知愚言之不谬。太尉元丕曰，臣谓此法若行，于公私有益。咸称方今有事之月，校比民户，新旧未分，民必劳怨。请过今秋至冬闲月，徐乃遣使，于事为宜。冲曰，民者冥也，可使由之，不可使知之。若不因调时，百姓徒知立长校户之勤，未见均徭省赋之益，心必生怨。宜及课调之月，令知赋税之均，既识其事，又得其利。因民之欲，为之易行。著作郎传思益进曰，民俗既异，险易不同，九品差调，为日已久。一旦改法，恐成扰乱。太后曰，立三长则课有常准，赋有恒分，苞荫之户可出，侥幸之人可止。何为而不可。群议虽有乖异，然惟以变法为难，更无异义。遂立三长，公私便之。"（卷五三）

户口既明，然后田之授受，可以按籍施行，有条不紊矣。

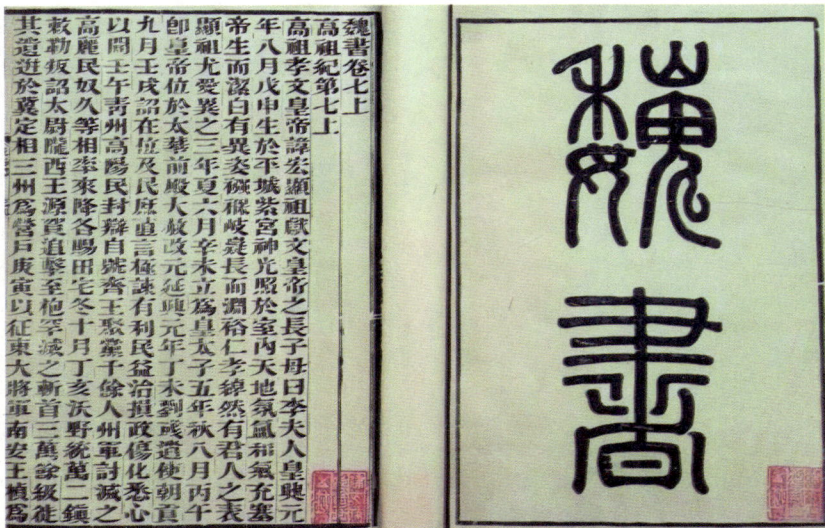

《魏书》书影

按《魏书·孝文帝本纪》及《食货志》均言太和九年诏均给天下民田，十年始立三长，是三长之立，在均田诏行之后。然李安世疏明云："三长既立，始反旧墟。"本传复谓其疏上之后，"高祖深纳之，后均田之制起于此矣"。是则三长之立，犹在议行均田之前也。

兹更分析均田之制，条举于下。

（三）露田桑田之别

田有露田、桑田之别。露田者寻常栽培农作物之田，在还受之列。桑田则为栽种桑榆枣果之田，而不必尽行种桑，惟系世业，身终不还，与露田根本不同。

一夫二十亩而课种桑榆枣共五十八株，若二十亩尽行种树，平均一亩不及三株，无是理也。且史称杂莳余果及多种桑榆者不禁，是则桑榆枣五十八株，显未种遍二十亩，而有余地以种他物矣。惟定桑田为世业，即隋唐所谓永业田，以别于露田耳。盖于土地国有制之下，杂有私有制也。

别有所谓麻田者，亦露田之类，从还受之法。于桑榆地分杂莳其他果木或多种桑榆者，听民之便。诸应还之田，则不得栽种任何树木；种者以违令论，地即入官。

（四）受田之数

诸男夫十五岁以上，受露田四十亩，妇人二十亩。诸初受田者，男夫一人给桑田二十亩，课莳余种桑五十株，枣五株，榆三株。非桑之土，夫给一亩（疑一亩有误，不应若此之少），依法课莳榆枣。限三年种毕，不毕，夺其不毕之地。诸麻布之土，男夫及课，别给麻田十亩，妇人五亩。以上所受露田、桑田、麻田之数，皆指良丁（普通人民）而言。奴婢依良。丁牛一头受露田三十亩，以四牛为限。诸有举户老小癃残无授田者，年十一以上及癃者各授以半夫田；年逾七十者不还所受。寡妇守志者虽免课，亦授妇田。此常法也。

（五）人田多寡之调剂

然人田多寡，常不相副。田多人少，如数均给而有余，若不加授，则荒弃可惜。地狭人众，往往不克均给如常额，若不减授，则供不应求。不可不设法以济其穷。此为施行均田制度之最难问题之一，若不早为筹划，则无以施诸四方而行之久远。故魏制于此，颇费经营，以为调剂。在宽乡所授露田，率倍常额，谓之倍田，三易之田再倍之（以其田劣故，应授四十亩者授百六十亩），以供耕作及还受之盈缩。桑田世袭，恒从现口，有盈者无受无还（例如父子皆有桑田，父死而桑田归子，则子之桑田有盈），不足者受种如法。盈者得卖其盈，不足者得买所不足；不得卖其分，亦不得买过所足（一男夫不得卖至少于二十亩，亦不得买至多于二十亩）。桑田虽不在还受之限，但通入倍田分。于分虽盈，没则还田，不得以充露田之数，不足者以露田充倍。

按"通入倍田分"以下云云，史文如此，不甚明了。意者盖谓桑田多于二十亩，则计入倍田。例如某甲已有桑田三十五亩，则所盈之十五亩，计入倍田。又加授露田二十五亩，以足倍田四十亩之数，所谓不足者以露田充倍是也。逮身没还田，正田倍田皆还，然此曾充倍田之十五亩桑田，不得视同露田而入官。

诸土广民稀之处，随力所及，官借民种莳役。有土居者，依法封授。诸地狭之处，有进丁受田而不乐迁者，则以其家桑田为正田分；又不足，不给倍田；又不足，家内人别减分。无桑之乡，准此为法。乐迁者听逐空荒，不限异州他郡；唯不听避劳就逸。其地足之处，不得无故而移。诸民有新居者，三口给地一亩以为居室，奴婢五口给一亩。男女十五以上，因其地分，口课种菜五分亩之一。

（六）受还之法

诸民年及课则受田。老免及身没则还田。奴婢与牛随有无以还受。凡还受民田，恒以正月。若始受田而身亡，及卖买奴婢牛者，皆至明年正月乃得还受。诸一人之分，正从正，倍从倍，不得隔越他畔。进丁受田者，恒从所近。若同时俱受，先贫后富。再倍之田，仿此为法。诸远流配谪无子孙及户绝者，墟宅桑榆尽为公田，以供授受。授受之次，给其所亲。未给之间，亦借其所亲。

兹更附录《魏书·食货志》所载均田制度之原文于此，以便参阅。"九年，下诏均给天下民田。诸男夫十五以上，受露田四十亩，妇人二十亩。奴婢依良。丁牛一头受田三十亩，限四牛。所授之田率倍之，三易之田再倍之，以供耕作及还受之盈缩。诸民年及课则受田，老免及身没则还田。奴婢牛随有无以还受。诸桑田不在还受之限，但通入倍田分。于分虽盈，没则还田，不得以充露田之数。不足者以露田充倍。诸初受田者，男夫一人给田二十亩，课莳余种桑五十树，枣五株，榆三根。非桑之土，夫给一亩，依法课莳榆枣。奴各依良，限三年种毕。不毕，夺其不毕之地。于桑榆地分杂莳余果及多种桑榆者不禁。诸应还之田，不得种桑榆枣果；种者以违令论，地入还分。诸桑田皆为世业，身终不还，恒从见口，有盈者无受无还，不足者受种如法。盈者得卖其盈，不足者得买所不足，不得卖其分，亦不得买过所足。诸麻布之土，男夫及课别给麻田十亩，妇人五亩，奴婢依良，皆从还受之法。诸有举户老小癃残无授田者，年十一已上及癃者，各授以半夫田。年逾七十者，不还所受。寡妇守志者，虽免课，亦授妇田。诸还受民田，恒以正月。若始受田而身亡，及卖买奴婢牛者，皆至明年正月乃得还受。诸土广民稀之处，随力所及，官借民种莳役。有土居者，依法封授。诸地狭之处，有进丁受田而不乐迁者，则以其家桑田为正田分；又不足，不给倍田；又不足，家内人别减分。无桑之乡，准此为法。乐迁者听逐空荒，不限异州他郡。唯不听避劳就逸。其地足之处，不得无故而移。诸民有新居者，三口给地一亩，以为居室；奴婢五口给一亩。男女十五以上，因其地分，口课种菜五分亩之一。诸一人之分，正从正，倍从倍，不得隔越他畔。进丁受田者，恒从所近。若同时俱受，先贫后富。再倍之田，放此为法。诸远流配谪无子孙及户绝者，墟宅桑榆盖为公田，以供授受。授受之次，给其所亲。未给之间，亦借其所亲。诸宰民之官，各随地给公田：刺史十五顷，太守十顷，治中、别驾各八顷，县令、郡丞六顷。更代相付。卖者坐如律。"

二五　北齐北周隋唐之均田制度

北齐、北周及隋唐之均田制度，皆因魏制而损益之，大同小异而根本不殊。爰并论之，以便比观。

（一）老小丁中

露田之受还及赋役之义务，视人民之性别、年龄而定。故累代有老小丁中之规定。北齐男子十八以上，六十五以下为丁；十六以上，十七以下为中；六十六以上为老；十五以下为小。率以十八受田，输租调，二十充兵，六十免力役，六十六退田，免租调。北周如何，史无明文，惟谓"凡人自十八以至六十有四，与轻癃者，皆赋之"（《隋书·食货志》），则大抵与北齐相同也（惟周以六十五以上免赋）。又言丁者之赋，当有室者之半，则女以嫁者为丁，盖同南朝。隋制，男女三岁以下为黄；十岁以下为小；十七以下为中；十八以上为丁，丁从课役；六十为老，乃免。唐初，凡民始生为黄，四岁为小，十六岁为中，二十一为丁，六十为老。神龙元年，以二十二为丁，五十八为老。开元二十六年，诏民三岁以下为黄，十五以下为小，二十以下为中。天宝三载，更民十八以上为中男，二十三以上成丁。广德元年，诏男子二十三成丁，五十八为老。兹更立表如下以便览。

第九表　西晋迄唐老小中丁年龄表

	黄	小	中	丁	老
西晋		十二以下	十三至十五，六十一至六十五（晋曰次丁）	十六至六十（晋曰正丁）	六十六以上
东晋				十六至六十，女以嫁者为丁，若在室者，年二十乃为丁	
后魏					
北齐		十五以下	十六至十七	十八至六十五	六十六以上
北周				十八至六十四	

（续表）

	黄	小	中	丁	老
隋	三岁以下	四至十	十一至十七	十八至五十九（旋改为二十一，嗣又改为二十二成丁）	六十以上
唐初	三岁以下	四至十五	十六至二十	二十一至五十九	六十以上
神龙元年				二十二至五十七	五十八以上
开元二十六年	三岁以下	四至十五	十六至二十		
天宝三载			十八至二十二	二十三以上	
广德元年				二十三至五十七	五十八以上

　　按后魏丁中之制，史无明文。然"太武帝初为太子监国，曾令有司课畿内之人，使无牛家以人牛力相贸，垦殖锄耨。……至与老小无牛家种田七亩，老小者偿以锄功二亩"。（《通典》卷一）是则固有老小之规定矣。太和元年诏曰，一夫制治田四十亩，中男二十亩，是则有丁中之规定矣。九年下诏均给天下人田，诸男夫十五以上受露田四十亩，意者或以十五以上为丁也。又曰，诸有举户老小残疾无受田者，年十一以上及废疾者各授以半夫田，年逾七十者不还所受。其或以十岁以下为小，七十以上为老乎？惜史文失载也。

（二）口分与永业

后魏田有露田、桑田之别，而桑田为世业。北齐承之，始名桑田曰永业。周无明文。隋遵齐制。唐始名露田曰口分，桑田仍曰永业。永业世袭，口分则为官有，在收授之列者也。北齐一夫受露田八十亩，妇四十亩。又每丁给永业二十亩为桑田，其中种桑五十株，榆三株，枣五株。土不宜桑者，给麻田如桑田法。北周有室者受田百四十亩，丁者授田百亩。说者谓其多于北齐，不知乍视若多，实际未殊也。

胡钧《中国财政史》："齐承东魏，一夫受露田八十亩，妇人四十亩。……同时周承西魏之后，夫男有室者，田百四十亩，丁者田百亩。……齐、周法制皆承魏而来，改革綦少。惟齐地褊小，户口较多，周地大而户口较少，故受田之多寡各殊。"（一三〇至一三一面）窃按胡君之说殊不然。北齐一夫受露田八十亩，妇四十亩，又每丁给永业二十亩，共计百四十亩；若无妇则共计百亩。与周适合。惟齐为列举，周则但举总数耳，非有多寡之异也。人口疏密，东多西少，容或有之，然当时概以宽乡狭乡之伸缩以调剂之，而标准之数不殊也。又后魏男夫受露田四十亩，妇人二十亩；北齐则一夫受露田八十亩，妇四十亩。似北齐授田之数，倍于后魏矣。实亦未尝有异。盖后魏常给倍田，故名为四十亩者实受八十亩，名为二十亩者实受四十亩。惟齐则并倍田、正田为一耳。故魏制丁牛一头受露田三十亩，齐则六十亩，亦系似属倍增而实际不殊也。其后隋承齐制。唐给田一顷，而八十亩为口分，二十亩为永业，亩数未有增减。故自后魏历齐、周、隋至唐，授田之名义虽有变易，而每一男丁所受亩数，迄未更改也。

隋朝丁男、中男、永业、露田，皆遵北齐之制。唐高祖武德七年（公元六二四年），

"始定均田赋税。凡天下丁男给田一顷，十分之二为世业，余以为口分。身死则承户者授之，口分则收入官，更以给人。"（《唐会要》）玄宗开元二十五年（公元七三七年）令"丁男给永业田二十亩，口分田八十亩。其中男年十八以上，亦依丁男给。老男、笃疾、废疾，各给口分田四十亩。寡妻妾各给口分田三十亩。先永业者通充口分之数。黄小中丁男子及老男、笃疾、废疾、寡妻妾当户者，各给永业田二十亩，口分田二十亩。应给宽乡并依所定数，若狭乡所受者减宽乡口分之半。其给口分田者，易田则倍给"。（宽乡三易以上者仍依乡法易给）（《通典》卷二）

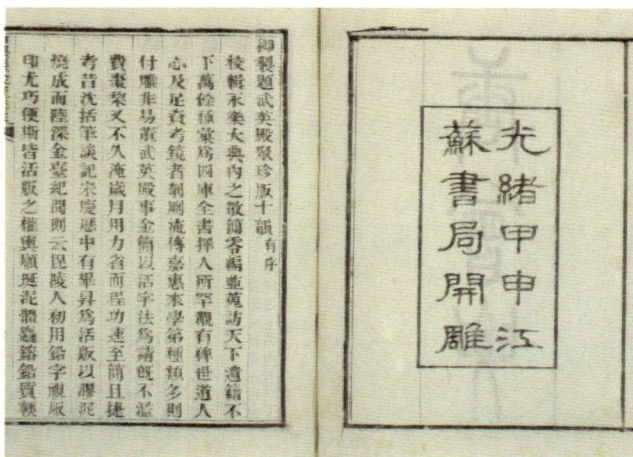

《唐会要》书影

上所谓"易田"，系指一易之次等田，"三易"则指下等田。"仍依乡法易给"者，盖如魏制依宽乡狭乡三易之田再倍与否之法授田也。

开元中所颁均田制度，见于《通典》者，甚为详备。然杜佑自注谓"虽有此制，开元之季，天宝以来，法令弛坏，兼并之弊，有逾于汉成哀之间"。则亦徒为具文而已。惟窃意所言细则，殆本旧制，容或稍有修改，而大体决非新创。盖以开元中均田制度已坏，于是重申旧制，以图恢复也。爰并述之，借见唐初制度之一斑。惟注明开元所颁，以资识别。

诸以工商为业者，永业、口分田各减半给之，在狭乡者并不给。永业田每亩课种桑五十根以上，榆枣各十根以上，三年种毕，乡土不宜者，任以所宜树充。

按魏、齐令桑田种桑五十株，系泛指二十亩而言。此则言每亩。相差殊远。二者之中，当有一误。

口分、永业之外，复有园宅地。北周凡人口十以上宅五亩，口九以上宅四亩，口五以下宅二亩。隋代园宅，率三口给一亩，奴婢则五口给一亩。唐制（开元所颁）应给园宅地者，良口三口以下给一亩，每三口加一亩；贱口五口给一亩，每五口加一亩。并不入永业、口分之限。其京城及州郡县郭下园宅，不在此例。此四朝授田数之大较也。兹亦立表如下以便览。

第十表 北朝隋唐授田亩数表

	男		女	一夫一妇共受亩数	园宅	附注
	露田	桑田	露田			
后魏	四十亩率倍之为八十亩	二十亩	二十亩率倍之四十亩	百四十亩	三口给一亩，奴婢五口给一亩	于老弱残废者，另有规定，概见前文，繁不俱列，下同
北齐	八十亩	二十亩（始名之曰永业）	四十亩	百四十亩		

（续表）

| | 男 | | 女 | 一夫一妇共受亩数 | 园宅 | 附注 |
	露田	桑田	露田			
北周	丁者百亩，有室者百四十亩			百四十亩	口十以上给五亩，口九以上四亩，口五以下二亩	
隋	八十亩	二十亩	四十亩	百四十亩	三口给一亩，奴婢五口给一亩	
唐	八十亩（名曰口分）	二十亩	寡妻妾各给三十亩	百亩	三口以下给一亩，每三口加一亩，贱口五口给一亩，每五口加一亩	以工商为业者，永业、口分各减半给之，在狭乡者并不给

（三）亲贵永业田

上述每丁给田二十亩为永业，系对平民而言，亲贵则别有规定，远多于此。隋文帝受周禅，颁新令。"自诸王以下至于都督。皆给永业田各有差，多者至一百顷，少者至四十亩。"（《隋书·食货志》）唐高祖武德元年（公元六一八年），定王公以下永业田，自百顷至六十亩。（《新唐书·食货志》）开元二十五年（公元七三七年）所颁，与此略同。（《通典》卷二）建中三年（公元七八二年），减王公以下永业田；（《食货志》）然按其所授顷数，未可谓减。其或建中以前，曾有增益，或不尽守法乎？立表如下以便览。（隋制各级顷数史无明文，不克立表）

第十一表 唐之亲贵永业田

	武德元年	开元二十五年	建中三年
百顷	亲王	同左	—
六十顷	职事官 正一品	同左	—
五十顷	郡王及职事官 从一品	同左	同左
四十顷	（厥） （恐史文有脱漏）	国公及职事官 正二品	同左
三十五顷	国公及职事官 从二品	郡公及职事官 从二品	—
三十顷	上柱国	同左	郡公及职事官 从二品
二十五顷	县公职事官 正三品柱国	同左	—
二十顷	职事官从三品 上护军	同左	—
十五顷	护军	同左	
十四顷	—	侯及职事官 正四品	县公及职事官 正四品
十二顷	侯及职事官 正四品	—	—
十一顷	—	—	职事官从四品
十顷	上轻车都尉	伯职事官从四品 上轻车都尉	—

（续表）

	武德元年	开元二十五年	建中三年
八顷	子及职事官 正五品	同左	—
七顷	轻车都尉	同左	—
六顷	上骑都尉	同左	—
五顷	男及职事官 从五品	同左	—
四顷	骑都尉	同左	—
二顷半	六品七品	—	—
二顷	八品九品	—	—
八十亩	骁骑尉飞骑尉	同左	—
六十亩	云骑尉武骑尉	同左	—
附注	散官五品以上 给同职事官	同左	—

诸兼有官爵及勋，俱应给者，唯从多，不并给。若当家口分之外，先有地非狭乡者，并即回受，有剩追收，不足者更给。诸永业田皆传子孙，不在收授之限，即子孙犯除名者，所承之地亦不追。其应给永业人，若官爵之内有解免者，从所解者追。（即解免不尽者随所降品追）其除名者，依口分例给，自外及有赐田者并追。若当家之内，有官爵及少口分应受者，并听回给，有剩追收。其因官爵应得永业未请，及未足而身亡者，子孙不合追请也。诸袭爵者，唯得承父祖永业，不合别请。若父祖未请，及未足而身亡者，减给受封者之半。（《通典》）凡给田而无地者，亩给粟二斗。（《食货志》）

《通典》："亲王出藩者，给地一顷作园。若城内无可开拓者，于近城便给。如无官田，取百姓地充，其地给好地替。"（卷二）谓以良田易百姓之地也。以其性质近于亲贵永业田，故附录于此。

（四）奴婢与牛

北齐承魏制，丁牛一头受田六十亩，限四牛；周无明文，隋唐革除。奴婢受田如良人。一家所蓄奴婢之数，后魏无限止。北齐规定："奴婢受田者：亲王止三百人；嗣王止二百人；第二品嗣王以下及庶姓王止一百五十人；正三品以上及王宗止一百人；七品以上限止八十人；八品以下至庶人限止六十人。奴婢限外不给田者，皆不输"。（《隋书·食货志》）隋唐无奴婢受田之规定，然隋制仆隶半课，沿自魏、齐，或亦授田也。

（五）宽狭乡之调剂

北齐"文宣帝天保八年，议徙冀、定、瀛无田之人，谓之乐迁，于幽州宽乡以处之"。（《通典》卷二）隋文帝开皇十二年"天下户口岁增，京辅及三河地少而人众。衣食不给。议者咸欲徙就宽乡。其年冬，帝命诸州考使议之，又令尚书以其事策问四方贡士，竟无长算。乃发使四出均天下之田。其狭乡每丁才至二十亩，老小又少焉"。（《隋书·食货志》）唐制于宽狭乡之规定，颇为详细。田多可

隋文帝杨坚

以足其人者为宽乡，少者为狭乡。狭乡受田，减宽乡之半。狭乡田不足者，听于宽乡遥受。工商者宽乡减半，狭乡不给。四裔降户及浮民、部曲、客女、奴婢纵为良者，附宽乡。所给五品以上永业田，皆不得狭乡受，任于宽乡隔越射无主荒地充（即买荫赐田充者虽狭乡亦听）。其六品以下永业，即听本乡取还公田充。愿于宽乡取者亦听。应赐人田，非指的处所者，不得狭乡给。凡田乡有余，以给比乡；县有余，以给比县；州有余，以给近州。（以上兼据《唐书·食货志》及《通典》）余见下条。

（六）卖易贴赁之禁限

北齐授田，"不听卖易"。（《通典》卷二）唐制则于相当范围内可以卖易贴赁。"诸庶人有身死家贫无以供葬者，听卖永业田，即流移者亦如之。乐迁就宽乡者，并听卖口分。（卖充住宅邸店碾硙者，虽非乐迁，亦听私卖）诸买地者不得过本制；虽居狭乡，亦听依宽制。其卖者不得更请。凡卖买皆须经所部官司申牒，年终彼此除附。若无文牒辄卖买，财没不追，地还本主。……诸田不得贴赁及质。违者财没不追，地还本主。若从远役外任，无人守业者，听贴赁及质。其官人永业田及赐田，欲卖及贴赁者，皆不在禁限。"（《通典》卷二）

《新唐书·食货志》："徙宽乡者，县覆于州，出境则覆于户部。官以间月达之。自畿内徙畿外，自京县徙余县，皆有禁。"按寻常概奖励人民自狭乡徙宽乡，惟自京畿迁出则有禁，盖效汉高之强本抑末也。

（七）收授之规则

北齐于"每年十月，普令转授。成丁而授，丁老而退"。（《通典》卷二）唐制凡收授皆以岁十月。授田先贫及有课役者。诸给口分田，务从便近，不得隔越。若因州县改易，隶地入他境，及犬牙相接者，听依旧受。其城居之人，本县无田者听隔县受。诸因王事没落外藩不还，有亲属同居，其身分之地，六年乃追，身还之日，随便先给。即身死王事者，其子孙虽未成丁，身分地勿追。其因战伤及笃疾废疾者，亦不追减，听终其身也。

（兼据《新唐书·食货志》及《通典》）

二六　职分田与公廨田

（一）职分田之始

后魏百官初无禄。

《二十二史劄记》"后魏百官无禄"条"后魏未有官禄之制。其廉者贫苦异常；如高允草屋数间，布被缊袍，府中惟盐菜，常令诸子采樵自给是也。（《允传》）否则必取给于富豪；如崔宽镇陕，与豪宗盗魁相交结，莫不感其意气。时官无禄，力惟取给于人。宽以善于结纳，大有受取，而与之者无恨。（《宽传》）……按文成诏中所谓商贾邀利，刺史分润，

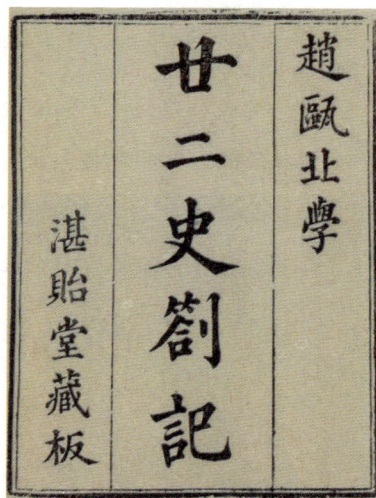

《二十二史劄记》书影

孝文诏中所谓罢诸商人，以简人事，盖是时官未有禄，惟藉商贾取利而抽分之，至见于诏书，则陋例已习为常矣。崔宽并交结盗魁为受纳之地，既取利于商贾，自并及于盗贼，亦事之所必至也"。（卷一四）

太和八年始增税以班禄。九年复给地方官公田以为禄。所授之田，即在各该官所治之处。刺史十五顷。太守十顷。治中、别驾各八顷。县令、郡丞六顷。交代时授受，不得变卖，卖者坐如律。职分田始于此。

（二）隋唐之职分田

隋制，京官给职分田，一品者给田五顷，每品以五十亩为差，至九品为一顷。外官亦各有职分田。

> 《隋书·食货志》："京官又给职分田，一品者给田五顷，每品以五十亩为差，至五品则为田三顷，六品二顷五十亩，其下每品以五十亩为差，至九品为一顷。外官亦各有职分田。又给公廨田以供公用。"

> 《玉海》："隋文帝开皇十四年，初给职田。先是台省府寺及诸州皆置公廨钱，收取给。工部尚书扶风、苏孝慈以为官司出举兴生，烦扰百姓，败损风俗。请皆禁止。给地以营农。上从之。六月丁卯，始诏公卿以下皆给职田毋得治生，与民争利。一品五顷，至五品则三顷，其下每以五十亩为差。"（卷一七七）

唐开国之初，定职分田之制，多者至十二顷，最少者八十亩。

> 《新唐书·食货志》："武德元年，文武官给禄，颇减隋制。一品七百石，从一品六百石，二品五百石，从二品四百六十石，三品四百石，从三品三百六十石，四品三百石，从四品二百六十石，五品二百石，从五品百六十石，六品百石，从六品九十石，七品八十石，从七品七十石；八品六十石，从八品五十石，九品四十石，从九品三十石。皆以岁给之。外官则否。一品有职分田十二顷，二品十顷，

三品九顷，四品七顷，五品六顷，六品四顷，七品三顷五十亩，八品二顷五十亩，九品二顷，皆给百里内之地。诸州都督、都护、亲王府官，二品十二顷，三品十顷，四品八顷，五品七顷，六品五顷，七品四顷，八品三顷，九品二顷五十亩。镇戍关津岳渎官，五品五顷，六品三顷五十亩，七品三顷，八品二顷，九品一顷五十亩。三卫中郎将、上府折冲都尉六顷，中府五顷五十亩，下府及郎将五顷。上府果毅都尉四顷，中府三顷五十亩，下府三顷。上府长史别将三顷。中府、下府二顷五十亩。视王府典军五顷五十亩，副典军四顷。千牛备身、左右太子千牛备身三顷。折冲上府兵曹二顷，中府、下府一顷五十亩。外军校尉一顷二十亩，旅帅一顷，队正副八十亩。"

其后职分田废置不常，而停给时少。

> 贞观十一年，以职田侵渔百姓，诏给逃还贫户。视职田多少，每亩给粟二升，谓之地子。是岁以水旱复罢之。十八年，复给京官职田。开元十年，敕停给职田。十八年，复给京官职田。十九年，初置职田顷亩簿。租价无过六斗，地不毛者亩给二斗。二十九年，以京畿地狭，计丁给田犹不足，于是分诸司官在都者给职田于都畿，以京师地给贫民。天宝十二载，杨国忠以京官职田送租劳民，请五十里外输于县仓。乾元元年，给外官半料及职田。上元元年，令京官职田以时输送，受加耗者以枉法赃论。大历二年，复给京兆府及畿县官职田。（以上摘录《新唐书·食货志》）

兹将各官职田顷亩，立表如下以便览。

第十二表　隋唐职分田

	隋	唐			
		诸京官文武职事	诸州及都护府亲王府官人	镇戍关津岳渎及在外监官	其他
十二顷		一品	二品		
十顷		二品	三品		
九顷		三品			
八顷			四品		
七顷		四品	五品		
六顷		五品			三卫中郎将、上府折冲都尉
五顷半					中府折冲都尉、亲王府典军
五顷	一品		六品	五品	下府折冲都尉及郎将
四顷半	二品				
四顷	三品	六品	七品		上府果毅都尉、亲王府副典军
三顷半	四品	七品		六品	中府果毅都尉
三顷	五品		八品	七品	下府果毅都尉、上府长史、别将、千牛备身、左右太子千牛备身

（续表）

	隋	唐			
		诸京官文武职事	诸州及都护府亲王府官人	镇戍关津岳渎及在外监官	其他
二顷半	六品	八品	九品		中府下府长史别将
二顷	七品	九品		八品	诸军上折冲府兵曹
一顷半	八品			九品	中府下府兵曹
一顷卅亩					外军校尉
一顷	九品				旅帅
八十亩					队正副

上表所列唐制，兼据《通典》及《新唐书·食货志》。

（三）职分田之给授与移交

唐制诸京官文武职事职分田并去京城百里内给。其京兆河南府及京县官人职分田，亦准此。即百里外给者，亦听。诸州及都护府、亲王府官人等职分田，皆于领所州县界内给。其校尉以下，在本县及去家百里内领者不给。至若前后任之移交，陆田限三月三十日，稻田限四月三十日，在此日以前上任者并入后人，以后上者入前人。其麦田以九月三十日为限。若前人自耕未种，后人酬其功直。已自种者，准租分法。其价六斗以下者依旧定，以上者不过六斗，并取情愿，不得抑配。（据《通典》）

（四）公廨田

职分田即禄田，公廨田则供给办公费用者也。隋"给公廨田以供公用"
（《隋书·食货志》），惟其细则如何，史文不详。唐时各司公廨田之数见《通
典》。立表如下以便览。

第十三表　唐之公廨田

	在京诸司	在外诸司
四十顷		大都督府
三十五顷		中都督府
三十顷		下都督府上州
二十六顷	司农寺	
二十五顷	殿中省	
二十二顷	少府监	
二十顷	太常寺	中州
十七顷	京光府河南府	
十六顷	太府寺	
十五顷	吏部户部	官总监下州
十四顷	兵部内侍省	
十三顷	中书省将作监	
十二顷	刑部大理寺	
十一顷	尚书都省门下省太子左春坊	
十顷	工部	上县

（续表）

	在京诸司	在外诸司
九顷	光禄寺太仆寺秘书监	
八顷	礼部鸿胪寺都水监太子詹事府	中县
七顷	御史台国子监京县	
六顷	左右卫太子家令寺	下县
五顷	卫尉寺左骑右卫左右武卫左右威卫左右领军卫左右金吾卫左右监门卫太子左右春坊	上牧监上镇
四顷	太子左右卫率府太史局	下县及中下牧司竹监中镇诸军折冲府
三顷	宗正寺左右千牛卫太子仆寺左右司御率府左右清道率府左右监门率府	诸冶监诸仓监下镇上关
二顷	内坊左右内率府率更府	牙市监诸屯监上戍中关及津（其津隶都水使者不给）
一顷半		下关
一顷		中戍下戍岳渎

按隋唐于职分田之外，复给俸钱禄米。公廨田所入，亦不足用，尝置公廨钱收息取给。然此不在本书范围，不俱论。

二七　屯田与营田

（一）魏晋迄隋之屯田

汉末丧乱。天下饥乏。曹操既破黄巾，于是励行屯垦。吴蜀亦重屯田。盖军旅不辍，供应浩繁，不得不务农积谷以足之也。

曹操既破黄巾，欲经略四方，而苦军食不足。羽林监枣只建议屯田。于是以任峻为典农中郎将，募百姓屯田许下，得谷百万斛。郡国列置田官，数年之中，所在积粟，仓廪皆满。乱后盐业放散，乃复置官监卖，以其直市犁牛，招抚流民，还居关中（建安初关中百姓流入荆州者十余万家），勤耕积粟，而关中丰实。复有刘馥、贾逵等竞修屯田水利。黄初中四方垦田有加。是以用兵连年而国用不匮。吴亦从陆逊之言，令诸将各广其田，务农重谷。蜀则武侯屯田汉中，为久驻之计，以便伐魏。

司马懿

魏晋之交，司马氏藉屯田之饶，卒并吴蜀。

《通志》卷六十一，魏"正始四年，司马懿督诸军伐吴。时欲广田蓄谷为灭贼资，乃使邓艾行陈项以东至寿春。艾以为田良水少，不足以尽地利，宜开河渠，可以大积军粮，又通运漕之道，乃著《济河论》以喻其指。又以为昔破黄巾，因为屯田，积谷于许都，以制四方。今三隅已定，事在淮南，每大军征举，运兵过半，功费巨亿，以为大役。陈蔡之间，土下田良，可省许昌左右诸稻田，并水东下，令淮北屯二万人，淮南三万人。十二分休，常有四万人且田且守。水丰常收三倍于西。计除众费，岁得五百万斛，以为军资。六七年间可积三千万斛于淮上，此则十万之众，五年食也。以此乘吴，无往而不克。懿善之，如艾计。遂北临淮水，自钟离西南，横石以西，尽沘水四百余里，五里置一营，营六十人，且佃且守。兼修广淮阳百尺二渠，上引河流，下通淮颍，大治诸陂，于颍南北穿渠三百余里，溉田二万顷。淮南淮北皆相连接。自寿春到京师，农官兵田鸡犬之声，阡陌相属。每东南有事，大军兴众，泛舟而下，达于江淮，资食有储而无水害，艾所建也。晋羊祜为征南大将军，镇襄阳。吴石城守去襄阳七百余里，每为边害，祜患之。以诡计令吴罢守。于是戍逻减半，分以垦田八百余顷，大获其利。祜之始至也，军无百日之粮，及至季年，有十年之积"。

自是迄隋，累有兴建。

晋武帝咸宁元年，诏以邺奚官奴婢著新城代田兵种稻，奴婢各五十人为一屯，屯置司马，使皆如屯田法。太康元年，杜预在荆州兴水利屯田。

东晋元帝太兴中，应詹上表请建屯田。穆帝升平初，荀羡起田于东阳之石龟，公私利之。

司徒杜预

杜预

梁武帝大同八年，于江州、新蔡、高埭立颂平屯，垦作蛮田。

后魏道武帝登国九年，使元仪垦辟河北，自五原至于桠杨塞外为屯田，孝文帝太和十二年，立州郡屯田，详见下。

北齐废帝乾明中，修石龟等屯，岁收数万石。自是淮南军防，粮廪充足。孝昭帝皇建中，开幽州督亢旧陂，长城左右营屯，

岁取稻粟数十万石，北境得以周赡。又于河内置怀义等屯，以给河南之费，自是稍止转输之劳。武成帝河清三年，令缘边城守之地，堪垦食者，皆营屯田，置都使子使以统之。一子使当田五十顷，岁终考其所入，以论褒贬。

隋文帝开皇三年，令赵仲卿于长城以北大兴屯田，以实塞下。由是收获岁广，边戍无馈运之忧。炀帝大业五年，大开屯田于玉门柳城之外。

（二）后魏之民屯

尤以后魏取州郡户十分之一以为屯民，开前古未有之例。

《魏书·食货志》孝文帝太和十一年，大旱。"十二年，诏群臣求安民之术。有司上言请析州郡常调九分之二，京都度支岁用之余，

各立官司，丰年籴贮于仓，时俭则加私之一籴之于民。如此民必力田以买绢，积财以取粟官。年登则常积，岁凶则直给。又别立农官，取州郡户十分之一，以为屯民，相水陆之宜，断顷亩之数，以赃赎杂物市牛科给，令其肆力。一夫之田，岁责六十斛。甄其正课并征戍杂役。行此二事，数年之中，则谷积而民足矣。帝览而善之。寻施行焉。自此公私丰赡，虽时有水旱，不为灾也。"

盖屯田之起，所以实边。光武中兴，曹操初起，天下方乱，故屯田内地，藉给军食。三国南北朝之际，屯田江淮，则以南北对峙，江淮固边境也。且屯田之处有数，未尝遍及全国。而后魏则当全盛之时，均田制度施行之初，分民什一以屯田，遍及州郡，藉裕公私，将以安民，去军屯之本意远矣。

《新唐书·李元纮传》，开元中"废京司职田，议者欲置屯田。元纮曰，军国不同，中外异制。若人闲无役，地弃不垦，以闲手耕弃地，省馈运，实军粮，于是有屯田。其为益尚矣。今百官所废职田不一县，弗可聚也。百姓私田皆力自耕，不可取也。若置屯，即当公私相易，调发丁夫。调役则业废于家，免庸则赋阙于国。内地为屯，古未有也。恐得不补失，徒为烦费。遂止"。（卷一二六）可知内地为屯，实为例外。

（三）唐之营田

营田者，民屯也，募民耕之，而分理筑室以居其人，故以营名。"唐开军府以扞要冲，因隙地置营田。天下屯总九百九十二。司农寺每屯三顷（按《通典》作三十顷以下二十顷以上为一屯，似《唐志》有误）。州镇诸军每屯五十顷。水陆腴瘠，播殖地宜，与其功庸烦省，收率之多少，皆决于尚书省苑内。屯以善农者为屯官、屯副。御史巡行莅输。上地五十亩，瘠地二十亩，稻田八十亩，则给牛一。诸屯以地良薄与岁之丰凶为三等。其民田岁获多少，取中熟为率。有警则以兵若夫千人助收。隶司农者，岁三月卿少卿循行，治不法者。凡屯田收多者褒进之。岁以仲春籍来岁顷亩，州府军镇之远近，上兵部度便宜遣之。"（《新唐书·食货志》）

开元以后，颇有因革，俱见《新唐书·食货志》，不备录。惟《通典》所载，详其制度，爰附录于此："大唐开元二十五年，令诸屯隶司农寺者，每三十顷以下，二十顷以上为一屯。隶州镇诸军者，每五十顷为一屯。应置者皆从尚书省处分。其旧屯重置者，一依承前封疆为定。新置者，并取荒闲无籍广占之地。其屯虽料五十顷，易田之处，各依乡原量事加数。其屯官取勋官五品以上及武散官，并前资边州县府镇戍八品以上文武官内，简堪者充。据所收斛斗等级为功优。诸屯田应用牛之处，山原川泽，土有硬软，至于耕垦，用力不同。土软处每一顷五十亩配牛一头，强硬处一顷二十亩配牛一头。即当屯之内，有硬有软，亦准此法。其稻田每八十亩配牛一头。诸营田若五十顷外，更有地剩配丁牛者，所收斛斗，皆准顷亩折除。其大麦、荞麦、干萝卜等，准粟计折斛斗，以定等级。"

天宝八载，天下屯收者百九十一万三千九百六十石。屯之分布如下表。（屯数据《唐六典》，岁入据《通典》）

第十四表　唐之屯田

	岁入/石	屯数	地点
河南道		107	陈州至寿州
关内道	563 810	258	北使2，盐州监牧4，太原1，长春10，单于31，定远40，东城45，西城25，胜州14，会州5，盐池太原州4，夏州2，丰安27，中城41

（续表）

	岁入/石	屯数	地点
河北道	403 280	208	幽州至渝关
河东道	245 880	131	大同军40，横野军42，云州37，朔州3，岚州1，蒲州5
河西道	260 088	156	赤水天山
陇右道	440 902	172	渭州至西使
剑南道		9	隽州8，松州1
共计	1 913 960	1 041	

按《唐六典》载，天下诸州屯九百九十有二，较其所载各道屯数之合计，少四十九屯，未知孰误。

二八　租庸调

（一）租庸调与均田制度

租者田租，即今之田赋，庸者力役，调则户税也。所谓粟米之征，力役之征，布缕之征，由来甚古。惟田赋不计亩而计丁或户，则与均田制度相辅而行，盖必人皆授田，始可按丁征租也。自晋有户调之制，北朝因之，及唐而有租庸调之名。逮唐之中叶，均田制度坏，租庸调亦不能复行，改为两税法矣。

（二）后魏之征调

后魏承晋制，立户调之法。天下户以九品混通，户调帛二匹，絮二斤，丝一斤，粟二十石（疑系粟二石之误）。又帛一匹二丈，委之州库，以供调外之费。太和八年始班百官之禄，户增帛三匹，粟二石九斗，以为官司之禄。后增调外帛满二匹。所调各随其土所出，非蚕桑处以麻布代丝帛。十年始立三长（见前第二四节），定征调之法。一夫一妇帛一匹，粟二石。民年十五以上未娶者，四人出一夫一妇之调。奴任耕，婢任绩者，八口当未聚者四。耕牛二十头当奴婢八。其麻布之乡，一夫一妇布一匹，下至牛以此为降。大率十匹为工调（疑系正调之误），二匹为调外费，三匹为内外百官俸。此外杂调。民年八十以上，听一子不从役。孤独癃老笃疾贫穷不能自存者，三长内迭养食之。（以上据《魏书·食货志》）庄帝即位因人贫富为租输三等九品之制。千里内纳粟，千里外纳米。上三品户入京师，中三品入他州要仓，下三品入本州。（《通典》卷五）

《魏书·张普惠传》，孝明帝时，普惠转谏议大夫。"以天下民调幅度长广，尚书计奏复征绵麻，恐其劳民，不堪命。上疏曰：伏闻尚书奏复绵麻之调，尊先皇之轨，凤宵惟度，忻战交集。何者？闻复高祖旧典，所以忻惟新；俱可复而不复，所以战违法。仰惟高祖废大斗，去长尺，改重秤，所以爱万姓，从薄赋。知军国须绵麻之用，故云幅度之间亿兆，应有绵麻之利。故绢上税绵八两，布上税麻十五斤。万姓得废大斗，去长尺，改重秤，荷轻赋之饶，不适于绵麻而已。故歌舞以供其职。奔走以役其勤。天子信于上，亿兆乐于下。故《易》曰，悦以使民，民忘其劳，此之谓也。自兹以降，渐渐长阔，百姓嗟怨，闻于朝野。伏惟皇太后未临朝之前，陛下居谅暗之日，宰辅不寻其本，知天下之怨绵麻，不察其幅广、度长、秤重、斗大，革其所弊，存其可存，而特放绵麻之调，以悦天下之心。此所谓悦之不以道，愚臣所以未悦者也。……今若必复绵麻者，谓宜先令四海知其所由，明立严禁，复本幅度，新绵麻之典依太和之税。其在库绢布，并及丝绵，不依典制者，请遣一尚书与太府卿左右藏令依今官度官秤，计其斤两广长，折给请俸之人。总常俸之数，千俸所出，以布绵麻亦应其一岁之用。使天下知二圣之心，爱民惜法如此。则高祖之轨，中兴于神龟。明明慈信，昭布于无穷，则孰不幸甚。伏愿亮臣悾悾之至，下尉苍生之心。"（卷七八）据此则孝文帝时，户调绢布之外，亦加征绵麻，其后（约当宣武帝时）以度衡放大，遂除绵麻之调。《魏书·食货志》所载，非尽太和中旧典也。

（三）北齐之租调

北齐河清三年定令：率以民年十八受田，输租调；二十充兵；六十免力役；六十六退田，免租调。率人一床调（一床调犹言一份调也），绢一匹，绵八两，凡十斤绵中折一斤作丝；垦租二石，义租五斗（旧制未娶者输半床租调）。奴婢各准良人之半。牛调二尺，垦租一斗，义租五升。垦租送台。义租纳郡，以备水旱。垦租皆依贫富为三枭。其赋税常调，则少者直出上户，中者及中户，多者及下户。上枭输远处，中枭输次远，下枭输当州仓，三年一校焉。租入

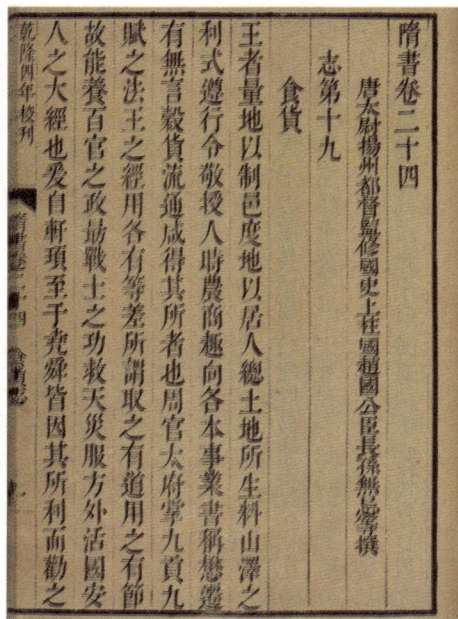

《隋书·食货志》书影

台者，五百里内输粟，五百里外输米。入州镇者输粟，人欲输钱者准上绢收钱。（《隋书·食货志》）

（四）北周之赋役

北周太祖作相，创制六官。司赋掌功赋（疑系均赋之误）之政令。凡人自十八以至六十有四与轻癃者皆赋之。其赋之法，有室者岁不过绢一匹，绵八两，粟五斛；丁者半之。其非桑土，有室者布一匹，麻十斤；丁者又半之。丰年则全赋，中年半之，下年三之，皆以时征焉。若艰凶札，则不征其赋。司役掌力役之政令。凡人自十八以至五十有九皆任于役，丰年不过三旬，中年则二旬，下年则一旬。凡起徒役，无过家一人。其人有年八十者，一子不从役，百年者家不从役。废疾非人不养者，一人不从役。若凶札，又无力征。（《隋书·食货志》）

（五）隋之赋役

隋兴，仍依周制，役丁，为十二番，匠则六番。定令丁男一床租粟三石，桑土调以绢絁，麻土以布，绢絁以匹加绵三两，布以端加麻三斤。单丁及仆隶各半之。未受地者皆不课。有品爵及孝子、顺孙、义夫、节妇，并免课役。开皇三年，初令军人以二十一成丁（原以十八成丁），减十二番每岁为二十日役（自三十日减为二十日），减调绢一匹为二丈（自四丈减为二丈）。十年又以宇内无事，益宽徭赋，百姓年五十者输庸停防（《通典》作停放，《通鉴》作免役收庸）。炀帝即位，是时户口益多，府库盈溢，乃除妇人及奴婢部曲之课，男子以二十二成丁。（《隋书·食货志》）

（六）唐之租庸调

唐高祖武德二年，初定租庸调法。凡授田者，丁岁输粟二斛，稻三斛，谓之租。丁随乡所产，岁输绢绫絁各二丈，布二丈五尺，输帛者加输绵三两，输布者麻三斤，非蚕乡则输银十四两，谓之调。用人之力，岁二十日，闰加二日，不役者日为绢三尺，谓之庸。有事而加役二十五日者免调，三十日者租调皆免，通正役不过五十日。输以八月，发以九月。若岭南诸州则税米，上户一石二斗，次户八斗，下户六斗。夷獠之户皆从半输。蕃人内附者，上户丁税钱十文，次户五文，下户免之。附经二年者，上户丁输羊二口，次户一口，下户三户共一口。凡水旱虫蝗为灾，十分损四分以上免租，损六以上免租调，损七以上课役俱免。太皇太后、皇太后、皇后缌麻以上亲，内命妇一品以上亲，郡王及五品以上祖父兄弟，职事勋官三品以上有封者，若县男父子、国子、太学、四门学生，俊士、孝子、顺孙、义夫、节妇，同籍者皆免课役。凡主户内有课口者为课户，若老及男废疾、笃疾、寡妻妾、部曲、客女、奴婢，及视九品以上官不课。

唐高祖李渊

租调之数，各书记载不一。《新唐书》作粟二斛，稻三斛；《通典》《通考》《通鉴》《旧唐书》等均作粟二石。《新唐书》作绢二匹，绫絁二丈，《通典》作绢絁各二丈；《通考》及《旧唐书》作绢絁各二丈。布则《通典》作二丈五尺，《通考》及新旧《唐书》均作"加五之一"。绵则《通考》作二两，《通典》及新旧《唐书》均作三两。"非蚕乡则输银十四两"云云，但见《新唐书》。今于诸书冲突者从多数；其仅见者则列出。古之一斛即一石。稻有壳，不输粟而输稻者加输一石，似亦近理。

（七）魏晋迄唐初赋役一览

北朝隋唐之赋役，虽累有损益，而制度不殊。魏晋之户调，已为其先河。东晋及南朝虽无均田制度，亦有类似于此之税法。与两汉之田租更赋及中唐以后之两税法，显然不同。兹将魏晋迄唐初之赋役，立表如下，以便比观。

第十五表　魏晋迄唐初赋一览

	租	调	庸
魏	（亩粟四升）	户绢二匹，绵二斤	
晋	不详	户绢三匹，绵三斤，女及次丁男为户者半输	
东晋	租米五石，禄米二石，丁女半之（亩税米二斗，此实与北朝隋唐之制不同）	布绢各二丈，丝三两，绵八两，禄绢八尺，禄绵三两二分，丁女半之	每岁二十日
后魏	一夫一妇粟二石，单丁五斗，奴婢二斗半，牛一斗	帛一匹，绵八两，或布一匹，麻十五斤，单丁以下准租例递减	
北齐	垦租二石，义租五斗，奴婢半之，牛垦租一斗，义租五升	绢一匹，绵八两，奴婢半之，牛二尺	

（续表）

	租	调	庸
北周	粟五石，丁者半之	绢一匹，绵八两，或布一匹，麻十斤，丁者半之	每岁三十日
隋	粟三石，单丁及仆隶半之	绢一匹，绵三两，或布一端，麻三斤，单丁及仆隶半之，旋减调绢一匹为二丈	每岁三十日，旋减为二十日
唐	粟二石	绢二匹，绵三两，或布九丈六尺，麻三斤	每岁二十日，闰加二日，不役者日调，绢三尺

按绢布以幅广二尺二寸，长四十尺为一匹，六十尺为一端。（见《通典》卷五）

观上表租调之额，大抵后轻于前。然江左三斗当隋一斗，是则隋征租粟三石，实当江左之九石。度量衡单位之名称虽同，大小则异，未可概论也。大抵魏晋以后，单位渐大，尤以北朝为甚。

二九　均田制度与均贫富

北朝隋唐之均田制度，及与此相辅而行之租庸调制，既如前述。试更进而考其是否名符其实。果使田均赋平，而无贫富之差，劳逸之殊乎？

（一）均田制度之不均平

先就制度之本身言之：魏齐之制，一夫受露田八十亩，而丁牛一头受田六十亩，限四牛。甲较富而有四牛，则可受露田三百二十亩，当贫而无牛之乙所受者四倍矣。奴婢受田依良民，而其卖买如牛马，富者买奴百人，即可受田八千亩。一家所蓄奴婢之数，后魏无限止。是富者购奴，奴愈多而受田愈广，获利愈丰，愈可购奴，富者日富矣。北齐虽为之限，而亲王限三百人，可受田二万四千亩。即庶人亦得蓄奴六十人，合己身而可受露田四千八百八十亩，与贫农之无力蓄奴或牛者，相去犹远也。隋唐之亲贵永业田，多者至百顷，九品官亦有二顷，较之庶民之仅有永业二十亩者，亦显有轩轾也。且有职分田与公廨田，耕者何人？后魏取州郡户十分之一为屯民。唐之营田，亦募民屯垦。然则民之不能自有其田者亦众矣。谁谓均田制度均授民以田乎？隋文帝时，户口岁增，民田不赡，议者欲减功臣之地以给民，因王谊之言，竟寝不行。君主厚遇官僚，使为己助。小民安得分肥。右官抑民，盖显然也。

《隋书·王谊传》，隋文帝时"太常卿苏威立议，以为户口滋多，民田不赡，欲减功臣之地以给民。谊奏曰，百官者历世勋贤，方蒙爵土，一旦削之，未见其可。如臣所虑，正恐朝臣功德不建，何患人田有不足。上然之，竟寝威议"。（卷四十）

（二）兼并与攘夺

且制度自制度，其实行程度如何，又当别论。后魏于未行均田制度之前，政府"禁封良田"（《魏书·高允传》），"豪右多有占夺"（《李孝伯传》），而小民"征责（指赋税）不备，或有货易田宅，质妻卖子，呻吟道路，不可忍闻"（《薛野睹传》）者，固无论矣。乃于均田制度既行之后，不禁田宅卖易。

　　《魏书·夏侯道迁传》："于京城之西水次市地，大起围池，植列蔬果。延致秀彦。时往游适。妓妾十余。常自娱乐国。……长子夬，……多所费用，父时田园，货卖略尽，人间债负数犹千余匹。"（卷七一）

横者甚至斥逐细人，逼买土地。

　　《魏书·李崇传》，子世哲"为相州刺史。……至州，斥逐细人，迁徙佛寺，逼买其地，广兴第宅，百姓患之"。（卷六六）又《杨机传》，子恭之字道穆，"正光中，出使相州。刺史李世哲，即尚书令崇之子，贵盛一时，多有非法，逼买民宅，广兴屋宇，皆置鸱尾，又于马埒堠上为木人执节。道穆绳纠，悉毁去之，并发其赃货，具以表闻"。（卷七七）

北齐名为不听卖易，而卖者纷纷。富有连畛互陌，贫无立锥之地。强弱相凌，恃势侵夺。争地文案有三十年不了者。

　　《通典》卷二引《关东风俗传》曰："其时强弱相凌，恃势侵夺。富有连畛互陌，贫无立锥之地。昔汉氏募人徙田，恐遗垦课，令就良美。而齐氏全无斟酌。虽有当年权格，时蹔施行。争地文案有三十年不了者。此由授受无法者也。其赐田者谓公田及诸横赐之田，魏令职分公田。不问贵贱，一人一顷，以供刍秣。自宣武出猎以来，始以永赐得听卖买。迁邺之始，滥职众多，所得公田，悉从货易。又天保之代，曾遥压首人田以充公簿。比武平以后，横赐诸贵及外戚佞宠之家，亦已尽矣。又河渚山泽有可耕垦肥饶之处，悉是豪势或借或请，编户之人，不得一垄。纠赏者依令口分之外，知有买匿，听相纠列，还以此地赏之。至有贫人实非剩长买匿者，苟贪钱货，诈吐壮丁口分，以与纠人，亦既无田，即使逃走。帖卖者帖荒田七年，熟田五年，钱还地还，依令听许。露田虽复不听卖买，亦无重责。贫户因王课不济，率多货卖田业，至春困急，轻致藏走。亦有懒惰之人，虽存田地，不肯肆力，在外浮游，三正卖其口田，以供租课。比来频有还人之格，欲以招慰逃散。假使暂还，即卖所得之地，地尽还走。虽有还名，终不肯住。正由县听其卖帖田园故也。广占者依令奴婢请田，亦与良人相似。以无田之良口，比有地之奴牛。宋世良天保中献书，请以富家牛地先给贫人，其时朝列称其合理。"

《北齐书·元文遥传》："初文遥自洛迁邺，惟有地十顷，家贫所资衣食。魏之将季，宗姓被侮有人冒相侵夺，文遥即以与之。及贵，此人尚在，乃将家逃窜。文遥大惊，追加慰抚，还以与之。彼人愧而不受，彼此俱让，遂为闲田。"（卷三八）

周亦不乏争田之事。

《周书·寇俊传》："永安初，华州民史底与司徒杨椿讼田，长史以下以椿势贵，皆言椿直，欲以田给椿。俊曰，史底穷民，杨公横夺其地。若欲损不足以给有余，见使雷同，未敢闻。命遂以地还史底。"（卷三七）

唐当贞观之际，政治最为修明，豪右占田，已多逾制。

《新唐书·循吏传》，贾敦颐"贞观时数历州刺史，资廉洁。……永徽中，迁洛州。洛多豪右，占田类逾制。敦颐举没者三千余顷，以赋贫民"。（卷一二二）按永徽仅六年，即在贞观之后，是则贞观时已占田逾制也。

其后卖易兼并尤盛。（详下第三〇节）职田营田，亦每侵渔百姓，或以瘠地易民上地。

> 《新唐书·食货志》，贞观"十一年，以职田侵渔百姓。诏给逃还贫户。视职田多少，每亩给粟二升，谓之地子"。又"宪宗末，天下营田皆雇民，或借庸以耕，又以瘠地易上地，民间苦之。穆宗即位，诏还所易地，而耕以官兵，耕官地者给三分之一以终身"。

然则自后魏以来，虽有制度，不久弊生，违法者众，亦未能如何励行于全国，奉行于久远也。

（三）赐田与食邑

不独官民私相违制，君主亦立法而不尽遵行。富贵者依法受田，亦已多矣。复于常法之外，赏赐任意。北齐且攘田以赐诸贵及外戚佞宠之家。肥饶之处，豪势或借或请，编户之人，不得一垄。（见前引《关东风俗传》）唐高祖赐裴寂，多至千顷。

> 《新唐书·斐寂传》："唐公雅与厚，及留守太原，契分愈密。……长安平，赐寂田千顷，甲第一区，物四万段，迁大丞相府长史，进魏国公，邑三百户。"（卷八八）

其他五顷、十顷、数十顷，及赐庄宅者，不一而足。

> 《新唐书·李勣传》："给田五十顷，甲第一区。"（卷九三）
> 《三宗诸子传》，睿宗子宪以让太子位，"实封至二千户，赐甲第，物段五千，良马二十，奴婢十房，上田三十顷。……累封至

李勣

五千五百户。"（卷八一）

《李袭志传》，弟袭誉"为人严懿，以威肃闻。居家俭。厚于宗亲。禄禀随多少散之。以余资写书。罢扬州，书遂数车载。尝谓子孙曰，吾性不喜财，遂至窭乏。然负京有赐田十顷，能耕之，足以食。河内千树桑，事之可以衣。江都书力读，可进求官。吾殁后能勤此，无资于人矣"。（卷九一）

《李子通传》，子通据江都称帝，败降送京师。"高祖薄其罪，赐宅一区，田五顷，赉予颇厚"。（卷八七）

世民为秦王时，以美田给神通，而高祖复以张婕妤之请赐其父，以致父子情疏。赐田之任意可知。

《新唐书·高祖诸子传》，秦王"为陕东道行台，有诏属内得专处决。王以美田给淮安王神通。而张婕妤为父丐之，帝手诏赐田。诏至，神通已前得，不肯与。婕妤妄曰，诏赐妾父田，而王夺与人。帝怒召秦王。让曰，我诏令不如尔教邪？……繇是见疏"。（卷七九）

赐田之外，复有食邑。

唐初王室子弟分封，各得千户。功臣则如下（见《裴寂传》）：

千五百户一人　　千三百户五人　　千二百户四人

千户三人　　　　九百户二人　　　七百户四人

六百户八人　　　四百户十人　　　三百户六人

与政府分收赋税。催征甚于国课。

　　《新唐书·韦思谦传》，子嗣立，"中宗景龙中，拜兵部尚书同中书门下三品。时崇饰观寺，用度百出。又恩倖食邑者众，封户凡五十四州，皆据天下上腴。一封分食数州，随土所宜，牟取利入。至安乐太平公主率取高赀多，下家无复如平民，有所损免。为封户者，亟于军兴。监察御史宋务光建言愿停征封，一切附租庸输送，不纳。嗣立建言：今廪帑耗竭，无一岁之储。假遇水旱，人须赈给，不时军兴，士待资装，陛下何以其之？伏见营立寺观，累年不绝，鸿侈繁丽，务相矜胜。大抵费常千万以上。转徙木石，废功害农，地藏开发，蛰虫伤露。上圣至慈，理必不然。准之道法则乖，质之生人则损。陛下岂不是思？又食封之家，日月猥众，凡用户部丁六十万，人课二绢，则固一百二十万，臣见太府岁调，绢才百万匹，少则十之二，有所贷免，会不半在。比诸封家，所入已寡。国初功臣共定天下，食封不二十家；今横恩特赐家至百四十以上。天下租赋，在公不足，而私有余。又封家征求，各遣奴皂，凌突侵渔，百姓怨叹，或贸易断盗，诛责纷纭，会无少息。下民窭乏，何以堪命？臣愿以丁课一送太府，封家诣左藏仰给，禁止自征，以息重困"。（卷一一六）

　　《陔余丛考》，"汉唐食封之制"，"……《韦嗣立传》，中宗时恩降食邑者众，封户凡五十四州县，皆据天下上腴，随土所宜，牟取利入。为封户者，急于军兴。嗣立极言其弊。请以丁课尽送太府，

宋璟

封家诣左藏支给，禁止自征，以息重困。宋务光亦言滑川七县而分封者五，国赋少于侯租，入家倍于输国。乞以封户均余州，并附租庸使岁送，停封使，息驿传。是征租者并乘驿矣。《宋璟传》，武三思封户在河东，遭大水。璟奏灾地皆蠲租。有诏三思者，谓谷虽坏而蚕桑故在，谓以代租，为璟所折。《张廷珪传》，宗楚客、纪处讷、武延秀、韦温等封户在河南北，讽朝廷诏两道蚕产所宜，虽水旱得以蚕折。廷珪固争得免。可见唐时封户之受困，虽国赋不至此也。宪宗时，始定实封节度使兼宰相者，每食实封百户，岁给绢八百匹，绵六百两；不兼宰相者，每百户给绢百匹；诸卫大将军每百户给三十五匹。盖至是始改制封家不得自征，而一概尽给于官矣"。（卷一六）

豪右资财，越乎寻常百姓远矣。

（四）赋役之不均

然而不平之事，犹未已也。奴婢受田如良民，租调则半之（后魏尚不及一半），牛税尤少，富者受田多而纳税轻。复有高荫免税之制，贵者常田多而课役不及。

《魏书·孝文帝本纪》，太和十一年"诏复七庙子孙及外戚缌服已上赋役无所与"。

唐制见前第二八节"唐之租庸调"条。又《通志》卷七十六，唐德宗时，礼部员外郎沈既济议曰："汉世虽丞相之子，不得蠲户课。而近世以来，九品之家，皆不征其高荫，子孙重承恩奖，端居役物，坐食百姓，其何以堪之！"

然此尚就制度言之，实际之不均，犹甚于此。奸吏弄法，舍豪强而征贫弱，纵奸巧而困愚拙，故西魏苏绰有均赋役之请。

《周书·苏绰传》，文帝大统十年，"又为六条诏书，奏施行之。其六均赋役。……夫平均者，不舍豪强而征贫弱，不纵奸巧而困愚拙，此之谓均也。……又差发徭役，多不存意，致令贫弱者或重徭而远戍，富强者或轻使而近防。守令用怀如此，不存恤民之心，皆王政之罪人也"。（卷二三）

魏末丧乱，周齐分据，君暴吏慢，赋重役勤。黠民每离旧居，或依豪室，多方规避，国课以减。于是谨弱未逃者，负担更重。而豪室反藉包荫以牟利。

《魏书·孝静帝本纪》，武定二年冬十月，"太保孙腾、大司马高隆之各为括户大使，凡获逃户六十余万"。又《隋书·食货志》，"元象兴和之中，频岁大穰，谷斛至九钱。是时法纲宽弛，百姓多离旧居，阙于徭赋。神武乃命孙腾、高隆之分括无籍之户，得六十余万。于是侨居者各勒还本属。是后租调之入有加焉"。《通典》卷七："其时（隋初）承西魏丧乱，周齐分据，暴君慢吏，赋重役勤。人不堪命，多依豪室。禁纲隳紊，奸伪尤滋。高颎睹流冗之病，建输籍之法。

于是定其名，轻其数。使人知为浮客，被强家收大半之赋；为编甿，奉公上，蒙轻减之征"。原注"浮客，谓避公税依强豪作佃家也。"

有司纠劾，昏主以为生事，奸欺益甚。

《隋书·食货志》北齐文宣帝役民其广而刑罚酷滥，"吏道因而成奸。豪党兼并。户口益多隐漏。旧制，未娶者输半床租调。阳翟一郡，户至数万，籍多无妻。有司劾之，帝以为生事。由是奸欺尤甚。户口租调，十亡六七"。

隋建输籍之法，始革其弊。

《隋书·食货志》："开皇三年。……是时山东尚承齐俗，机巧奸伪，避役惰游者十六七。四方疲人，或诈老诈小，规免租赋。高祖令州县大索貌阅，户口不实者正长远配。而又开相纠之科。大功已下，兼令析籍，各为户头，以防容隐。于是计帐进四十四万三千丁，新附一百六十四万一千五百口。高颎又以人间课输，虽有定分，年常征纳；除注恒多，长吏肆情。文帐出没，复无定簿。难以推校。乃为输籍定样，请遍下诸州。每年正月五日，县令巡人各随便近，五党三党共为一团，依样定户上下。帝从之。自是奸无所容矣。"

唐兴未几，故态复萌，狡猾规避而钝劣日困云。

《通典》："旧制，百姓供公上，计丁定庸调及租，其税户虽兼出，王公以下比之二三十分唯一耳。自兵兴以后，经费不完，于是征敛多名，且无恒数。贪吏横恣，因缘为奸。法令莫得检制。蒸庶不知告诉。其丁狡猾者，即多规避，或假名入仕，或托迹为僧，或占募军伍，或依信豪族，兼诸色役，万端蠲除。钝劣者即被征输，困竭日甚。"（卷七）

（五）僧道与民生

魏晋以降，佛教大兴，至南北朝隋唐而极盛。西域高僧，络绎东来，中土大德，亦复辈出。翻译梵经，创辟新义，并成巨观。考其造因，盖非一端，与本书无涉；惟徒众之盛，则与经济殊有关系。后魏度僧之数，设有限制。

《魏书·释老志》，高宗践极，制"诸州郡县于众居之所，各听建佛图一区，任其财用，不制会限。其好乐道法，欲为沙门，不问长幼，出于良家，性行素笃，无诸嫌秽，乡里所明者，听其出家。率大州五十，小州四十人，其郡遥远台十人"。太和十年，"诏四月八日，七月十五日，听大州度一百人为僧尼，中州五十人，下州二十人，以为常"。熙平二年，"灵太后令曰：年常度僧依限大川应百人者，州郡于前十日解送三百人，其中州二百人，小州一百人。州统维那与官，及精练简取充数。"

而正光以后，僧尼多至二百万，其寺三万有余。（《魏书·释老志》）北周武帝普毁佛道，三方释子，减三百万。

《续高僧传》："帝遂破前代关山东西数百年来官私佛寺，扫地并尽。融刮圣容，焚烧经典。《禹贡》八州，见成寺庙出四十千，并赐王公，充为第宅。三方释子，减三百万，皆复军民，还归编户。"

北周武帝宇文邕

唐武宗会昌五年，拆天下寺四千六百余所，招提兰若四万余所，还俗僧尼二十六万余人。

《旧唐书·武宗本纪》，会昌五年八月制"其天下所拆寺四千六百余所。还俗僧尼二十六万五百人，收充两税户。拆招提兰若四万余所。收膏腴上田数千万顷。收奴婢为两税户十五万人"。

同时道教亦极盛，道士女冠之流，虽不如僧尼之多，其数当亦可观。僧道之众如此。其为信仰出家乎？什九非也。盖僧道得免课役，时方多事，赋重役繁，民不堪命，于是假托名义，趋之若鹜。

《魏书·释老志》："正光已后，天下多虞，工役尤甚。于是所在编民，相与入道，假慕沙门，实避调役。猥滥之极，自中国之有佛法，未之有也。略而计之，僧尼大众，二百万矣。其寺三万有余。流弊不归，一至于此，识者所以叹息也。"

甚且户有三丁，必令一丁落发，藉以庇护家产，影射包揽。至出重价以购度牒，求为缁流，亦所不惜。

《二十二史劄记》"度牒"条，"宋时凡赈荒兴役，动请度牒数十百道济用，其价值钞一二百贯至三百贯不等。不知缁流何所利而买之。及观《李德裕传》，而知唐以来度牒之足重也。徐州节度使王智兴奏准在淮泗置坛度人为僧，每人纳三绢即给牒令回。李德裕时为浙西观察使，奏言江淮之人，闻之户有三丁者，必令一丁往落发，意在规避徭役，影庇赀产。今蒜山渡日过百余人，若不禁止，一年之内，即当失却六十万丁矣。据此则一得度牒，即可免丁钱，庇家产，因而影射包揽可知。此民所以趋之若鹜也。然国家售卖度牒，虽可得钱，而实暗亏丁田之赋，则亦何所利哉。"（卷十九）

影响所及，规避课役者愈多，则齐民之负担愈重，且僧道之流品甚杂，不守清规，在所难免。窃藏财物，便人营私。

《魏书·释老志》，世祖西伐盖吴，"至于长安。沙门种麦寺内，御骊牧马于麦中。帝入观马。沙门饮从官酒。从官入其便室，见大有弓矢矛楯，出以奏闻。帝怒曰，此非沙门所用，当与盖吴通，谋规害人耳。命有司案诛一寺。阅其财产，大得酿酒具，及州郡牧守富人所寄藏物，盖以万计。又为屈室，与贵室女私行淫乱"。

侵夺细民。广占田宅。

《魏书·释老志》，永平二年，沙门统惠深等立条制。启中有云："非但京邑如此，天下州镇僧寺亦然。侵夺细民，广占田宅，有伤慈矜，用长嗟苦。"

虽数经沙汰，其流难清。又寺固有田，唐会昌中多至数十万顷。

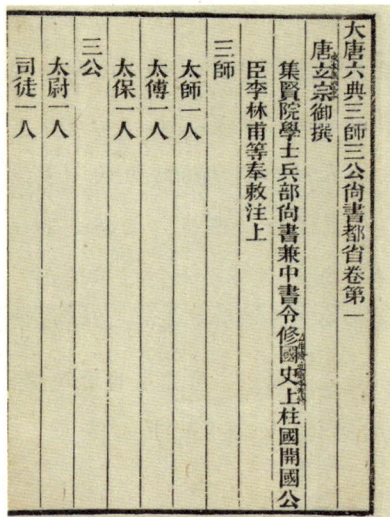

《唐六典》书影

唐武宗会昌五年毁佛寺，收膏腴上田数千万顷，见前引《旧唐书》。按天宝中天下田只一千四百三十万三千八百顷有奇，寺田决不能超过全国田亩之数。数千万当为数十万之误。

《唐六典》："凡道士给田三十亩，女冠二十亩，僧尼亦如之。"然此不足以概寺田之数。寺有赐田，有舍田，复得以财购置。即以会昌中言之，田数十万顷而僧尼二十六万人，合奴婢十五万，共为四十一万人，则亦人各一顷矣。

僧尼未必自耕，则委之他人而坐收其利。于是后魏寺户遍于州郡，唐季寺奴婢至十五万人。营田输粟，以供诸寺。

《魏书·释老志》："昙曜奏平齐户及诸民有能岁输谷六十斛入僧曹者，即为僧只户，粟为僧只粟。至于俭岁，赈给饥民。又请民犯重罪及官奴以为佛图户，以供诸寺扫洒，岁兼营田输粟。高宗并许之。于是僧只户粟及寺户，遍于州镇矣。"

唐武宗会昌五年制书"收奴婢为两税户十五万人"，紧接拆寺收田之后。又《新唐书·食货志》称"腴田鬻钱送户部，中下田给寺家奴婢丁壮者为两税户，人十亩"，可知此等奴婢，殆皆诸寺所有，与后之佛图户相似。

由此观之，在此时期，民可逃税而为僧，僧复包庇影射拥田自肥以贼民（其间不乏高僧，此但就大势言耳），而僧徒之数复如彼其盛，与农民生计之关系，殊非浅鲜也。

（六）均田制度平议

均田制度之本身，已殊不平，复不尽遵行，实际之不均，有如前述。然则均田制度遂无足称乎？亦不尽然。吾侪处今论古，当一检时代背景，不必过为苛论。在昔民权未盛，君主专制，其兴也必借武力。一代开国之君，常有其战斗集团，或随来之游牧贵族。事成之后，论功酬庸，优给田宅，盖亦人情。又保持君权，亦需辅佐，必诱以权利，收揽豪右，使为己助而免生异心。是以虽行均田制度，常厚于贵族及官僚阶级，授田之数，远多于齐民。且攘权夺利，人情之常，豪右参预政权，占有相当势力，自必藉以自肥。欲其推惠及人，分财济贫，谈何容易。两汉之均产运动，井田托诸空论，限田议而未行，王田行而未成，亦曰豪强势盛，积重难返也。就当时而论，在势亦不得不优遇豪强，藉灭其反对之心也。故均田制度之设，考其动机，未可厚非。虽不能即达平等，亦可聊为之节，稍得其平。其不平之处，则所以委屈求全也。至若虽有制度而未能尽行，或行之未久而失其效力，则亦人心贪鄙，时会所趋，势有必然，不能尽如立法者之愿耳。总之，在此时期，虽有均田制度，真能实行之时盖寡，其制亦不尽善，要亦差强人意，有法终愈于无法也。

（七）均田制度与逃户

虽然，有一事绝堪注意。均田制度均授民以田，而逃户之多，乃以施行均田制度之北朝隋唐为最。岂民不乐有田乎？非也。两汉不授人以田而按亩征租，故户税较轻。自均田制度行，而田租亦按户征收，故户赋大增。

然田之收授，只在政治清明，田多人少时行之，遵行之时暂而有名无实之时多。豪强兼并，贫弱失田，官不复授，而赋之重者已不可复轻。遂至重为民病，相率逃亡。非病有田也，逃重赋也。是则反因授田之名而贫弱蒙害矣。虽曰时之弊，非法之弊；然有法而不易奉行，反以空名而重实祸，则亦法之弊也。故均田制度下之民生，是否优于两汉或宋明，诚属疑问。然则有法终愈于无法云云，犹得考虑矣。

三〇　均田制度之破坏

（一）破坏之原因

自西晋立占田之法，后魏因之以为均田制度，自是历齐周以迄隋唐，为施行此制之时期。然西晋统一未久，法亦旋废，其制不详。后魏初固奉行，不数叶而敝。北齐虽有其制，殆若具文。周之施行程度如何，亦属疑问。隋曾励行均田，而年代短促。唐初政治修明，犹能守法，然至武后之时，已濒末路。其后遂至一废而不复可复。此其故何哉？总其大要，盖有四端，一曰人口因承平而增殖，二曰户籍因赋重而失实，三曰制度本身之欠妥，四曰人类心理及社会经济之自然趋势，在在足以破坏其制而有余。请分别言之如下。

（二）人口之增殖

夫占田均田之法所以能行者，为值衰乱之余，户口虚耗，田多无主，政府乃得授民以田也。两汉盛时，千余万户。三国鼎峙之际，乃不满百五十万户。晋太康中，亦只二百四十五万九千八百户。宋文帝元嘉以后，户九十万有奇。魏孝文迁洛之后，约五百余万。南北合计，才六百万户。隋初只三百余万户，平陈得户五十万，至大业二年，达八百九十万七千五百三十六户。唐贞观初，不满三百万户，及天宝十四载，达八百九十一万四千七百九户，五千二百九十一万九千三百九口，实际犹不止此数。

《通考》："隋唐土地不殊两汉，而户口极盛之时，才及其三之二，何也？盖两汉时户赋轻，故当时郡国所上户口版籍，其数必实。自魏晋以来，户口之赋顿重，版籍容有隐漏不实，固其势也。南北分裂之时，版籍尤为不明。或称侨寄，或冒勋阀，或以三五十户为一户。苟避科役。是以户数弥少。隋唐混一之后，生齿宜日富。休养生息，莫如开皇贞观之间。考核之祥，莫如天宝。而户数终不能大盛。且天宝十四载所上户总八百九十一万四千七百九，而不课户至有三百五十六万五千五百。夫不课者，鳏、寡、废疾、奴婢及品官有荫者皆是也。然天下户口，岂容鳏、寡、废疾、品官居其三之一有奇乎？是必有说矣。然则以户口定赋非特不能均贫富，而适以长奸伪矣。又按汉元始时定垦田八百二十七万五千三十六顷，计每户合得田六十七亩百四十六步有奇。隋开皇时垦田千九百四十万四千二百六十七顷，计每户合得田二顷有余。夫均此宇宙也，田日加于前，户日削于旧，何也？盖一定而不可易者田也，是以乱离之后，容有荒芜，而顷亩犹在。可捐可益者户也，是以虚耗之余，并缘为弊，而版籍难凭。杜氏《通典》以为我国家自武德初至天宝末，凡百三十八年，可以比崇汉室而人户才比于隋氏，盖有司不以经国驭远为意，法令不行，所在隐漏之甚。其说是矣。然不知庸调之征愈增，则户口之数愈减，乃魏晋以来之通病，不特唐为然也。汉之时户口之赋本轻，至孝宣时又行蠲减，且令流徙者复其赋。故胶东相王遂伪上流民自占者八万余口，以徼显赏。若如魏晋以后之户赋，则一郡岂敢伪占八万口，

以贻无穷之遗负乎？"（卷三）

可见易代之际，户口常少，不难均给。待承平稍久，民户增殖，多至三四倍以上，而顷亩不能倍增。荒芜早辟，田各有主，欲谋均给难矣。故隋文帝时，已患民田不赡，命诸州考使议之，又令尚书以其事策问四方贡士，竟无长算。唐承平百余年，虽官府户籍，才比于隋，实际必较隋为多。民庶而地有限，供不应求，维持授田法之困难，犹甚于隋。欲其久行不替，得乎？

（三）户籍之失实

户籍之制，由来已旧，累代莫不重视；而均田制度，尤须以此为本。唐制以民之年龄状貌注于籍，谓之团貌，所以定人丁，防奸欺也。

隋炀帝杨广

团貌命名之所由，遍检史文，未得正解。《通考》卷十载，隋炀帝即位，"高颎奏人间课税虽有定分，年恒征纳，除注常多。长吏肆情，文帐出没，既无定簿，难以推校。乃输籍之样，请遍下诸州，每年正月五日，县令巡人各随近五党三党，共为一团，依样定户上下。帝从之，自是奸无所容"。又"大业五年，民部侍郎裴蕴以民间版籍，脱漏户口及诈注老少尚多。奏令貌阅。若一人不实，则官司解职。又许民纠得一丁者，令被纠之家，代输赋役。是时诸郡计帐进丁二十四万三千，新附口六十四万一千五百。帝临朝览状曰，前代无贤才，致此罔冒，今户口皆实，全由裴蕴。由是渐见亲委"。然则团貌者，盖集五党三党为一团，貌阅造籍之谓也。而此种年龄状貌之记载，亦曰团貌。若然，则唐之团貌，盖因隋旧。

大抵每年一团貌。

　　《唐会要》"团貌"条，"武德六年三月令，以始生为黄，四岁为小，十六岁为中，二十一为丁，六十为老。开耀二年十二月七日敕，百姓年五十者皆免课役。至神龙元年五月十八日制，二十二成丁，五十九免役（因韦庶人所奏）。至景云元年七月二十一日敕，韦庶人所奏成丁入老宜停。（省司举征租调。殿中侍御史杨玚执之曰，韦庶人临朝当国，制书非一，或进阶卿士，或赦宥罪人，何独于已役中男，重征丁课，恐非保入之术。省司遂依玚所执奏停）延载元年八月敕，诸户口计年将入丁老疾应免课役及给侍者，皆县亲貌形状以为定簿。一定以后，不得更貌。疑有奸欺者，听随事貌定，以付手实。开元二十九年三月二十六日敕，天下诸州每岁一团貌，既以转年为定，复有籍书可凭，有至劳烦，不从简易，于民非便。事资厘革。自今已后，每年小团宜停。待至三年定户日，一时团貌。仍令所司作条件处分。天宝三载十二月二十三日赦文，比者成童之岁，即挂轻徭，既冠之年，便当正役。悯其劳苦，用轸于怀。自今已后，百姓宜以十八已上为中男，二十三已上成丁。至广德元年七月十一日赦文，天下男子宜二十五岁成丁，五十五入老。四载七月二十日敕，今载诸郡因团貌，宜便定户。自今已后，任依常式应缘察问，对众取平。准今载三月五日敕处分。八载闰六月五日制，其天下百姓丈夫七十五已上，宜各给中男一人充侍，仍任自简择。至八十已上，依常式处分。九载十二月二十九日敕，天下郡县虽三年定户，每年亦有团貌，计其转年，合入中男成丁，五十九者任退团貌"。（卷八五）

分里由里正造为手实。

手实即各里户籍之底册。《唐六典》："四万户以上为上州，三万户以上为中州，不满为下州。六千户以上为上县，二千户以上为中县，一千户以上为中下县，不满一千户皆为下县。百户为里，五里为乡。两京及州县之郭内分为坊，郊外为村。里及村坊皆有正，以司督察。四家为邻，五邻为保。保有长，以相禁约。"此项手实，即由里正所造。

岁终具民之年与地阔陕为乡帐。乡成于县，县成于州，州成于户部。每三年一造籍，定户等第，正月起，三月底造毕。县以籍成于州，州成于省（尚书省），户部总而领焉。此种乡帐与籍，通称曰籍帐。

《唐会要》"籍帐"条，"旧制凡丁新附于籍帐者，春附则课役并征，夏附则免课从役，秋冬附则课役俱免。（其诈冒隐避以免课役，不限附之早晚，皆征之）武德六年三月令每岁一造帐，三年一造籍，州县留五比，尚书省留三比。仪凤二年二月二十四日敕，自今已后，装潢省籍及州县籍。景龙二年闰九月，敕诸籍应送省者，附当州庸调车送。若庸调不入京，雇脚运送，所须脚直以官物充。诸州县籍、手实、计帐当留五比，省籍留九比，其远依次除。皇宗祖庙虽毁，其子孙皆于宗正附籍，自外悉依百姓例。开元十八年十一月，敕诸户籍三年一造，起正月上旬。县司责手实、计帐，赴州依式勘造，乡别为卷，总写三通，其缝皆注某州某县某年籍，州名用州印，县名用县印。三月三十日纳讫，并装潢一通送尚书省。州县各留一通。所须纸笔装潢，并皆出当户内口，户别一钱。其户每以造籍年预定为九等，便注籍脚。有析生新附者，于旧户后以次编附。二十九年二月，敕自今已后应造籍，宜令州县长官及录事参军，审加勘覆。更有疏遗者，委所司其本判官及官长等名品录奏，其籍仍写两本送户部。天宝元年正月制节文，如闻百姓之内，或有户高丁多，苟为规避。父母见在，别籍异居。宜令州县仔细勘会。其一家之中有十丁已上，放两丁征行赋役；五丁已上者放一丁即令同籍共居，以敦风教。如更犯者准法科罪。三年正月十六日敕，天宝三年改为载者，所论前后年号一切为载，其后造籍记岁月云若干载，自余表状文章并准此。其载二月二十五日，制天下籍造四本，京师、东京、尚书省、户部各贮一本。五载六月十一日，敕自今已后，应造籍帐及公私诸文书所言田地四至者改为路。十二载正月十二日，敕应送东京籍宜停。宝应二年九月，敕客户若住经一年已上，自贴买得田地有农桑者，无问于庄荫家住及自造屋舍，勒一切编附为百姓。差科比居人例量减一半。庶填逃散者。大历四年八月，敕名籍一家辄请移改，诈冒规避，多出此流。自今已后，割贯改名，一切禁断"。（卷八五）

"定户等第"条，"武德六年三月，令天下户量其赀产，定为三等。至九年三月二十四日，诏天下户三等未尽升降，依为九等"。

（卷八五）

此外"又有计帐，具来岁课役以报度支。国有所须，先奏而敛。凡税敛之数，书于县门村坊，与众知之"。（《新唐书·食货志》）法殊周备，井然有序。然此仅能行于政治修明之时。逮政教陵夷，赋重役繁，民不堪命，相率逃亡，诈伪滋多，官亦怠于造籍。旧日之善法浸废。户籍不复可凭。均田制度以户籍为本，籍既失实，欲不废而不能矣。

（四）制度之欠妥

均田制度之本身，亦欠妥善。立法之初，已肇渐坏之端。王公官吏授田，得为永业，多者百顷，少亦数十顷或数顷。而官转徙无常，以有尽之田，给无穷之官，田乃日匮。隋文帝时，民田不赡，苏威议减功臣之地以给民，而不果行。夫隋当开国之始，已患民田不赡而官吏田多，宁令狭乡每丁才至二十亩，不欲稍减功臣之地。则唐承平日久，新旧官吏，积累倍多，官吏永业之妨害民田，势必远甚于隋。且唐制庶人有身死家贫无以供葬者，听卖永业田，徙宽乡者并听卖口分。虽限买者不得过本制，然既听卖易，已开兼并之渐。卖者不得更请，则贫而无田者渐多。买者虽居狭乡，听依宽制，则富者借财增殖，拥田多于邻右。历时既久，法制渐堕，官失其驭，卖易视为固然，于是豪右相率逾限，兼并不殊未行均田制度之时矣。

（五）自然之趋势

司马迁

太史公曰："天下熙熙，皆为利来，天下攘攘，皆为利往。夫千乘之王，万家之侯，百室之君，尚犹患贫，而况匹夫编户之民乎！"（《史记·货殖传》）盖营利好货，人情之常，知足安贫，百不得一。土地为财富所在，谁则不欲。是故富者恃财，强者借势，兼并攘夺，虽有禁限，而犯者纷纷也。况社会经济之演变，复有以成之。人之能力不齐，勤惰不一，执业不同，际遇无定，在在足使贫富升降。贫则卖田宅以资揭注，而土地遂归富室。大乱初平，谋生较易；数叶而后，人口渐多，生计日窘。益以叔世征敛倍重，徭役繁兴，官复右富抑贫，小农遂不得不货其田业，相率逃亡。一方则豪室富贾，出其余资，广植田园。于是贫穷日多，而土地积渐集中于少数人之手。自然之趋势如此。立法之初，禁限森严，犹难尽止，一旦法纲堕废，有不得不然者矣。

（六）均田制度之渐坏

有此诸因，故均田制度，自后魏以来，旋行旋废；唐虽盛世，岂能独久。是以贞观之际，豪右占田，已多逾制。（见前第二九节）高宗季年，"役费并起，永淳以后，给用亦不足。加以武后之乱，纪纲大坏。民不胜其毒"。（《新唐书·食货志》）剔屋卖田。逃亡滋多。

《新唐书·狄仁杰传》上疏曰："比缘军兴，调发烦重，伤破家产，剔屋卖田，人不为售。又官吏侵渔，州县科役，督趣鞭笞。情危事迫，不循礼义，投迹犬羊，以图赊死。此君子所愧，而小人之常。"（卷一一五）

狄仁杰

《李峤传》："武后将建大像于白司马坂。峤谏造像虽俾浮屠输钱，然非州县承办不能济。是名虽不税而实税之。臣计天下编户，贫弱者众，有卖舍帖田供王役者。"（卷一二三）

《通考》："证圣元年，凤阁舍人李峤上表曰：臣闻黎庶之数。

户口之众，而条贯不失，按此可知者，在于各有管统，明其簿籍而已。今天下流散非一，或违背军镇，或因缘逐粮，苟免岁时，偷避徭役。此等浮衣寓食，积岁淹年，王役不供，簿籍不挂，或出入关防，或往来山泽。非直课调虚蹶，阙于恒赋，亦自诱动愚俗，堪为祸患。不可不深虑也。或逃亡之户，或有检察，即转入他境，还行自客。所司虽具设科条，颁其法禁，而相看为例，莫适懔承。纵欲纠其愆违，加之刑罚，则百州千郡庸可尽科。前既依违，后仍积习，检获者无赏，停止者获原，浮逃不悛，亦由于此。今纵更搜检，委之州县，则还袭旧踪，卒于无益。臣以为宜令御史督察检校，设禁令以防之，垂恩德以抚之，施权衡以御之，为制限以一之。然后逃亡可还，浮寓可绝。所谓禁令者，使闾阎为保，递相觉察。前乖避皆许自新；仍有不出，辄听相告。每纠一人，随事加赏。明为科目，使知劝沮。所谓恩德者，逃亡之徒，久离桑梓，粮储空阙，田野荒废，即当赈其乏少，助其修营，虽有缺赋悬徭，背军离镇，亦皆舍而不问，宽而勿征。其应还家而贫乏不能致者，乃给程粮，使达本贯。所谓权衡者，逃人有绝家去乡，失离本业，心乐所住，情不愿还，听于所在隶名，即编为户。夫愿小利者失大计，存近务者丧远图。今之议者，或不达于变通，以为军府之地，户不可移，关辅之人，贯不可改。而越关继踵，背府相寻。是开其逃亡，而禁其割隶也。就令逃亡者多，不能总计割隶，犹当计其户等，量为节文。殷富者令还，贫弱者令住。检责已定，计料已明，户无失编，人无废业。然后按前躅，申旧章，严为防禁，与人更始。所谓限制者，逃亡之人应自首者，以符到百日为限，限满不出，依法科罪，迁之边州。如此则户无所遗，人无所匿矣。"（卷十）又《苏瑰传》亦言："时十道使括天下亡户，初不立籍，人畏搜括，即流入比县旁州，更相庾蔽。"（卷一二五）

人去本籍，豪弱相并，州县莫能制。开元九年，遂有收括匿户羡田之举。

唐玄宗李隆基

《新唐书·玄宗本纪》开元"九年正月括田"。

《宇文融传》："时天下户版刓隐，人多去本籍，浮食闾里，诡脱繇赋，豪弱相并，州县莫能制。融由监察御史陈便宜，请校天下籍，收匿户羡田佐用度。玄宗以融为覆田劝农使，钩检帐符，得伪勋亡丁甚众。擢兵部员外郎兼侍御史。融乃奏慕容琦、韦洽、裴宽、班景倩、库狄履、温贾晋等二十九人为劝农判官，假御史，分按州县，括正丘亩，招徕户口而分业之。又兼租地安辑户口使。于是诸道收没户八十万，田亦称是，岁终羡钱数百万缗。"（卷一三四）

《食货志》："是时天下户未尝升降。监察御史宇文融献策括籍外羡田逃户，自占者给复五年，每丁税钱千五百，以摄御史分行括实。阳翟尉皇甫憬上书言其不可。玄宗方任用融，乃贬憬为盈川尉。诸道所括得客户八十余万，田亦称是。州县希旨张虚数，以正田为羡，编户为客。岁终籍钱数百万缗。"

十八年，敕天下户不许递相凭嘱，求居下等。

《册府元龟》开元"十八年十一月敕，天下户等第未平，升降须实。比来富商大贾，多与官吏往还，递相凭嘱，求居下等。自今以后，不得更然。如有嘱请者，所由牧宰录名封进，朕当处分。京都委御史，

外州委本道，如有隐蔽不言，随事弹奏"。（卷四八六）

二十三年，诏百姓口分永业田不许买卖典贴，买者还地而罚之。

> 《新唐书·食货志》："初永徽中，禁买卖世业口分田。其后豪富兼并，贫者失业。于是诏买者还地而罚之。"
>
> 《册府元龟》开元"二十三年九月诏曰：天下百姓口分永业田，频有处分，不许买卖典贴。如闻尚未能断，贫人失业，豪富兼并，宜更申明处分，切令禁止。若有违犯，科违敕罪"。（卷四九五）

二十五年颁均田制度。（见前第二五节）天宝十一载，复诏禁卖买永业口分田、妄请牧田、别停客户，及有官人私营农者。

> 《册府元龟》："天宝十一载十一月乙丑诏曰：周有均土之宜，汉存垦田之法，将欲明其经界，定其等威。食禄之家，无广擅于山泽。贸迁之伍，罕争利于农收。则岁有丰穰，人无胥怨。永言致理，何莫繇兹。如闻王公百官及富豪之家，比置庄田，恣行吞并，莫惧章程。借荒者皆有熟田，因之侵夺。置牧者唯指山谷，不限多少。爰及口分永业，违法卖买，或改籍书，或云典贴。致令百姓无处安置。乃别停客户，使其佃食。既夺居人之业，实生浮惰之端。远近皆然，因循亦久。不有厘革，为弊虑深。其王公百官勋荫等家应置庄田，不得逾于式令，仍更从宽典，务使弘通。其有同籍周期以上亲，俱有勋荫者，每人占地顷亩，任其累计某荫外有余。如旧是无勋荫，地合卖者，先用铁买得不可官收，限敕到百日内容其转卖。其先不合荫，又荫外请射兼借荒，及无马置牧地之内，并从合荫者并不在占，限官还主。其口分永业地先合买卖，若有主来理者，其地虽经除附，

不限载月，近远宜并却还。至于价值，准格并不合酬备。既缘先已用钱审勘，责其有契验可凭，特宜官为出钱，还其买人。其地若无主，论理不须收夺。庶使人皆摭实，地悉无遗，百姓知复于田畴，荫家不失其价值。此而或隐，罪必无容。又两京去城五百里内，不合置牧地。地内熟田，仍不得过五顷已上，十顷已下。其有余者，仰官收应缘括，简共给授田地等，并委郡县长官及本判官录事相知勾当，并特给复业。并无籍贯浮逃人，仍据丁口，量地好恶，均平给授，便与编附，仍放当载租庸。如给未尽明立簿帐，且官收租佃。不得辄给官人亲识工商富豪兼并之家。如有妄请受者，先决一顿，然后准法科罪。不在官当荫赎，有能纠告者，地入纠人。各令采访使按覆具状闻奏。使司不纠察，与郡县官同罪。自今已后，更不得违法买卖口分永业田，及诸射兼借公私荒废地，无马妄请牧田，并潜停客户，有官者私营农。如辄有违犯，无官者决杖四十，有官者录奏取处分。又郡县官人多有在所寄庄，言念贫弱，虑有侵损。先已定者，不可改移。自今已后，一切禁断。今所括地授田，务欲优矜百姓，不得妨夺，致有劳损。客户人无使惊扰，缘酬地价值，出官钱支科之间，必资总统。仍令两京出纳使杨国忠充使都勾当条件处置。凡在士庶，宜悉朕心。”（卷四九五）

然武后之时，簿籍已多欠明。（见前引李峤疏）“自开元以后，天下户籍久不更造，丁口转死，田亩卖易，贫富升降不实。”（《食货志》）户籍既不足凭，则均田制度又安能行，盖亦具文而已。以当时事实考之：太平公主田园遍近甸，皆上腴。（《公主传》）宦者高力士等，京师甲第池园良田美产，占者什六。（《宦者传》）士大夫亦务广田宅，以长子孙。而张嘉贞以贵为相国，不立田园，传为美谈。

《新唐书·张嘉贞传》："嘉贞虽贵，不立田园。有劝之者。答曰：吾尝相国矣，未死岂有饥寒忧。若以谴去，虽富田产，犹不能有也，近世士大夫务广田宅，为不肖子酒色费，我无是也。"（卷一二七）

《卢从愿传》：从愿"为刑部尚书，数充校考使，升退详确。御史中丞宇文融方用事，将以括田户功为上下考，从愿不许。融恨之，乃密白从愿盛殖产，占良田数百顷。帝自此薄之，目为多田翁。后欲用为相屡矣，卒是以止"。（卷一二九）按融言或为过甚之词，然必当时不乏此种事实，故玄宗信之。且玄宗既信而薄之，犹不加以禁限，则当日诏，令盖亦未能执行也。

其时风气可知。故杜佑曰："虽有此制，开元之季，天宝以来，法令弛坏，兼并之弊，有逾于汉成哀之间。"（《通典》卷二）观其三令五申，益可见此制之堕废。玄宗求治虽切，而时会所趋，已不能挽既倒之狂澜矣。均田制度至此，破坏殆尽。计自唐初至武后，才七十年，至玄宗开元元年，亦未及百载也。

第四章

均田制度破坏后之唐宋元

三一　唐中叶以后之土地与两税法

（一）土地兼并与租田制之一斑

均田制度既坏，豪强兼并，视为固然，开元之初，已不能制。（见前节引《宇文融传》）王公百官及富豪之家，恣行并吞，莫惧章程，贫弱之人，不克保其田业。相沿既久，为弊渐深。

> 见前节引天宝十一载诏。又《册府元龟》："代宗宝应元年四月敕：百姓田地，比者多被殷富之家，官吏吞并，所以逃散，莫不繇兹。宜委县令切加禁止。若界内自有违法，当倍科责。"（卷四九五）

驯至富者兼地数万亩，贫者无容足之居。依托强豪，为其私属，役罚峻于州县，终岁服劳，常患不充。有田者坐食租税。京畿田亩税五升，而私家收租，亩一石。私租之重，二十倍于国课。

> 陆贽奏议："今制度弛紊，疆理隳坏，恣人相吞，无复畔限。富者兼地数万亩，贫者无容足之居。依托强豪，以为私属，贷其种食，贷其田庐。终年服劳，无日休息。馨输所假，常患不充。有田之家，坐食租税。贫富悬绝，乃至于斯。厚敛促征，皆甚公赋。今京畿之内，每田一亩，官税五升，而私家收租，殆有亩至一石者，是二十倍于官税也。降及中等，租犹半之，是十倍于官税也。夫以土地王者之所有，耕稼农夫之所为，而兼并之徒，居然受利，官取其一，私取

其十。稽人安得足食，公廪安得广储，风俗安得不贪，财货安得不壅。昔人之为理者，所以明制度而谨经界，岂虚设哉。斯道浸亡，为日已久。顷欲修整，行之实难。革弊化人，事当有渐。望令百官集议，参酌古今之宜，凡所占田，约为条限，裁减租价，务

陆贽

利贫人。法贵必行，不在深刻。裕其制以便俗，严其令以惩违。微损有余，稍优不足。损不失富，优可赈穷。此乃古者安富恤穷之善经，不可舍也。"按此疏上于德宗贞元四年。《新唐书·食货志》亦节引之。

《新唐书·食货志》：文宗时"豪民侵噬产业，不移户，州县不敢徭役，而征税皆出下贫。至于依富为奴客，役罚峻于州县"。

京官及州县官职田、公廨田、并州使官田驿等，亩税不减私租，或且过之，复抑配百姓租佃。甚至隔越村乡，有被配一亩二亩者。或有身居市井，亦令虚头出税者。疲人患苦，无甚于斯。

见《册府元龟》宪宗元和四年元稹牒同州奏均田状。

小民重困，衣食不继。而富豪显宦之侈泰自若也。

《二十二史劄记》"豪宴"条，"大历二年，郭子仪入朝，代宗诏赐软脚局，宰臣元载、王缙、仆射裴冕、第五琦、黎干等各出钱三十万宴于子仪之第。时田神功亦朝觐在京，并请置宴。于是鱼

朝恩及子仪、神功等更迭治具，公卿大臣列于席者百人，一宴费至十万贯。亦可见是时将相之侈也。"（卷二十）

唐张籍《野老歌》："老农家贫在山住，耕种山田三四亩。苗疏税多不得食，输入官仓化为土。岁暮锄犁傍空室，呼儿登山收橡实。西江贾客珠百斛，船中养犬常肉食。"

（二）租庸调法之破坏

租庸调法与均田制度相辅而行，均田制度既坏，租庸调法岂能独存。"自开元承平，久不为版籍，法度玩敝。而丁口转死，田亩换易，贫富升降，悉非向时，而户部岁以空文上之。又戍边者蠲其租庸，六岁免归。玄宗事夷狄，戍者多死，边将讳不以闻，故贯籍不除。天宝中，王铁为户口使，方务聚敛，以其籍存而丁不在，是隐课不出，乃按旧籍，除当免者，积三十年，责其租庸。人苦无告。故法遂大敝。至德后，天下起兵，因以饥疠，百役并作，人户凋耗，版图空虚。军国之用，仰给于度支转运使。四方征镇，又自给于节度都团练使。赋敛之司数四，莫相统摄，纲目大坏，朝廷不能覆诸使，诸使不能覆诸州。四方贡献，悉入内库。权臣巧吏，因得旁缘。公托进献私为贼盗者，动万万计。河南、山东、荆襄、剑南重兵处，皆厚自奉养，王赋所入无几。科敛凡数百名，废者不削，重者不去，新旧仍积，不知其涯。百姓竭膏血，鬻亲爱，旬输月送，无有休息。吏因其苛，蚕食于人。富人多丁者以宦学释老得免，贫人无所入则丁存。故课免于上，而赋增于下。"（《新唐书·杨炎传》）肃宗末（《通考》作代宗宝应元年，按宝应元年系肃宗末年）"租庸使元载以江淮虽经兵荒，其民比诸道犹有赀产，乃按籍举八年租调之违负及逋逃者，计其大数而征之。择豪吏为县令而督之。不问负之有无，赀之高下，察民有粟帛者，发徒围之，籍其所有而中分之。甚者十取八九，谓之白著。有不服者，严刑以威之。民有蓄谷十斛者，则重足以待命。或相聚山林为群盗，县不能制。"（《通考》卷三）"是以天下残瘁，荡为浮人，乡居土著者百不四五。"（《杨炎传》）租庸调法不复可行矣。

（三）两税法之先声

版籍失实，富者田多而税不增，贫者田失而税不减，于公平原则及纳税能力，两俱无当。遂致人民流亡，国课大减，已如前述。不得不改辕易辙，别谋补救。迄乎代宗，于是以亩定税，敛以夏秋。

《新唐书·食货志》：代宗"广德元年（公元七六三年）诏一户二丁者免一丁。凡亩税二升"。《旧唐书·食货志》则曰："广德元年七月，诏一户之中三丁放一丁庸调。地税依旧每亩税二升。"所谓依旧每亩税二升，盖旧制丁男受田百亩，岁输粟二石也。

《旧唐书·代宗本纪》：永泰元年（公元七六五年）五月"麦稔。判度支第五琦奏请十亩税一亩，效古什一而征。从之"。《册府元龟》："大历元年（公元七六六年）十一月制曰……王畿之间，赋敛尤重。……盍彻之税，著自周经，未便于人，何必行古。其什一之税宜停。"（卷四八七）《通鉴纲目》大历元年"十一月停什一税法。……自往年畿内麦稔，第五琦请税其麦，亩收什一，曰此古什一法也。行之二十年（按当系二年之误），民多流亡，及是而罢。"是则于施行夏秋税之前，曾行什一之税也。

夏秋税额，数经变易，大抵京兆府夏税上田亩税六升，下田四升；秋税上田亩五升，下田三升；荒田开垦者二升。

《新唐书·食货志》：大历元年"诏上都秋税分二等，上等亩税一斗，下等六升，荒田亩二升。五年始定法：夏上田亩税六升，

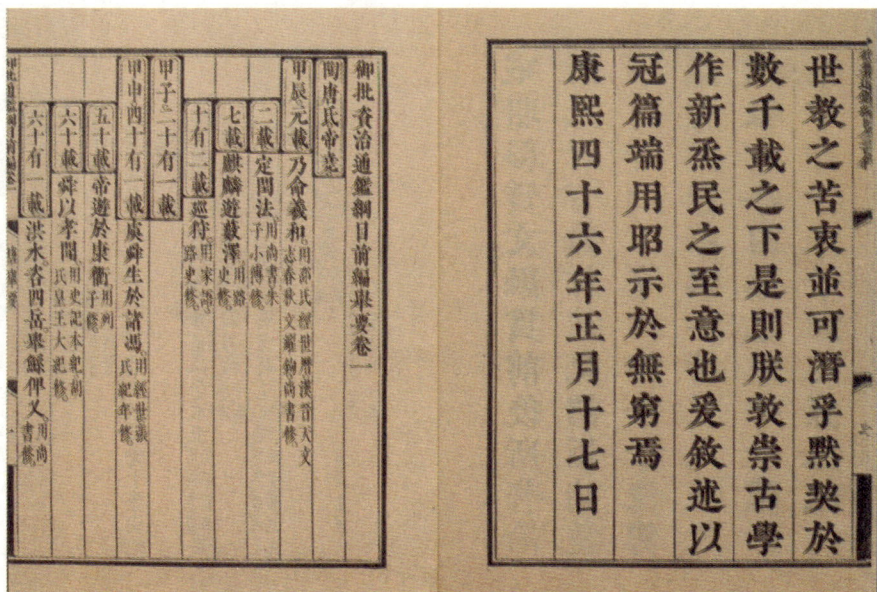

《御批资治通鉴纲目》书影

下田亩四升；秋上田亩税五升，下田三升，荒田如故”。

《旧唐书·代宗本纪》：大历四年秋七月戊寅诏，“定京兆府户税：夏税上田亩税六升，下田四升；秋税上田亩五升，下田三升；荒田开垦者二升。（此据《图书集成》引，不见殿本《唐书》。）……十二月……辛酉，敕京兆府税宜分作两等，上等每亩税一斗，下等税六升，能耕垦荒地者税二升”。《食货志》：“五年三月优诏，定京兆府百姓税，夏税上田亩税六升，下田亩税四升；秋税上田亩税五升，下田亩税三升；荒田开佃者亩率二升。”

别税天下苗亩钱十五，以国用急，不及秋，方苗青，即征之，号青苗钱。又有地头钱，每亩二十。通名为青苗钱，以给百官俸。

《新唐书·代宗本纪》：广德二年“七月庚子，初税青苗”。《通鉴纲目》二年“秋七月，税青苗钱，给百官俸。唐租庸调之法坏，代宗以亩定税，敛以夏秋。时又以国用急，不及秋，苗方青，即征之，号青苗钱"。

《旧唐书·食货志》：永泰"二年五月诸道税地钱使殿中侍御史韦光裔等自诸道使还，得钱四百九十万贯。乾元以来，属天下用兵，京师百寮俸钱减耗，上即位，推恩庶寮，下议公卿。或以税亩有苗者，公私咸济。乃分遣宪官税天下地青苗钱，以充百司课料。至是仍以御史大夫为税地钱物使。岁以为常，均给百官"。

《新唐书·食货志》：大历元年（即永泰二年十一月改）诏"天下苗一亩税钱十五，市轻货给百手力课。以国用急，不及秋，方苗青，即征之，号青苗钱。又有地头钱，每亩二十。通名为青苗钱。……五年始定法……青苗钱亩加一倍，而地头钱不在焉"。

《旧唐书·代宗本纪》：大历八年春正月"癸卯，敕天下青苗地头钱每亩十五文，率京畿三十文，自今一例十五文"。《食货志》："八年正月二十五日，敕青苗地头钱天下每亩率十五文。以京师烦剧，先加至三十文，自今已后，宜准诸州，每亩十五文。"

并定王公士庶每年税钱分为九等，上上户四千文，每等减五百文，至下中户七百文，下下户五百文。

《旧唐书·食货志》："大历四年正月十八日，敕有司定天下百姓及王公已下每年税钱，分为九等：上上户四千文，上中户三千五百文，上下户三千文，中上户二千五百文，中中户二千文，中下户一千五百文，下上户一千文，下中户七百文，下下户五百文。其见官一品准上上户，九品准下下户，余品并准依此户等税。若一户数处任官，亦每处依品纳税。其内外官仍据正员及占额内阙者税。其试及同正员文武官，不在税限。其百姓有邸店行铺及炉冶，应准式合加本户二等税者，依此税数勘责征纳。其寄庄户准旧例从八等户税。寄住户从九等户税。比类百姓，事恐不均，宜各递加一等税。其诸色浮客及权时寄住田等，无问有官无官，各所在为两等收税，稍殷有准八等户，余准九等户。如数处有庄田，亦每处税。诸道将士庄田，既缘防御勤劳，不可同百姓例，并一切从九等输税。"

盖已革除开国以来按户征租，高荫免课之制，但计资财高下，田亩多寡，从而税之。租庸调之法废，而夏秋两税之制已渐开矣。

（四）杨炎作两税法

德宗建中元年（公元七八〇年），杨炎为相，遂作两税法。凡百役之费，一钱之敛，先度其数而赋于人。量出制入。户无主客，以居者为簿。人无丁中，以贫富为差。不居处而行商者，所在州县税三十之一，所取与居者均，使无侥利。居人之税，将一切租庸杂徭，合并为一，按大历十四年（即代宗末年，公元七七八年）垦田数为准而均收之。分夏秋两次征收。夏税六月内纳毕。秋税十一月内纳毕。置两税使以总之。遣黜陟使按比诸道，与观察使及刺史各量风土所宜，人户多少，丁产等第，均定其赋税。免鳏寡茕独不济者。两税外别加敛一钱，四等官准擅兴赋，以枉法论。议者以为租庸调，高祖、太宗之法也，不可轻改。而德宗方信用炎，不疑也。"天下

唐德宗李适

果利之。自是人不土断而地著，赋不加敛而增入，版籍不造而得其虚实，吏不诚而奸无所取。轻重之权，始归朝廷。"（《新唐书·杨炎传》）"旧户三百八十万五千。使者按比，得主户三百八十万，客户三十万。……岁敛钱二千五十余万缗，米四百万斛，以供外；钱九百五十余万缗，米千六百余万斛，以供京师。"（《食货志》）

上据《新唐书·食货志》及《杨炎传》等。又《德宗本纪》：建中元年正月辛未"遣黜陟使于天下。……二月丙申，初定两税"。

《册府元龟》："建中元年正月制：自艰难已来，征赋名目繁杂。委黜陟使与诸道观察使、刺史作年支两税征纳。比来新旧征科色目，一切停罢。两税外辄别率一钱，四等官准擅兴赋，以枉法论。其军府支计等数，准大历十四年八月七日敕处分。二月，发黜陟使分往天下作两税之法。凡百役之费，一钱之敛，先度其数而赋于人，量出以制入。户无土客，以见居为簿。人无丁中，以贫富为差。行商者在所部郡县税三十之一。居人之税，秋夏两征之。俗有不便者二之。余征赋悉罢。而丁额不废。其田亩之税，率以大历十四年垦数为准。征夏税无过六月，秋税无过十一月。违者进退长吏。令黜陟使各量风土所宜，人户多少，均定其赋税。尚书度支总统焉。是年天下两税之户，凡三百八万五千七十有六，赋入一千三百五万六千七十贯斛，盐利不在焉。"（卷四八八）

（五）两税法之赞成与反对

自两税法行，虽救当时之弊，而毁誉不一。陆贽尤极论其害。谓其"立意且爽，弥纶又疏"，以弊易弊。每州各取大历中一年科率钱谷数最多者为两税定额，总无名之暴赋，以立恒规，得非立意且爽者乎？夫财之所生，必因人力。两税但凭资产。而财富之显隐无定，生利之厚薄不一，一概计估算缗，宜其失平长伪。由是挟轻赍转徙者脱徭税，敦本业者困敛求。此诱之为奸，驱之避役也。且创制之初，但令本道本州各依旧额均税，而各州旧额轻重不齐，旧重处流亡益多而转重，旧轻处归附益众而转轻。复以使臣按比诸道，各制一隅，人自为政，益失齐平。作法而不以究微防患为虑，得非弥纶又疏者乎？赞复列举两法税既行之后，弊害又增，以致人益困穷者七端。请德宗厘革其弊。

陆赞奏议，贞元间上疏请革财政之害六事，其一曰："国朝著令，赋役之法有三，一曰租，二曰调，三曰庸。古者一井之地，九夫共之，公田在中，借而不税。私田不善则非吏，公田不善则非民。事颇纤微，难于防检。春秋之际，已不能行。故国家袭其要而去其烦。丁男一人授田百亩，但岁纳租粟二石而已。言以公田假人而收其租入，故谓之租。古者任土之宜以奠赋法，国家就因往制，简而壹之。每丁各随乡土所出，岁输若绢、若绫、若绝共二丈，绵三两。其无蚕桑之处，则输布二丈五尺，麻三斤。以其据丁户调而取之，故谓之调。古者用人之力，岁不过三日。后代多事，其增十之。国家斟酌物宜，立为中制，每丁一岁定役二旬。若不役，则收其庸，日准三尺。以其出绢而当庸直，谓之庸。此三道者，皆宗本前哲之规模，参考历代之利害。其取法也远，其立意也深，其敛财也均，其域人也固，其裁规也简，其备虑也周。有田则有租，有家则有调，有身则有庸。天下为家，法制均壹。虽欲转徙，莫容其奸。故人无摇心，而事有定制。以之厚生，则不堤防而家业可久。以之成务，则不校阅而众寡可知。以之为理，则法不烦而教化行。以之成赋，则下不困而上用足。三代创制，百王是程。虽维御损益之术小殊，而其义一也。天宝季岁，边裔乱华，海内波摇，兆庶云扰。版图隳于避地，赋法壤于奉军。建中之初，再造百度，执事者知弊之宜革，而所作兼失其源；知简之可从，而所操不得其要。

旧患虽减，新沴复滋。救跛成瘘，展转增剧。凡欲拯其积弊，须穷致弊之由。时弊则但理其时，法弊则全革其法。而又揆新校旧，虑远图难。规略未详悉，固不果行。利害非相愚，固不苟变。所为必当，其悔乃亡。若好革而不知原始要终，斯皆以弊易弊者也。至如赋役旧法，乃是圣祖典章，行之百年，人以为便。兵兴之后，供亿不常，乘急诛求，渐隳经制。此所谓时之弊，非法弊也。时有弊而未理，法无弊而已更。扫庸调之成规，创两税之新制，立意且爽，弥纶又疏，竭耗编甿，日日滋甚。夫作法裕于人，未有不得人者也；作法裕于财，未有不失人者也。陛下初膺宝位，思致理平，诞发德音，哀痛流弊，念征役之频重，悯烝黎之困穷，分命使臣敷扬惠化。诚宜损上益下，啬用节财，窒侈欲以荡其贪风，息冗费以纾其厚敛。而乃搜摘郡邑，劾验簿书，每州各取大历中一年科率钱谷数最多者，便为两税定额。此乃采非法之权令，以为经制，总无名之暴赋，以立恒规。是务取财，岂云恤隐。作法而不以裕人拯病为本，得非立意且爽者乎？夫财之所生，必因人力，工而能勤则丰富，拙而兼惰则屡空。是以先王之制赋人也，必以丁夫为本，无求于力分之外，无贷于力分之内。故不以胜穑增其税，不以辍稼减其租，则播种多。不以殖产厚其征，不以流寓免其调，则地利固。不以饬励重其役，不以窳怠蠲其庸，则功力勤。如是然后能使人安其居，尽其力，相观而化，时靡遁心，虽有隋游不率之人，亦已惩矣。两税之立，则异于斯。唯以资产为宗，不以丁身为本。资产少者则其税少，资产多者则其税多。曾不悟资产之中，事情不一。有藏于襟怀囊箧，物虽贵而人莫能窥。有积于场圃囷仓，直虽轻而众以为富。有流通蓄息之货，数虽寡而计日收赢。有庐舍器用之资，价虽高而终岁无利。如此之比，其流实繁。一概计估算缗，宜其失平长伪。由是务轻赍而乐转徙者，恒脱于徭税；敦本业而树居产者，每困于征求。此乃诱之为奸，驱之避役。

困

力用不得不弛，风俗不得不讹，同井不得不残，赋入不得不阙。复以创制之首，不务齐平，但令本道本州各依旧额征税。军兴已久，事例不常，供应有烦简之殊，牧守有能否之异，所在徭赋，轻重相悬。既成新规，须惩积弊，化之所在，足使无偏，减重分轻，是将均济。而乃急于聚敛，惧或蠲除，不量物力所堪，唯以旧额为准。旧重之处，流亡益多。旧轻之乡，归附益众。有流亡，则已重者摊征转重。有归附，则已轻者散出转轻。高下相倾，势何能止。又以谋始之际，不立科条，分遣使臣凡十余辈，专行其意，各制一隅，遂使人殊见，道异法，低昂不类，缓急不伦。逮至复命于朝，竟无类会裁处。其于蹉驳，胡可胜言。利害相形，事尤非便。作法而不以究微防患为虑，得非弥纶又疏者乎？立意且爽，弥纶又疏，凡厥疲人，已婴其弊。就加保育，犹惧不支。况复函缧棼丝，重为宿痛，其为扰病，抑又甚焉。请为陛下举其尤者六七端，则人之困穷，固可知矣。大历中纪纲废弛，百事从权，至于率税少多，皆在牧守裁制。邦赋既无定限，有司惧有阙供，每至征配之初，例必广张名数，以仆不时之命，且为施惠之资，应用有余，则遂减放。增损既由郡邑，消息易协物宜。故法虽久刊而人味甚瘁。及总杂征虚数，以为两税恒规，悉登地官，咸系经费，计奏一定，有加无除。此则人益困穷，其事一也。本惩赋敛繁重，所以变旧从新。新法既行，已重于旧。旋属征讨，国用不充，复以供军为名，每贯加征一百。当道式增戎旅，又许量事取资。诏敕皆谓权宜，悉令事毕停罢。息兵已久，加税如初。此则人益困穷，其事二也。定税之数，皆计缗钱，纳税之时，多配绫绢。往者纳绢一匹，当钱三千二三百文，今者纳绢一匹，当钱一千五六百文。往输其一者，今过于二矣。虽官非增赋，而私已倍输。此则人益困穷，其事三也。诸州税物，送至上都，度支顷给群司，皆增长本价，而又缪称折估，抑使剥征。奸吏因缘，得行侵夺。所获殊寡，所扰殊多。此则人益困穷，其事四也。税法之重若是，既于已极之中，而复有奉进宣索之繁，尚在其外。方岳颇拘于成例莫敢阙供。朝典又束以彝章，不许别税。绮丽之饰，纨素之饶，非从地生，非自天降，若不出编户之筋力膏髓，将安所取哉？于是有巧避微文，曲成睿旨，变征役以召雇之目，换科配以和市之名，广其课而狭偿其庸，精其入而粗计其直。以召雇为目而捕之，不得不来。以和市为名而迫之，不得不出。其为妨抑，特甚常徭。此则人益困穷，其事五也。大历中非法赋敛，急备供军，折估宣索进奉之类者，既并收入两税矣。今于两税之外，非法之事，复又并存。此则人益困穷，其事六也。建中定税之始，诸道已不均齐。其后或吏理失宜，或兵赋偏重，或疬疾钟害，或水旱荐灾，田理荒芜，户口减耗。牧守苟避于殿责，罕尽申闻。所司姑务于取求，莫肯矜恤。遂于逃死阙乏，税额累加。见在疲甿，一室已空，四邻继尽，渐行增广，何由自存。此则人益困穷，其事七也。自至德迄于大历二十年余，兵乱相乘，海内罢敝。幸遇陛下绍膺宝运，忧济生灵，诞敷圣谟，

痛矫前弊，垂爱人节用之旨，宣轻徭薄赋之言。率士烝黎，感涕相贺，
延颈企踵，咸以谓太平可期。既而制失其中，税从其重，颇乖始望，
已沮群心。因之以兵甲，而烦暴之取转加。继之以献求，而静约之
风浸靡。臣所知者，缆梗概耳，而人益困穷之事，已有七焉。臣所不知，
何啻于此。陛下傥追大历中所闻人间疾苦，而又有此七事，重增于前，
则人之无聊，不问可悉。昔鲁哀公问于有若曰，年饥，用不足，如之何？
有若对曰，盍彻乎？哀公曰：二吾犹不足。如之何其彻？曰，百姓足，
君孰与不足？百姓不足，君孰与足？孔子曰，有国有家者，不患寡
而患不均，不患贫而患不安。盖均而无怨，节而无贫，和而无寡，
安而无倾。汉文恤患救灾，则命郡国无来献。是以人为本，以财为
末，人安则财赡，本固则邦宁。今百姓艰穷，非止不足；税额类例，
非止不均；求取繁多，非止来献。诚可哀悯，亦可忧危。此而不图，
何者为急？圣情重慎，每戒作为。伏知贵欲因循，不敢尽求厘革，
且去其太甚，亦足小休。望令所司与宰臣参量，据每年支用色目中，
有不急者无益者罢废之，有过制者广费者减节之。遂以罢减之资，
迥给要切之用。其百姓税钱，顷因军兴，每贯加征二百者，下诏停之。
用复其言，俾人知信。下之化上，不令而行。诸道权宜加征，亦当
自请蠲放。如是则困穷之中，十缓其二三矣。供御之物，各有典司，
任土之仪，各有常贡。过此以往，复何所须。假欲崇饰燕居，储备
赐与，天子之贵，宁忧乏财，但敕有司，何求不给。岂必旁延进献，
别徇营求。减德示私，伤风败法，因依纵扰，为害最深。陛下临御
之初，已弘清净之化，下无曲献，上绝私求。近岁已来，稍逾前旨。
今但涤去流误，振起圣猷，则淳风再兴，贿道中寝。虽有贪饕之辈，
曷由复肆侵渔。州郡美财，亦将焉用。若不上输王府，理须下纾疲人。
如是则困穷之中，十又缓其四五矣。所定税物估价，合依常处月中
百姓输纳之时，累经州县简阅，事或涉于奸冒，过则不在户人。重
重剥征，理甚无谓。望令所司应诸州府送税物到京，但与色样相符，

不得虚称折估。如滥恶尤甚，给用不充，唯罪元纳官司，亦勿更征百姓。根本既自端静，枝叶无因动摇。如是则困穷之中，十又缓其二三矣。然后据每年见供赋税之处，详谕诏旨，咸俾均平。每道各令知两税判官一人，赴京与度支类会参定，通计户数，以配税钱。轻重之间，大约可准。而又量土地之沃瘠，计物产之少多，伦比诸州，定为两等。州等下者，其每户配钱之数少。州等高者，其每户配钱之数多。多少已差，悉令折衷。仍委观察使更于当管所配钱数之内，均融处置，务尽事宜。就于一管之中，轻重不得偏并，虽或未尽齐一，决当不甚低昂。既免扰人，且不变法。粗均劳逸，足救凋残。非但征赋易供，亦冀逋逃渐息。俟稍宁阜，更择所宜。"

郑樵则谓自两税之法行，赋与田不相系，以致横征暴敛，层出不穷。此反对之论也。

《通志》："臣谨按井田之法所以为良者，以田与赋不相离，虽暴君不能违田而取赋，污吏不能什一而加多。至秦孝公开阡陌之法，田赋始相离。……后魏孝文帝之为人君也，真英断之主乎！井田废七百年，一旦纳李安世之言，而行均田之法。……至唐祖开基，乃为定令曰租，曰调，曰庸。……自太和至开元三百年之民，抑何幸也。天宝之季，师旅既兴，诛求无艺，生齿流移，版图焚荡。然是时赋役虽坏，而法制可寻。不幸建中天子用杨炎为相，遂作两税之法。自两税之法行，则赋与田不相系也。况又取大历中一年科率多者为两税定法，此总无名之暴赋，立为常规也。且言利之臣，无代无之，有恨少，无恨多，有言加，无言减。自两税以来，赋不系于田，故名色之求，罔民百出，或以方圆取，或以美余取，或言献奉，或言假贷。初虽暂时，久为成法。建中以来，将五百年，世不乏杨炎，不知所以加于大历中一年之多数目，复几倍乎。呜呼！后世之为民也，

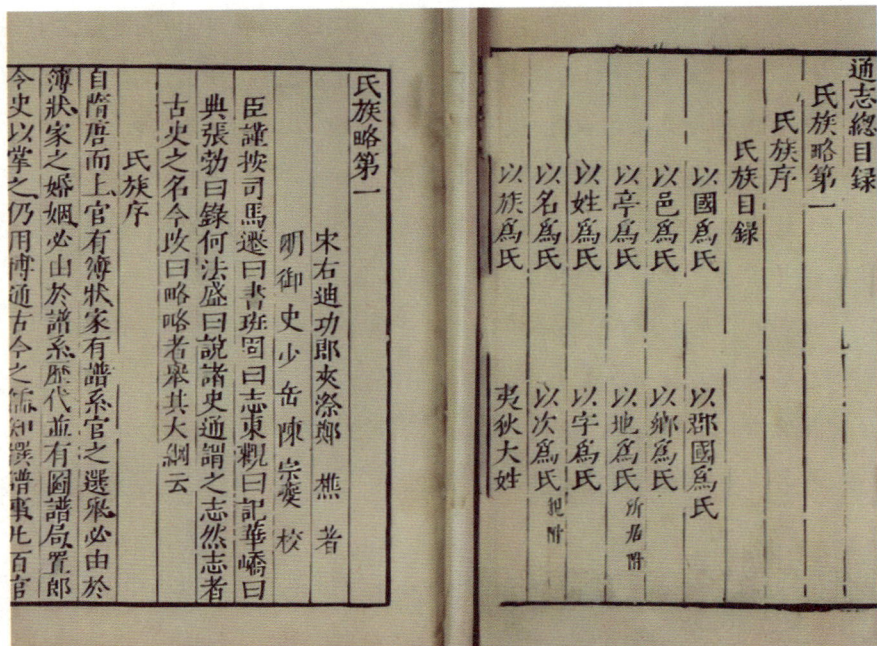

《通志》书影

其难为民矣。且开元之前，户口至众，而民皆有田，至于癃老、童穉、寡妻、女子亦皆有田。一丁授田百亩，百亩之田，岁输粟二石，绢二丈，无绢则布二丈五尺。岭南诸州则以户计，上户一斛二斗，下户六斗，夷獠半之。内附之家，上户十文，下户无出。当是时也，民之所以为民也如此，官之所以取诸民也如此。"（卷六一）按郑氏以为开元之前，民皆有田，不知均田制度早坏于开元全盛之日也。

而杜佑盛称之，谓为适时之令典，拯弊之良图。

《通典》："自建中初，天下编甿百三十万，赖分命黜陟重为案比，收入公税，增倍而余。遂令赋有常规，人知定制。贪冒之吏，莫得生奸。狡猾之甿，皆被其籍。诚适时之令典，拯弊之良图。"自注又谓"……

建中新令，并入两税，恒额既立，加益莫由，浮浪悉收，规避无所。"

（卷七）

马端临亦言均田制度既坏，两税乃不可易之法，而驳陆贽所指斥之非。

《通考》："中叶以后，法制隳弛，田亩之在人者，不能禁其卖易。官授田之法尽废。则向之所谓输庸调者，多无田之人矣。乃欲按籍而征之，令其与豪富兼并者一例出赋，可乎？又况遭安史之乱，丁口流离转徙，版籍徒有空文，岂堪按以为额。盖当大乱之后，人口死徙虚耗，岂复承平之旧。其不可转移失陷者，独田亩耳。然则视大历十四年垦田之数，以定两税之法，虽非经国之远图，乃救弊之良法也。但立法之初，不任土所宜，输其所有，乃计绫帛而输钱。既而物价愈下，所纳愈多，遂至输一者过二，重为民困。此乃掊刻之吏所为，非法之不善也。陆宣公与齐抗所言，固为切当；然必欲复租庸调之法，必先复口分世业之法，均天下之田，使贫富等而后可。若不能均田，则两税乃不可易之法矣。又历代口赋，皆视丁中以为厚薄，然人之贫富不齐，由来久矣。今有幼未成丁而承袭世资，家累千金者，乃薄赋之。又有年齿已壮，而身居穷约，家无置锥者，乃厚赋之。岂不背缪。今两税之法，人无丁中，以贫富为差，尤为的当。宣公所谓计估算缗，失平长伪，扶轻费转徙者脱徭税，敦本业不迁者困敛求，乃诱之为奸，驱之避役。此亦是有司奉行者不明不公之过，非法之弊。盖力田务本与商量逐末，皆足以致富。虽曰逐末者易于脱免，务本者困于征求，然所困犹富人也。不犹愈于庸调之法不变，不问贫富而一概按元籍征之乎？盖赋税必视田亩，乃古今不可易之法。三代之贡助彻，亦只视田而赋之，未尝别有户口之赋。盖虽授人以田，而未尝别有户赋者，三代也。不授人以田而轻其户赋者，两汉也。因授田之名，而重其户赋，田之授否不常，而赋之重者已不可复轻，遂至重为民病，则自魏至唐之中叶是也。自两税之法行而此弊革矣。岂可以其出杨炎而少之乎？……陆宣公又言先王制赋入，必以丁夫为本。无求于力分之外，无贷于力分之内。故不以务穑增其税，不以辍稼减其租，则播种多。不以殖产厚其征，不以流寓免其调，则地著固。不以饰励重其役，不以窳怠蠲其庸，则功力勤。如是，故人安其居，尽其力。此虽名言，然物之不齐，物之情也。均是人也，而才艺有智愚之不同。均营生也，而时运有屯亨之或异。盖有起穷约而能自致千金，其余力且足以及他人者。亦有蒙故业而不能保一簪，一身犹以为累者。虽圣人不能比而同之也。然则以田定赋，以家之厚薄为科敛之轻重，虽非盛世事，而救时之策，不容不然，未宜遽非也。"（卷三）按马氏之言甚是，而尚有未尽。陆氏所谓"不以务穑增其税，不以辍稼减其租，则播种多"云云，只可适用于土地过剩，或人皆有充分土地之时。若地各有主，无田者多，而犹不问田之有无，一概按户均税，谓可奖励耕种，有是理乎。

《通考》又曰："宇文融、杨炎皆以革弊自任，融则守高祖、太宗之法。炎则变高祖、太宗之法。然融守法而人病之，则以其逼胁州县，妄增逃羡，以为功也。炎变法而人安之，则以其随顺人情，姑视贫富，以制赋也。融当承平之时，簿籍尚可稽考，乃不能为熟议缓行之规。炎当离乱之后，版籍既已隳废，故不容不为权时施宜之举。今必优融而劣炎，则为不当于事情矣。"（卷三）

近人胡钧且列举两税之利有五：一曰税制单简；二曰合于租税以贫富为公平之原则；三曰合于租税普及之原则；四曰以货币纳税，不可谓非税法之进化；五曰因出制入以为税则，合于新财政学理。此赞成之词也。

胡钧《中国财政史讲义》："吾人审其遗法，其利有五：一曰税制单简。唐初租庸调制虽甚单简，然必根据于授田之制，乡帐不实，则计帐亦不实。故以两税法较之，则租庸调为繁。况开元、天宝以来，人户流离，丁口转死，田亩换易，户部以空文上之，欲回复授田之旧制，万不可得。驯至至德以后，人户凋耗，版图空虚，赋税之司，不相统摄，科敛凡数百名，废者不削，重者不去。两税法行，租庸杂役悉省。几有后世一条鞭之利，而百姓赖以少安，国库亦赖以少裕。其利一也。二曰合于租税以贫富为公平之原则。凡直接税均系于人，固也，然租税之所谓公平者，与他种人权以个人平等为原则者不同，要必视负担租税之能力。两税法以资产为宗，不以丁身为本，资产少者税轻，多者税重，按诸道丁产以分等级，而鳏寡茕独不济者免焉。则其合于负担能力可知。其利二也。三曰合于租税普及之原则。唐初虽曰按丁授田，而商贾于租庸调外，无特别之税，既非公平，亦不普及。两税法中定行商者纳税三十分之一，度所取与居者均，无使侥利。则能普及于一般人民更可知。其利三。四曰以货币纳税。社会既进于货币经济时代，决非专用实物所可济。就实物中言之，粟米尚易分析，布帛分裂，效力必减。唐初租以粟，调以绫绢絁，庸以绢。两税则于征米而外，均以钱计，不可谓非税法之进化。虽当时货重钱轻，驯至物价愈下，所纳愈多，输一者过二，而司出纳者又意为轻重，数十年之后，比于大历，不啻倍蓰。朝臣多议其非。然此为行政者掊克之所为，非法之不善也。五曰因出制入以为税则，为财政学上极正当之办法。中国自古讫今之财政制度，皆循量入为出之常轨。其用因出制入，极合于新财政学理，而于中国财政史上放一异彩者，则两税法是也。其法不定特别税率，惟以国家百役之费，先度其数以赋于人。其计算田亩，则以大历十四年垦田之数而均收之。史称其时岁敛钱二千五十余万缗，米四百万斛以供外；钱九百五十余万缗，米千六百余万斛以供京师。必其收支适合，供用相剂，明矣。惜乎专制时代，无预算以节之，兵祸相寻，无法制以系之。建中三年，即增天下税钱每缗二百。贞元八年，剑南节度韦皋又增税十二，以增给官吏。长庆间凡两税上供留州者，皆易钱以布帛丝纩。不数十年而其制全隳矣。然而杨炎之法，乘丧乱之余，杜侵欺，均贫富，既可救一时之弊，而其简易易行，规模式廓，尤足以笼罩千年。谓非财政史上进化之一级，其可得哉。"（一五一至一五三面）

夫陆杜皆目验当时利病，而所论迥殊，后人亦赞否异词，此其故何哉？盖所见不同也。炎法诚非无弊，创制之初，州自为政，而不统筹全国，致失齐平。然此殆非本意，其始未尝不欲均天下之赋，徒以离乱之余，积弊已深，分遣使臣按比诸道，即为定额，不无草率急功耳。逮既行之后，流弊日增，则又奉行者掊克之过也。毁之者但见其害；尤疾其按亩定税，不复授田，斤斤于古制之善，而不知古之不可复也。誉之者侧重事实，喜其救弊，而恕其掊克，以为奉行之吏所为，非法之不善也。平心论之，后说为近。

（六）征敛之日重

天宝、至德以来，课役繁兴，贪吏生奸，狡狯规避，良民日困，弊害百出。自建中元年定为两税，并繁为简，杜侵欺，宽贫弱，旧日积弊一时顿减。无如时值叔世，法制易堕。越二年即令两税钱每千增二百。

《旧唐书·德宗本纪》：建中三年"五月丙戌，增两税盐榷钱两税每贯增二百，盐每引增一百"。

《食货志》："三年五月，淮南节度使陈少游请于道两税钱每千增二百，因诏他州悉如此。"盖以朱滔、王武俊、田悦合纵而叛，国用不给也。

贞元八年（公元七九二年），复增税十二，以给官吏；又增税京兆青苗亩三钱，
以给掌闲弆骑。

> 《旧唐书·德宗本纪》：贞元八年夏四月"丁酉，韦皋请十二
> 而税，以给官吏，从之。……五月……丙辰，初增税京兆青苗亩三钱，
> 以给掌闲弆骑"。又《通考》："贞元八年，剑南节度使韦皋又增税
> 十二，以增给官吏。"（卷三）

且"自初定两税，货重钱轻，乃计钱而输绫绢。既而物价愈下，所纳愈多。
绢匹为钱三千二百，其后一匹为钱一千六百，输一者过二。虽赋不增旧，
而民愈困矣。度支以税物颁诸司，皆增本价为虚估给之；而缪以滥恶，督
州县剥价，谓之折纳。复有进奉宣索之名。改科役曰召雇，率配曰和市，
以巧避微文。比大历之数再倍。又疠疫水旱，户口减耗，刺史析户张虚数
以宽责。逃死阙税，取于居者，一室空而四邻亦尽。户版不缉，无浮游之禁，
州县行小惠以倾诱邻境，新收者优假之，唯安居不迁之民，赋役日重"。

> 上见《新唐书·食货志》，又参看前条所引陆贽疏。

帝复属意聚敛，常赋之外，别有进奉。

> 《新唐书·食货志》："初，德宗居奉天，储蓄空窘。尝遣卒
> 视贼，以苦寒乞襦袴，帝不能致，剔亲王带金而鬻之。朱泚既平，
> 于是帝属意聚敛。常赋之外，进奉不息。剑南西川节度使韦皋有日
> 进。江西观察使李兼有月进。淮南节度使杜亚，宣歙观察使刘赞，
> 镇海节度使王纬、李锜，皆徼谢恩泽，以常赋入贡，名为羡余。至
> 代易又有进奉。当是时户部钱物，所在州府及巡院，皆得坛留，或

矫密旨加敛。谪官吏，刻禄禀，增税通津、死人及蔬果。凡代易进奉，取于税入，十献二三，无敢问者。常州刺史裴肃鬻薪炭案纸为进奉，得迁浙东观察使。刺史进奉，自肃始也。刘赞卒于宣州，其判官严绶倾军为府进奉，召为刑部员外郎。判官进奉，自绶始也。自裴延龄用事，益为天子积私财，而生民重困。延龄死而人相贺。”

迄乎宪宗，贡献不废。穆宗即位(元和十五年即位，当公元八二〇年)，始一切罢之；又令两税易。钱为布帛丝纩。既而进奉税钱如故。

《册府元龟》：“文宗太和二年（公元八二八年）二月，兴元尹王涯奏：本府南郑两税钱额素高，每年征科，例多悬欠。今请于管内四州均摊代纳二千五百贯文，配蓬州七百五十贯，果州七百五十贯，通州五百贯，邑州五百贯。敕旨宜付司。”（卷四八八）《旧唐书·食货志》：“太和四年五月，剑南西川宣抚使谏议大夫崔戎奏：准诏旨制置西川事条，今与郭剑商量，两税钱数内三分，二分纳见钱，一分折纳匹段，每二贯加饶百姓五百文。”观此可知文宗时两税仍以钱计。故宣宗大中“四年（公元八五〇年）制，百姓两税之外，不许分外更有差率。委御史台纠察。其所征两税匹段等物，并留州留使钱物，纳匹段虚实估价及见钱，从前皆有

唐宪宗李纯

定制。如闻近日或有于虚估匹段数内实征估物，及其间分数亦不尽
依敕条，宜委长吏郡守，如有违越，必议科惩。"（《通考》卷三）而
马端临谓："穆宗尝复旧制征粟帛矣。今复有此令，岂又尝变易邪？"
（《通考》）云云，不知文宗时固已征钱矣。

　　《新唐书·食货志》："自会昌末置备边库，收度支户部盐铁
钱物，宣宗更号延资库，初以度支郎中判之。至是以属宰相，其任益重。
户部岁送钱帛二十万，度支盐铁送者三十万，诸道进奉助军钱皆输
焉。"观此可知穆宗后仍有进奉也。

而钱重物轻，钱额未加，纳绢已增三倍。豪家大商，积钱以逐轻重。富者
置产而不移户，税出下贫。

　　《新唐书·食货志》："自建中定两税而物轻钱重，民以为患。
至是（穆宗即位时）四十年。当时为绢二匹半者为八匹，大率加三倍。
豪家大商，积钱以逐轻重。故农人日困，末业日增。……文宗……
诏出使郎官御史督察州县壅遏钱者。时豪民侵噬产业，不移户，州
县不敢徭役。而征税皆出下贫。至于依富为奴客，役罚峻于州县。
长吏岁辄遣吏巡覆田税，民苦其扰。"

吏缘为奸，征暴而敛急。

　　白居易诗《重赋》："厚地植桑麻，所用济生民。生民理布帛，
所求活一身。身外充正赋，上以奉君亲。国家定两税，本意在爱人。
厥初防其滥，明敕内外臣，税外加一物，皆以枉法论。奈何岁月久，
贪吏得因循。役我以求宠，敛索无冬春。织绢未成匹，缫丝未盈斤，
里胥逼我纳，不许暂逡巡。岁暮天地闭，阴风生破村，夜深烟火尽，

白居易

霰雪白纷纷。幼者形不蔽，老者体无温，悲啼与寒气，并入鼻中辛。昨日输残税，因窥官库门，缯帛如山积，丝絮如云屯，号为羡余物，随月献至尊。夺我身上暖，买尔眼前恩。进入琼林库，岁久化为尘。"

聂夷中诗《田家》：

"父耕原上田，子劚山下荒。六月禾未秀，官家已修仓。二月卖新丝，五月粜新谷。医得眼前疮，剜却心头肉。我愿君王心，化作光明烛。不照绮罗筵，只照逃亡屋。"

虽遇水旱，诏书蠲免，税已早纳。

白居易诗《杜陵叟》："杜陵叟，杜陵居，岁种薄田一顷余。三月无雨旱风起，麦苗不秀多黄死。九月降霜秋早寒，禾穗未熟皆青干。长吏明知不申破，急敛暴征求考课。典桑卖地纳官租，明年衣食将何如？剥我身上帛，夺我口中粟。虐人害物即豺狼，何必钩爪锯牙食人肉。不知何人奏皇帝，帝心恻隐知人弊，白麻纸上书德音，京畿尽放今年税。昨日里胥方到门，手持尺牒牓乡村。十家租税九家毕，虚受吾君蠲免恩。"

用是农人重困，而逃亡相继矣。

（七）逃亡之安抚与逃亡田之处置

自唐初已有逃亡，均田渐坏，其数渐众。安史乱后，祸患频仍，征敛日重，兼并益烈，逃亡尤多。逃亡之极，国课锐减，农田荒芜，民易为乱。不得不思补救。故课吏以户口增加，田野垦辟为殿最。而流民之招绥，与逃亡田之处置，常见于诏令。浮客愿编户请射逃人物业者，准计丁给授。

《册府元龟》：代宗"广德二年四月敕，如有浮客情愿编附，请射逃人物业者，便准式据丁口给授。如二年已上，种植家业成者，虽本主到，不在却还限，任别给授"。（卷四九五）

流民归业者，给复二年。

《册府元龟》：代宗"大历元年制，逃亡失业，萍泛无依，时宜招绥，使安乡井。其逃户复业者，宜给复二年，不得辄有差遣。如有百姓货卖田宅尽者，宜委本州县取逃死户田宅，量丁口充给"。（卷四九五）

逃亡桑田屋宇，长令租佃与人，勿令荒废毁坏，二年内逃人还者，仍归本主，二年后给承佃者为永业。

《册府元龟》："武宗会昌元年正月制，安土重迁，黎民之性。苟非难窘，岂至流亡。将欲招绥，必在资产。诸道频遭灾沴，州县不为申奏，百姓输纳不办，多有逃移。长史惧在官之时，破失人户，或恐务免正税，减克料钱，只于见在户中，分外摊配。亦有破除逃户，产业已无，归还不得。见户每年加配，流亡转多。自今已后，应州县开成五年已前逃户，并委观察使刺史，差强明官，就村乡诣实简

勘桑田屋宇等。仍勒长令切加简较，租佃与人，勿令荒废。据所得
与纳户内征税，有余即官为收贮，待归还给付，如欠少即与收贮至
归还日，不须征理。自今年已后，二年不归复者，即仰县司召人给
付承佃，仍给公验，任为永业。其逃户钱草斛斗等，就留使钱物合
十分，十三分已上者，并仰于当州使杂给用钱内方圆权落下，不得
克正员官吏料钱，及馆驿使料，递乘作人课等钱，仍本户归复日，
渐复元额。"（卷四九五）

嗣改五年后任为永业。

《册府元龟》："宣宗大中二年正月制：所在逃户见在桑田屋
宇等，多时暂时，东西便被邻人与所县等计会，推云代纳税钱，悉
欲砍伐毁折。及愿归复，多已荡尽，因致荒废，遂成闲田。从今已后，
如有此色，勒乡村老人与所县并邻近等同简较勘，分明分折，作状
送县入案。任邻人及无田产人且为佃事与纳税。如五年不来复业者，
便任佃人为主，逃户不在论理之限。其屋宇桑田树木等权佃人，逃
户未归，五年不得辄有毁除斫伐，如违犯者据限口量情科责并科所
县等不简较之罪。"（卷四九五）

又"懿宗咸通十一年七月十九日敕：诸道州府百姓承佃逃亡田地，
如已经五年，须准承前赦文，便为佃主，不在理论之限。仍令所司
准此处分"。（卷四九五）

无主桑产，准于官健中取无庄田有人丁者，给充永业。

《册府元龟》："穆宗长庆元年正月敕节文：应诸道管内百姓，
或因水旱兵荒，流离死绝，见在桑产，如无亲承佃，委本道观察使

于官健中取无庄田有人丁者，据多少给付，使与公验，任充永业。不得令有力职掌人妄为请射。其官健仍借种粮，放三年租税。"（卷四九五）

又赦囚徒或募民往垦肥饶而荒废之处。

《册府元龟》："武宗会昌六年五月赦节文：灵武、天德三城封部之内，皆有良田，缘无居人，久绝耕种。自今已后，天下囚徒合处死刑，情非巨蠹者，特许生全，并家口配流此三道。仍令本军镇各收管安存，兼接借农具，务使耕植。"（卷五〇三）

又"宣宗大中三年八月敕曰：原州、威州、秦州、武州并六关，访闻土地肥饶，水草丰美。如有百姓要垦辟耕种，五年内不加税赋，五年后量定户籍，便为永业。其京城有犯事合流役囚徒，从今后一切配十处收管。者（按此字衍）十处者，谓原州、秦州、威州、武州、驿藏关、石门关、木峡关、六盘关、制胜关、石峡关"。（卷五〇三）

唐季于此，可谓勤矣。而自其反面观之，凡此措施，均为逃亡众多之反映。生民之不遭，社会之欠宁，灼然可见。

《日知录》："唐自开元全盛之日，姚宋作相，海内升平。元稹诗云：戍烟生不见，村竖老犹纯。此唐之所以盛也。至大历以后，四方多事，赋役繁兴，而小民奔走官府，日不暇给。元结作《时化》之篇，谓人民为征赋所伤，州里化为祸邸。此唐之所以衰也。"（卷十二）

盖自开元中兴，骄侈渐萌，卒肇安史之乱。其后藩镇跋扈，宦官专横，士

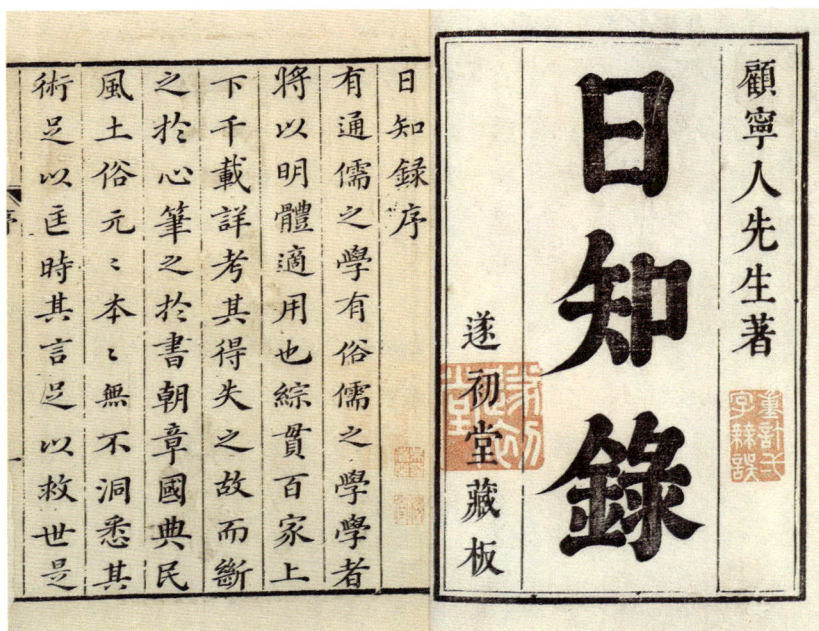

《日知录》书影

大夫复为朋党之争。虽以德宗之理财，宪宗之英武，武宣二宗亦非庸主，而皆为德不终，莫挽颓运。扰攘连年，清明时少。降及懿僖，唐威大衰，益以饥馑，人人思乱，唐卒以亡云。

三二　五代之赋税与请射

（一）五代之纷扰

唐末大乱，全国瓦解。自朱温篡唐，建国号曰梁（史称后梁，传国十六年），历后唐（十三年）、后晋（十一年）、后汉（四年），以迄后周（九年）之亡，是为五代，五十三年而更十有三君，五易国而八姓。

后唐庄宗为克用子，本姓朱邪氏，降唐赐姓李。明宗为克用养子，本姓不知。末帝璐王从珂为明宗养子，本王氏。后周世宗为太祖妻兄子，本柴氏。

势力复局于中原；群雄割据方隅者，前后十有二国。

吴杨行密据扬州，南唐李升据江宁，吴越钱镠据杭州，闽王审知据福州，南汉刘隐据广州，楚马殷据长沙，南平高季兴据荆州，前蜀王建，后蜀孟知详皆据成都，北汉刘崇据太原，是为十国。尚有燕王刘仁恭据幽州，统今河北之地，岐王李茂贞据凤翔，并关中陇西，不在十国之列。

军士专横，杀掠任意，上凌下替，礼义灭绝，国祚短促，此起彼仆，祸乱相寻，人民流离，极纷扰之致矣。

（二）两税法之因革

五代税制，大抵因袭唐之两税法。后唐明宗长兴元年（公元八三〇年），视各地节气早晚，分别规定两税及杂税征收日期，如下表：

第十六表　后唐两税征收日期表

	大小麦麷[1]麦豌豆		正税匹帛钱鞋地头榷曲蚕盐及诸色折科	
	起征期	纳足期	起征期	纳足期
节候常早处	五月十五日	八月一日	六月五日	八月二十日

---

[1]　原书如此，疑为"曲"字。

（续表）

	大小麦麶[1]麦豌豆		正税匹帛钱鞋地头榷曲蚕盐及诸色折科	
	起征期	纳足期	起征期	纳足期
节候较晚处	六月一日	八月十五日	六月十日	八月二十五日
节候尤晚处	六月十日	九月	六月二十日	九月

《册府元龟》："长兴元年二月制曰：应天下州府，各征秋夏苗税，土地节气，各有早晚。访闻天下州县官吏于省限前预先征促，致百姓生持送纳，博买供输，既不利其生民。今特议其改革。宜令所司更展期限。于是户部奏三京、邺都、道州府逐年所征夏秋税租兼盐曲折征诸般钱谷等起征条流。内河南府、华、耀、陕、绛、郑、孟、怀、陈、齐、棣、延、兖、沂、徐、宿、汶、申、安、滑、濮、澶、商、襄、均、房、雍、许、邢、邓、雒、磁、唐、隋、郧、蔡、同、郓、魏、汴、颍、复、曹、郦、宋、亳、蒲等州四十七处，节候常早，大小麦、曲麦、豌豆，取五月十五日起征，至八月一日纳足；正税、匹段钱、鞋、地头、榷曲、蚕、盐及诸色折科，取六月五日起征，至八月二十日纳足。幽、定、镇、沧、晋、隰、慈、密、青、登、淄、莱、邠、宁、庆、衍十六处，节候较晚，大小麦、曲麦、豌豆，取六月一日起征，至八月十五日纳足；正税、匹段钱、鞋、地头钱、榷曲、蚕、盐及诸色折科，取六月十日起征，至八月二十五日纳足。并、潞、泽、应、威塞军、大同军、振武军七处，节候更晚，大小麦、豌豆，取六月十日起征，至九月纳足；正税、匹段钱、鞋、榷曲钱等，取六月二十日起征，至九月纳足。"（卷四八八）

---

[1]　原书如此，疑为"曲"字。

后周世宗显德三年（公元九五六年），令夏税以六月一日起征，秋税以十月一日起征，永为定制。

《册府元龟》：显德三年十月"宣三司指挥诸道州府今后夏税以六月一日起征，秋税以十月一日起征，永为定制"。（卷四八八）

（三）敛征与民生

五代虽属乱世，尚鲜昏暴过甚之主，往往厉耕桑，薄租税。

朱梁开国，厉耕桑，薄租赋。（见《容斋随笔》）后唐庄宗除杂税；明宗令正税外不得别加征耗。后晋高祖敕郡守藩侯不得擅加赋役，县邑别立监征，所纳田租委人户自量概，以杜烦扰。（以上见《册府元龟》）后汉高祖初称帝，不索民赋，而出宫中所有以劳军。后周太祖初称帝，即罢四方贡献珍美食物，有司请鬻营田，可得数十万缗，以资国用，乃曰，利在民，犹在国也。

然亦不乏聚敛之徒，如后唐之孔谦，后汉之王章是也。

《通考》："后唐庄宗即位，推恩天下，除百姓田租，放诸场务课利欠负者。而租庸使孔谦悉违诏督理，更制括田竿尺，尽率州使公廨钱。天下怨苦，民多流亡，租税日少。"（卷三）

《新五代史·王章传》："是时汉方新造，承契丹之后，京师空乏，而关西三叛作。周太祖用兵西方，章供馈，军旅未尝乏绝。然征利剥下，民甚苦之。往时民租一石，输二升为雀鼠耗，章乃增一石输二斗为省耗。缗钱出入，皆以八十为陌，章减其出者陌三。州县民诉田者，必全州县覆之，以括其隐田。天下由此重困。然尤不喜文士。尝语人曰，

后唐庄宗李存勖

此辈与一把算子，未知颠倒，何益于国邪？百官俸廪，皆取供军之余不堪者，命有司高估其价，估定又增，谓之抬估。章犹意不能满，往往复增之。民有犯盐矾酒曲者，无多少皆抵死，吏缘为奸，民莫堪命。"（卷三〇）

且其时干戈鲜息，廪藏恒虚，预借租赋，重为民患。

后唐庄宗同光三年，以京师赋调不充，预借明年夏秋租税，百姓愁苦，号泣于路。（见《五代史·家人传》）四年，以军食不足，敕河南尹预借夏秋税，民不聊生。（见《通考》）

两税之外，复多杂税。

《册府元龟》："后唐庄宗同光二年二月敕：历代以后，除桑田正税外，只有茶、盐、铜、铁出山泽之利，有商税之名，其余诸司，并无税额。伪朝已来，通言杂税，有形之类，无税不加。为弊颇深，兴怨无已。今则军需尚重，国力未充，犹且权宜，未能全去。见简天下桑田正税，除三司上供，既能无漏，则四方杂税，必可尽除。仰所司速简勘天下州府户口正额，垦田实数，待凭条理，以息烦苛。"（卷四八八）按此所谓尽除杂税，盖为拟议，而杂税之多，则借此可见。明宗令每亩纳曲钱五文足陌；纳农器钱一文五分。前条曾引明宗时所定之征税期限，其中所谓鞋、地头、榷曲、蚕、盐及诸色折料等，皆杂税也。

《通考》卷四："窃见五季暴政所兴，江东西酿酒则有曲引钱，食盐则输盐米，供军须则有鞋钱，入仓库则有蔇钱。"

《二十二史劄记》"五代盐曲之禁"条，"五代横征无艺……

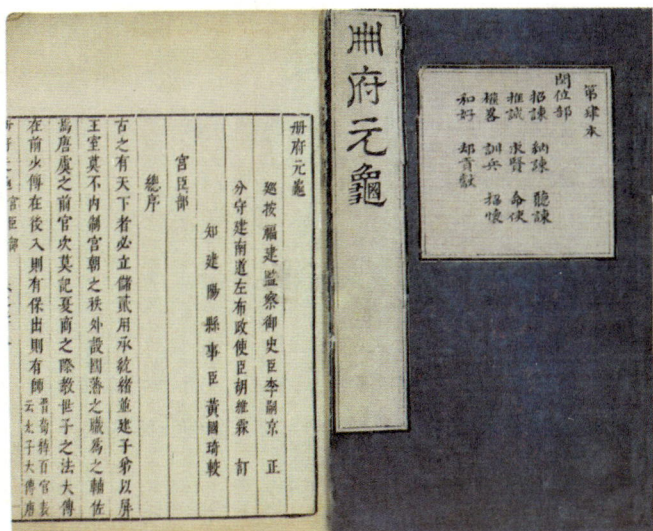

今即据盐曲二事，可见其大概也。凡盐铛户应纳盐利，每斗折纳白米一斗五升。晋初始令折三收纳。龟户所纳如此，盐价之贵可知也。海盐界分，每年收钱一千七万贯，以区区数十州之地，而收价如此，其价更可知也。每城坊官自卖盐，乡村则按户配食，依田税输钱。其私贩之禁，十斤以上即处死。树碱煎盐者，不论斤两皆死。凡告者，十斤以上赏钱二十千，五十斤以上三十千，百斤以上五十千。其法令之严可知也。晋高祖知盐贵之病民，乃诏计户征税，每户自一千至二百文，分五等。听商人贩盐，民自买食。一时颇以为便。出帝时，又令诸州郡税盐过税斤七钱，住税斤十钱。盖已按户征盐钱，不便改法，乃又加征商税，使利归于官也。汉乾祐中，青盐一石，抽税一千文，盐一斗。是又加重于出帝时矣。周广顺中，始诏青盐一石抽八百文，盐一斗；白盐一石抽五百文，盐五升。然盐价既因抽税增贵，而按户所征之盐税又不放免，是一盐而二税，民益苦之。此盐法之大概也。其酒曲之禁，孔循曾以曲法杀一家于洛阳。明宗乃诏乡村人户于秋田苗上每亩纳钱五文，听民自造曲酿酒，其城坊亦听自造而榷其税。长兴中，又减五文为三文。寻仍诏官自造曲减旧价之半，卖民酿酒。汉乾祐中，私曲之禁，不论斤两皆死。周广顺中，仍改为五斤以上。然五斤私曲，即处极刑，亦可见法令之酷矣。此曲法之大概也。即此二事，峻法专利，民已不堪命。况赋役繁重，横征百出。加以藩镇之私敛，如赵在礼之拔钉钱，每户一千；刘铢之加派，秋苗每亩率钱三千，夏苗亩二千。民之生于是时者，可胜慨哉！"（卷二二）

正额之上，别加省耗。

《册府元龟·明宗》："元成元年四月敕，应纳夏秋税，先有省耗，每斗一升。"（卷四八八）

《新五代史·王章传》："往时民租一石，输二升为雀鼠耗，章乃增一石输二斗。"

《册府元龟》后周太祖广顺三年正月敕："省司元纳夏秋税，匹段每匹十钱，每贯七钱；丝绵细线每十两纳耗半两；粮食每石耗一斗，八钱；蒿草每十束耗一束，钱五分；鞋每两一钱。"（卷四八八）

君贪贡献。

《二十二史劄记》"五代诸侯贡奉多用鞍马器械"条，"用兵之世，武备是亟。故五代藩镇贡献，多以鞍马器械为先。梁纪开平二年大明节，内外臣僚各以奇货良马上寿；清明宴，以鞍辔马及金银器为献者殆千万；午日，献者巨万，马三千蹄。已又诏诸道进献，不得以金宝装饰戈甲剑戟，至于鞍勒，亦不用涂金及雕刻龙凤。可见是时贡献，专以戎备为重也。欧史云：自唐庄宗以来，方镇进献之事稍作，至于晋而添都助国之物，动以千计，其来朝、奉使、买宴、赎罪，无不出于贡献云。今按庄宗甫灭梁，河南尹张全义即进暖殿物，后遂龙冠群臣，命刘皇后拜之为父。自是贡献赀财之风大起。明宗南郊，诏两川进助郊礼物五十万，则并有明下诏征者矣。天成中，任圜奏：故事贡献虽以进马为名，却将绫绢金银，折充马价，今迄从之。则并明令折价矣。晋天福三年，诸镇皆进物以助国。及高祖崩，节度使景延广、李守贞、郭谨等，皆进钱粟，助作山陵。盖后唐以后，又无不用财物也。然进戎备之例，亦未停止。周太祖诏诸州不得以器械进贡。先是，诸道州府各有作院，课造军器，逐季搬送入京。既留上供钱帛应用，又于部内广配土产物。民甚苦之。除上供军器外，节度使、刺史，又多私造，以进贡为名，悉取之于民。至是始罢之。贡献专以械器马匹，似亦适于时用而非无名。乃其害已如此，何况唐晋之竭民财以充进奉也！"（卷二二）

吏竞掊克。

《二十二史劄记》"五代藩郡皆用武人"条，"五代诸镇节度使，未有不用勋臣武将者。遍检薛欧二史，文臣为节度使者，惟冯道暂镇同州，桑维翰暂镇相州及泰宁而已。兜鍪积功，恃勋骄恣，酷刑暴敛，荼毒生民，固已比比皆是。乃至不隶藩镇之州郡，自朝廷除刺史者，亦多以武人为之。欧史《郭延鲁传》谓刺史皆以军功拜，论者谓天下多事，民力困敝之时，不宜以刺史任武夫，恃功纵下，为害不细。薛史《安重荣传》亦云，自梁唐以来，群牧多以勋授，不明治道，例为左右群小所惑，卖官鬻狱，割剥烝民。诚有慨乎其言之也。故虽以唐明宗之留心吏治，惩贪奖廉，吏有犯赃，辄置之死。曰，贪吏者，民之蠹也。邓州陶玘，亳州李邺，皆以赃污论死。又尝下诏褒廉吏石敬瑭、安从阮、张万进、孙岳等，以风万天下。然出身军伍，本不知抚循，风气已成，沦胥莫挽。《相里金传》云：是时诸州刺史，皆用武人，多以部曲主场务，渔蠹公私，以利自入。金为沂州刺史，独禁部曲不与民事，厚加给养，使主家务而已。此亦非有循绩可纪，而当时已以金为治行之最，则民之罹于涂炭可知也。"（卷二二）

民苦赋役，至割股庐墓以求免。

《新五代史·何泽传》："五代之际，民苦于兵，往往因亲疾以割股，或既丧而割乳庐墓以规免州县赋役。户部岁给蠲符，不可胜数，而课州县出纸，号为蠲纸。泽上书言其敝。明宗下诏悉废户部蠲纸。"（卷五六）

盖宽假时暂，而暴敛则常也。又常检视现垦田，以定岁租，吏缘为奸，税不均适。由是百姓失业，田多荒芜。（见《宋史·食货志》）故《宋史·食货志》曰："赋税自唐建中初变租庸调法，作年支两税。……其弊也先期而苛敛，增额而繁征，至于五代极矣。"

（四）逃亡田之请射

人民流离，田多荒芜，故唐季请射制度，亦沿用于五代。

《册府元龟》：后唐"愍帝应顺元年正月，诸处籍没田宅，并属户部，禁请射"。（卷四五九）是知请射为当时通常之事。籍没田非普通逃亡田比，故特诏禁止请射，若为例外；而普通逃亡田之请射，不禁也。

后晋高祖天福三年（公元九三八年），令无主荒田，一任百姓开耕，五顷以上，三年外，始科徭。

《册府元龟》："晋高祖天福三年六月己丑，金部郎中张铸奏：臣闻国家以务农是本，劝课为先，用广田畴，乃资仓储。窃见所在乡村，浮居人户，方思垦辟，正切耕耘，种木未满于十年，树谷未臻于三顷，似成产业，微有生涯，便被县司系名，定作乡村色役。惧其重敛，畏以严刑，遂舍所居，却思他适。睹兹阻隔，何以舒苏。既乖抚恤之门，徒有招携之令。伏乞皇帝陛下，明示州府，特降条流，应所在无主空闲荒地，一任百姓开耕候及五顷已上，三年外，即许县司量户科徭。如未及五顷已上者，不在搔扰之限。则致荒榛渐少，赋税增多。非唯下益蒸黎，实亦上资邦国。从之。"（卷四九五）

后周世宗"显德二年（公元九五五年）敕，自前及今后，有逃户庄田，许人请射承佃，供纳租税。如三周年内本户来归业者，其桑土不以荒熟，并庄园，交还一半。其承佃户自出力盖造屋舍及栽种树木园圃，并不在交还之限。如五周年后归业者，庄田除本户坟茔外，不在交付。如有荒废桑土，承佃户自来无力佃莳，只仰交割与归业户佃莳。其近北诸州，陷番人户来归业者，五周年内三分交还二分，十周年内还一半，十五周年内三分还一分，此外不在交还之限。应有冒佃逃户物业，不纳租税者，其本户归业之时，不计年限，并许总认"。（《通考》卷四）法令简明，奖垦辟，杜诈伪，宜乎洪迈称其为可采也。

《容斋随笔》："汉之法制大抵因秦，而随宜损益，不害其为炎汉。唐之法制大抵因隋，小加振饰，不害其为盛唐。国家常五季衰乱之后，其究不下秦隋。然一时设施，固亦有可采取。按周世宗显德二年诏，应逃户庄田，并许人请射承佃，供纳税租。如三周年内本户来归者，其桑田不计荒熟，并交还一半。五周年内归业者，三分交还一分。如五周年外，除本户坟茔外，不在交付之限。其近北诸州，陷蕃人户来归业者，五周年内三分交还二分，十周年内还一半，十五周年内三分还一，此外者不在交还之限。其旨明白，人人可晓。非若今之令式文书，盈于几阁，为猾吏舞文之具。故有舍去物业三五十年，妄人诈称逃户子孙以钱买吏而夺见佃者，为可欢也。"（《三笔》卷九）按此所引显德二年诏，与《通考》所载略异，爰并录之。

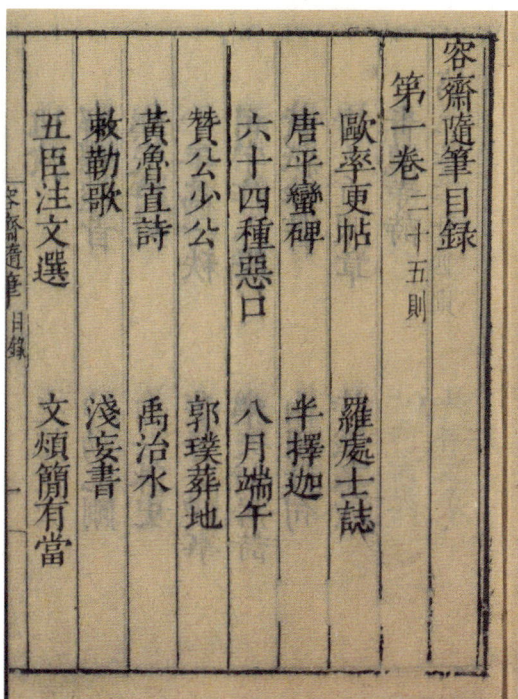

《容斋随笔》书影

三三　宋初之民田与赋役

（一）度田均赋

五季丧乱，条章多阙，簿籍失实，税不均适。周世宗始遣使均括诸州民田，以平租赋。然不能尽实。

《册府元龟》：显德五年十月"周世宗因览唐同州刺史元稹均田之法，始议重定天下民租。申命纂其法制，缮写为图，遍赐于诸侯。诏曰：朕以寰宇虽安，烝民未泰，当乙夜观书之际，较前贤阜俗之方。近览元稹《长庆集》，见在同州时所上均田表，较当时之利病，曲尽其情，俾一境之生灵，咸受其赐。传于方册，可得披寻。因令裂素成图，直书其事。庶公王观览，触事经心，利于国而便于民，无乱条制，背于经而合于道，尽系变通。但要适宜，所务济世。繄乃勋旧，弈庇黎元，今赐卿元稹所奏均田图一面，至可领也。是月，赐诸道诏曰：朕以干戈既弭，寰海渐宁，言念黎元，务令通济。须议普行均定，所贵永适重轻。卿受任方隅，深穷理本，必能副寡昧平分之意，察乡闾致弊之源。明示条章，用分忧寄。矜聆集事，允属推公。今差使臣往被简括，余从别敕处分。乃命右散骑尝侍艾颖等三十四人使于诸州，简定民租。明年春，诸道使臣回总计简到户二百三十万九千八百一十二，定垦田一百八万五千八百三十四顷，淮南郡县不在此"。（卷四九四）

宋兴，循用其法，慎选使者，分诣诸道，度田均赋。严赃吏之罚。每置极刑。仓吏多入民租者或弃市。长吏有度民田不实者或杖流之。由是人始知畏，积弊颇除。

《宋史·太祖本纪》：建隆二年春正月壬子"谓宰臣曰，比命使度田，多邀功弊民，当慎其选以见朕意"。开宝七年"夏四月丙午，遣使检岭南民田"。

《食货志》："农田之制，自五代以兵战为务，条章多阙。周世宗始遣使均括诸州民田。太祖即位，循用其法。建隆以来，命官分诣诸道均田，苛暴失实者辄谴黜。"（卷一七三）

《通考》："建隆二年遣使度民田。周末遣使度田不实。至是，上精选其人，仍加戒饬，未几馆陶令坐括田不实杖流海岛。人始知畏。"

（卷四）

《二十二史劄记》"宋初严惩赃吏"条，"宋以忠厚开国，凡罪罚悉从轻减，独于治赃吏最严。盖宋祖亲见五代时贪吏恣横，民不聊生，故御极以后，用重法治之，所以塞浊乱之源也。按《本纪》太祖建隆二年，大名府主簿郭颙坐赃弃市。乾德三年，员外郎李岳、陈偓，殿直成德钧皆坐赃弃市。蔡河纲官王训等以糠土杂军粮磔于市。太子中舍王治生受赃杀人弃市。开宝三年，将军石延祚坐监仓与吏为奸赃弃市。四年，将军桑进兴、洗马王元吉、侍御史张穆、左拾遗张恂，皆坐赃弃市。刘祺赃轻，杖流海岛。六年，中允郭思齐、观察判官崔绚、录事参军马德林，俱坐赃弃市。此太祖时法令也。……"

（卷二四）

然太祖以恤民为先务，度田定赋，未尝穷按。其后累朝相承，重于扰民，不无姑息。卒至赋役不均，隐匿特多云。

（详见后）

宋太祖赵匡胤

（二）募耕旷土

唐末五代之际，祸乱相寻，人民流离，田多荒芜。政府虽事劝垦，而扰攘不息，荒弃转多。（详见前）太宗末，宋兴已三十余年，而"京畿周环二三十州，幅员数千里，地之垦者十才二三，税之入者又十无五六"。（《宋史·食货志》）可见五代残破之甚，与恢复之非易而不容缓也。太祖即位，招来劝课；县令佐能致户口增羡，野无旷土者议赏。

《宋史·食货志》："太祖即位，……申明周显德三年之令，课民种树，定民籍为五等，第一等种杂树百，每等减二十为差，梨枣半之。男女十岁以上种韭一畦，阔一步，长十步。乏井者邻伍为凿之。令佐春秋巡视书其数，秩满第其课为殿最。又诏所在长吏谕民有能广植桑枣，垦辟荒田者，止输旧租。县令佐能招来劝课，致户口增羡，野无旷土者议赏。诸州各随风土所宜，量地广狭，土壤瘠埆，不宜种艺者，不须责课。遇丰岁则谕民谨盖藏，节费用，以备不虞。民伐桑枣为薪者罪之。剥桑三工以上，为首者死，从者流三千里；不满三工者减死配役，从者徒三年。"（卷一七三）

宋太宗赵光义

太宗太平兴国中，置农师，令相视田亩肥瘠及五种所宜，召集余夫，分画旷土，劝令种莳，即为永业。

《宋史·食货志》："太宗太平兴国中，两京诸路许民共推练土地之宜，明树艺之法者一人，县补为农师，令相视田亩肥瘠及五种所宜。某家有种，某户有丁男，某人有耕牛，即同乡三老里胥召集余夫，分画旷土，劝令种莳，候岁熟共取其利。为农师者蠲税免役。民有饮博，怠于农务者，农师谨察之，白州县论罪，以警游惰。所垦田即为永业，官不取其租。其后以烦扰罢。"（卷一七三）

至道元年，诏州县旷土并许民请佃为永业，仍蠲三岁租，三岁外输二分之一。

> 《通考》：至道元年"六月诏曰：近岁以来，天灾相继，民多转徙，田卒汙莱。招诱虽勤，逋逃未复。宜申劝课之旨，更示蠲复之恩。应州县旷土，并许民请佃为永业，仍蠲三岁租。三岁外，输二分之一。州县官吏劝民垦田之数，悉书于印纸，以俟旌赏"。（卷四）
>
> 《玉海》："至道元年正月丙辰，度支判官陈尧叟、梁鼎言，陈、许、邓、颍、蔡、宿、亳、寿，自汉、魏、晋、唐以来，用水利垦田，陈迹具在。可开公田，发江、淮州军散卒，给官钱市牛及耕具。上览奏嘉之。诏大理丞皇甫选、光禄丞何亮乘传按视，经度其役，令募民耕垦，免其税。"（卷一七六）

二年以陈靖言，给借官钱，募民垦田，上田人授百亩，中田百五十亩，下田二百亩，并五年后收其租，只计百亩，十收其二。后以费官钱多，万一水旱，恐遂散失，不果行。

> 《通考》："二年以陈靖为劝农使。靖时为直史馆。上言曰：谨按天下土田，除江、淮、湖、湘、浙右、陇、蜀、河东等处，地里夐远，虽加劝督，未能遽获其利。古者强干弱枝之法，必先富实于内。今京畿周环三二十州，幅员数千里，地之垦者十才一二，税

之入者又十无五六。复有匿里舍而称逃亡，弃耕农而事游惰。逃亡既众，则赋税岁减而国用不充，敛收科率，无所不行矣。游惰既众，则地利岁削而民食不足，寇盗杀伤，无所不至矣。臣望择大臣一人，有深识远略者兼领大司农事，典领于中。又于郎官中选才智通明，能抚字役众者为副，执事于外。皆自京东、京西择其膏腴未耕之处，申以劝课。臣又尝奉使四方，深见民田之利害，污莱极目，膏腴坐废，亦加询问，颇得其由。皆诏书累下，许民复业，蠲其租调，宽以岁时；然乡县之间，扰之尤甚，每一户归业，则刺报所由，朝耕尺寸之田，幕入差徭之籍，追胥责问，继踵而来。虽蒙蠲其常租，实无补于损益。况民之流徙，始由贫困，或避私债，或逃公税。亦既亡遁，则乡里检其资财，至于室庐、什器、桑枣、材木，咸计其直，或乡官用以输税，或债主取以偿逋。生计荡然，还无所诣。以兹浮荡，绝意归耕。如授臣斯任，则望备以闲旷之田，广募游惰之辈，诱之耕垦，未计赋税，许令别置版图，便宜从事。耕桑之外，更课令益种杂木、蔬、果，孳畜羊、犬、鸡、豚。给授桑土，潜拟井田，营造室居，使立保伍。逮于养生送死之具，废吊问馈之资，咸俾经营。并令条制，俟至三五年间，生计成立，恋家怀土，即计户定征，量田输税，以司农新附之名籍，合计府旧收之簿书。斯实敦本化人之宏量也。若民力有不足，官借缗钱，或以市糇粮，或以营耕具。凡此给受，委于司农。比及秋成，乃令偿直。依时折估，纳之于仓。以成数开白户部。上览之喜，谓宰相曰，靖此奏甚有理，可举而行之，正朕之本意。因召对奖谕，令条对以闻。靖又言逃民复业，及浮客请佃者，委农官勘验，以给授田土，收附版籍，州县未得议其差役。其乏粮种耕牛者，令司农以官钱给借。其田验肥瘠为三品，上田人授百亩，中田百五十亩，下田二百亩，并五年后收其租，亦只计百亩，十收其二。其室庐蔬韭及桑枣榆柳种艺之地，每户及十丁者给百五十亩，七丁者百亩，五丁七十亩，三丁五十亩，二丁三十亩。除桑功，五年后计其租，余悉蠲。令常参官于幕职州县中各举所知一人堪任司农丞者，分授诸州通判，即领农田之务。又虑司农官属分下诸州，或张皇纷扰，其事难成，望许臣领三五官吏，于近甸宽乡设法招携，俟规画既定，四方游民必尽麇至，乃可推而行之。吕端曰，靖所立田制，多改旧法，又大费资用，望以其状付有司详议。乃诏盐铁使陈恕等共议，请如靖之奏。乃诏以靖为劝农使，按行陈、许、蔡、颍、襄、邓、唐、汝等州，劝民垦田，以大理寺丞皇甫选、光禄寺丞何亮副之。选亮上言，功难成，愿罢其事。上志在勉农，犹诏靖经度。未几三司以为费官钱多，万一水旱，恐遂散失，其事遂寝。按靖所言，与元魏孝文时李安世之策略同，皆是官取荒闲无主之田以授民。但安世则仿井田，立还授之法；而此则有授无还，又欲官给牛种等物贷之，而五年后方收其租，责其偿，此所以费多而难行。然前乎此有至道元年之诏，后乎此有咸平二年之诏。至道之诏，劝诱之词意恳切。咸平之诏，关防之规画详明。虽不如靖所言张官置吏，计口给田，多费官钱，而自足以收劝农之效矣。"（卷四）

然仍许民请射免税如故。其弊至使狡猾之民，抛弃本业，另行请射，规避赋税。真宗咸平二年，始诏禁之。

《通考》："真宗咸平二年诏曰：前许民户请佃荒田，未定赋税。如闻抛弃本业，一向请射荒田。宜令两京诸路晓示，应从来无田税者，方许请射系官荒土及远年落业。荒田候及五年，官中依前敕于十分内定税二分为永额。如见在庄田土窄，愿于侧近请射，及旧有庄产，后来逃移，已被别人请佃，碍敕无路归业者，亦许请射。州县别置籍钞上，逐季闻奏。其官中放收要用田土，及系帐逃户庄园，有主

荒田，不得误有给付。如抛本业，抱税东西，改易姓名，妄求请射者，即押归本贯勘断。请田户吏长常切安抚，不得搅扰。"（卷四）

景德以后，"四方无事，百姓康乐，户口蕃庶，田野日辟。仁宗继之，益务约己爱人。……闻天下废田尚多，民罕土著，或弃田流徙为闲民。天圣初，诏民流积十年者，其田听人耕，三年而后收，减旧额之半。后又诏流民能自复者，赋亦如之。既而又与流民限百日复业，蠲赋役五年，减旧赋十之八。期尽不至，听他人得耕。至是每下赦令，辄以招辑流亡，募人耕垦为言。民被灾而流者，又复其蠲复缓其期招之。诏诸州长吏令佐，能劝民修陂池沟洫之久废者，及垦辟荒田，增税二十万已上，议赏；监司能督责部吏经画，赏亦如之。久之，天下生齿益蕃，辟田益广"。（《宋史·食货志》）宋兴至此，已百年矣。

（三）赋税制度

宋制，岁赋之类有五：（一）公田之赋，（二）民田之赋，（三）城郭之赋，（四）丁口之赋，（五）杂变之赋。

《宋史·食货志》："宋制岁赋，其类有五：曰公田之赋，凡田之在官，赋民耕而收其租者是也；曰民田之赋，百姓各得专之者是也；曰城郭之赋，宅税地税之类是也；曰丁口之赋，百姓岁输身丁钱米是也；曰杂变之赋，牛革、蚕盐之类，随其所出，变而输之是也。"又："自唐以来，民计田输赋外，增取他物，复折为赋，谓之杂变，亦谓之沿纳。而名品烦细，其类不一，官司岁附帐籍，并缘侵扰，民以为患。明道中，帝躬耕籍田，因诏三司以类并合。于是悉除诸名品，并为一物。夏秋岁入，第分粗细二色，百姓便之。"（卷一七四）

岁赋之物，其类有四：（一）谷，（二）帛，（三）金铁，（四）物产；复各分若干品。

　　据《宋史·食货志》岁赋之物分类如下表：

　　（一）谷之品七：（1）粟，（2）稻，（3）麦，（4）黍，（5）稷，（6）菽，（7）杂子。

　　（二）帛之品十：（1）罗，（2）绫，（3）绢，（4）纱，（5）绝，（6）绸，（7）杂折，（8）纱线，（9）绵，（10）布葛。

　　（三）金铁之品四：（1）金，（2）银，（3）铁镴，（4）铜铁钱。

　　（四）物产之品六：（1）六畜，（2）齿革、翎毛，（3）茶、盐，（4）竹、木、麻、草、刍、菜，（5）果、药、油、纸、薪炭、漆、蜡，（6）杂物。

　　又据《通考》卷四，粟之品七，曰粟、小粟、粱谷、穄、床粟、秫米、黄米。

　　稻之品四，曰秔米、糯米、水谷、旱稻。

　　麦之品七，曰小麦、大麦、青稞麦、䴬麦、青麦、白麦、荞麦。

　　黍之品三，曰黍、蜀黍、稻黍。

　　稷之品三，曰稷、秫稷、蘪稷。

　　菽之品十六，曰豌豆、大豆、小豆、绿豆、红豆、白豆、青豆、褐豆、赤豆、黄豆、胡豆、落豆、元豆、萆豆、巢豆、杂豆。

　　杂子之品九，曰脂麻、床子、稗子、黄麻子、苏子、苜蓿子、菜子、荏子、草子。

　　六畜之品三，曰马、羊、猪。

　　齿革翎毛之品七，曰象牙、麂皮、鹿皮、牛皮、狨、鹅翎、杂翎。

　　竹之品四，曰篁竹、箭箨竹、笋叶、芦蓬。

　　木之品三，曰桑、橘、楮皮。

　　麻之品五，曰青麻、白麻、黄麻、冬苎麻。

　　草之品五，曰紫苏、芰、紫草、红花、杂草。

　　刍之品四，曰草、稻草、穰、芰草。

　　油之品三，曰大油、桐油、鱼油。

　　纸之品五，曰大灰纸、三钞纸、刍纸、小纸、皮纸。

　　薪之品三，曰木柴、蒿柴、草柴。

　　杂物之品十，曰白胶、香桐子、麻鞋、版瓦、堵笪、瓷器、荔蒂、麻剪、蓝淀、草荐。

　　至道末，岁收谷三千一百七十万七千余石，钱四百六十五万六千余贯，绢一百六十二万五千余匹，绝紬二十七万三千余匹，布二十八万二千余匹，丝线一百四十一万余两，绵五百一十七万余两，茶四十九万余斤，刍芰三千余万围，蒿二百六十八万余围，薪二十八万余束，炭五十三万余秤，鹅翎杂翎六十二万余茎，箭簳八十九万余支，黄铁三十万余斤。此皆逾十万之数者，他物不复纪。

其输有常处，而以有余补不足，则移此输彼，移近输远，谓之支移。其入有常物，而一时所输，则变而取之，使其直轻重相当，谓之折变。沿用唐之两税法。二税前期，令县各造税籍。

　　《宋史·食货志》："岁起纳二税前期，令县各造税籍，具一县户数、夏税、秋苗亩、桑功及缘科物为帐。一送州覆校定，用州印，藏长吏厅。县籍亦用州印，给付令佐。"（卷一七四）

夏税籍以正月一日，秋税籍以四月一日造起，并限四十五日毕。二税征收起毕之日，各地不同，略如下表。

第十七表　北宋二税征收日期表

	夏税		秋税	
	起纳	纳毕	起纳	纳毕
开封府等七十州	五月十五日	七月三十日	九月一日	十二月十五日
河北、河东诸州	五月十五日	八月五日		
颖州等十三州及淮南、江南、两浙、福建、广南、荆湖、川陕	五月一日	七月十五日		

后又并加一月。或值闰月，其田蚕亦有早晚不同，有司临时奏定。既而以河北、河东诸州，秋税多输边郡，常限外更加一月。江南、两浙、荆湖、广南、福建土多秔稻，须霜降成实，自十月一日起纳。较之唐制，期限为宽。惟宋承五季暴敛之后，虽屡事减削，遗毒未尽。

《通考》："宋咸淳六年，江东饶州乐平县士民白劄子陈：恭惟公朝勤恤民隐，比年以来，宽恩屡下，有如郊里则预放明年之租，秋苗则痛除斛面之取。快活条贯，诚前所无，惠至渥也。今有五代以来所未蠲之苛政，四海之内所未有之暴赋，而独于小邑不得免焉。倘不引首一鸣，是疲民永无苏醒之期矣。窃见五季暴政所兴，江东西酿酒则有曲引钱，食盐则输盐米，供军则有鞋钱，入仓库则有蘩钱。宋有天下，承平百年，除苛解饶，曲盐鞋蘩之征，一切削去。独盐蘩米一项，诸路皆无，而江东独有之。江东诸郡皆无，而饶州独有之。饶州六邑皆无，而乐平独有之。照得本州元起催苗额十有八万，此正数也。乐平正苗二万七千五百余石，每石加盐米四斗，蘩米二斗八升二合，于是一石正苗，非三石不可了纳。夫所谓正苗者，

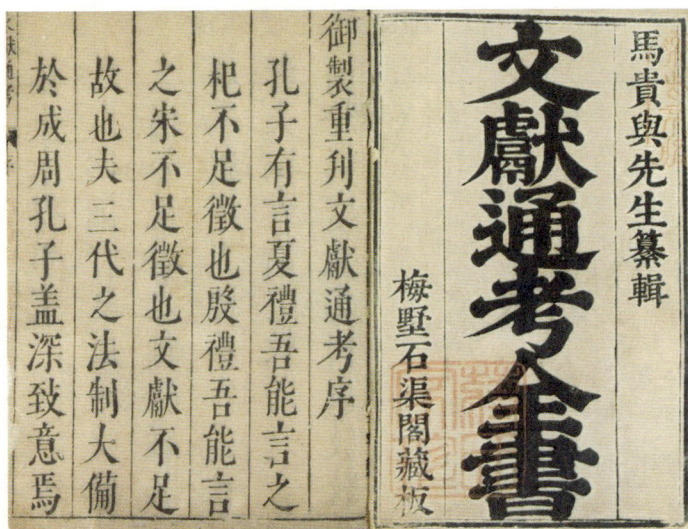

《文献通考》书影

隶之上供，籍之纲解，颗粒不敢言蠲减者也。加盐蒺米者，上供纲解，未尝取诸此，徒以利郡县而已。夫均为王土，而使此邑独受横敛，岂理也哉？士民怀此欲陈久矣，徒以前此版籍不明，苗额失陷，政复哀吁，必遭沮格。今推排成矣，租额登矣。正赋之毫发不遗者，民既不敢亏官；则加赋之苦乐不均者，官稍损以予民，宜无不可。且此项重敛，利归州郡，害在闾阎，其于朝廷纲解，曾无损益。用敢合词控告，欲望特赐指挥，行下本州，契勘乐平每年输纳盐蒺米一项，指实供申，从朝廷斟酌蠲减施行。右盐蒺米为南唐横赋。艺祖平南唐，首命樊知古将漕江南，访求民瘼，而樊非其人，讫不能建明蠲除。继而运使陈靖言之于祥符间，提举刘谊言之于元丰间。盖南唐正赋之外，所取不一。宋因之名曰沿纳盐蒺米其一也。在后沿纳之赋，多从蠲减。至中兴后，内翰洪公、敷文魏公又尝言之，则专指盐蒺米而言，而此米独饶州有之，而饶州所征则乐平独重。洪魏以乡寓公，知之为详，言之亦恳切。而未有中主其事者，遂抑不复行。先公丁卯居忧时，与郡士李君士会讨究本末。戊辰入觐，继登揆席，讽李拉邑之士友，请于郡俾郡上其事，而久之未有发喙者。先公乃自草白劄子，作士民所陈，径自朝省。下本州契勘，而郡守回申，止欲少作蠲除，具文塞责。盖此米虽不系上供纲解，而州县经费所仰，故郡难其事。先公却回元奏，俾从实再申。守知不可再拒，乃诣实申上。即进呈奉旨蠲除。盖自晋天福时创例至是，凡三百一十四年而始除云。据吴虎臣《能改齐谩录》称，今所在有之。虎臣此书，作于绍兴间。则知南渡后此赋之未减者，非独饶州而已。而洪、魏二公则谓独饶有此。当考。”（卷四）按宋之所谓杂变之赋，即唐末五季暴敛之遗毒也。

倚阁蠲免，但救目前。

　　《宋史·食货志》：“宋克平诸国，每以恤民为先务。累朝相承，凡无名苛细之敛，常加划革。尺缣斗粟，未闻有所增益。一遇水旱徭役，则蠲除倚格，殆无虚岁。倚格者，后或凶歉，亦辄蠲之。”（卷一七四）按倚格亦曰倚阁，当年因事不便催取，展限至来年缴纳也。又按真仁以降，岁入大增，然则常赋虽未加，额外之敛必增也。

支移折变，亦便吏为奸。且赋役不均。民间犹不无疾苦耳。

　　胡钧《中国财政史》：“所谓支移者，岁输本有常处，以有余补不足，而移此输彼，移近输远之谓也。此本为通融便利之良法，惟行之既久，弊窦繁兴。哲宗初，陕西转运使吕太忠令农户支移斗输脚钱十八，御史劾之，下提刑司。体量均其轻重之等，以税赋户籍在第一等第二等者，支移三百里。三等四等者二百里，五等一百里。不愿支移而愿输道里脚价者，亦酌度分为三等，以从其便。徽宗崇宁中，司

漕者谓凡不支移者，特增地里脚钱之费，斗为钱五十六，比元丰正
税之数，而反覆纽折，数倍于昔。农民至鬻牛易产，犹不能给。且
下贫之户，各免支移，估直既高，更益脚费，视富户反重。因之逋
负者所在多有。大观二年，乃诏天下租赋科拨支折，当先富后贫，
自近及远。乃者漕臣失职，有不均之患，民或受害。定令支移视地
远近，递迁有无，以便边饷，内郡罕用。又诏所输地里脚钱，不及
斗者免之。寻又诏五等户税不及斗者，支移皆免。于是支移之弊，
得以末减焉。所谓折变者，岁入本有常物，因一时所须，变而取之，
使其直轻重相当，以相折算也。此法为后世折色之所本。初制以纳
月初旬估中价准折，仍视岁之丰歉以定物之低昂，俾官吏毋得私其
轻重。及其弊也，非法折变。既以绢折钱，又以钱折麦，以绢较钱，
钱倍于绢，以钱较麦，麦亿于钱。展转增加，民无所诉。朝廷虽严
为申禁，而有司终不能格其弊。南渡后，折帛之害抑又甚焉。"（一九〇
至一九一面）

（四）田赋之不均与隐匿

宋初田制不立，虽曾度田均赋，而以重于扰民，未能穷按，有所更张。
故赋役不均，轻重不齐。

　　《宋史·食货志》："而又田制不立，甽亩转易，丁口隐漏，兼
　　并冒伪，未尝考按。"（卷一七四）

民或伪为逃徙以除赋。吏则上下相蒙以生奸。

　　《宋史·食货志》：太宗时"畿甸民苦税重，兄弟既壮乃析居，
　　其田亩聚税于一家，即弃去。县岁按所弃地除其租。已而匿他舍冒

名佃作。……时州县之吏，多非其人，土地之利不尽出，租税减耗，赋役不均。上下相蒙，积习成敝"。（卷一七三）

《通考》：至道元年"开封府言京畿十四县，自今年二月以前，民逃者一万二百八十五户。访闻多有坐家申逃，及买逃户桑土不尽输税，以本户挟佃诡名，妄破官租，及侵耕冒佃，近居遥佃，妄称逃户，并以已租妄保于逃籍者。诏殿中丞王用和等十四人，分行检视，限一月，许其首露，不复收所隐之税。诏下，归业者甚众"。（卷四）

形势之家，请占公田而不输税。

《宋史·食货志》仁宗庆历中诏曰："税籍有伪书逃徙，或因推割用幸走移，若请占公田而不输税，如此之类，县令佐能究见其弊以增赋入，量数议赏。"（卷一七四）

兼以太祖令许民辟土，州县无得检括，止以现佃为额。

《宋史·食货志》："五代以来，常检视见垦田，以定岁租。吏缘为奸，税不均适。繇是百姓失业，田多荒芜。太祖即位，诏许民辟土，州县毋得检括，止以见佃为额。"（卷一七四）

宋真宗赵恒

真宗时，冯涘请检括民田，

使出常租，不许。

《宋史·食货志》：咸平中"广南西路转运使冯涟上言，廉、横、宾、白州民虽垦田，未尝输送，已命官检括，令尽出常租。帝曰，远方之民，宜省徭赋，亟命停罢"。（卷一七四）

甚者至如唐州，百亩止税四亩，欲增至二十亩而不能。

《宋史·食货志》：神宗元丰间"唐州亦增民赋，人情骚然。六年，御史翟恩言，始赵尚宽为唐守，劝民垦田，高赋继之，流民自占者众。凡百亩起税四亩而已。税轻而民乐输，境内殆无旷土。近闻转运司辟土百亩增至二十亩，恐其势再致转徙。望戒饬使者量加以宽民"。（卷一七四）

田与税俱不得其实。"皇祐中，天下垦田视景德增四十一万七千余顷，而岁入九谷乃减七十一万八千余石。"（《宋史·食货志》）可见隐匿之日增。宋代垦田之数，以元丰间为最多，共四百六十一万六千五百五十六顷。方之汉唐，不如远甚。治平中为四百四十余万顷。叙《治平会计录》者以为此特计其赋租，以知顷亩之数，而赋租所不加者十居其七。废田见于籍者犹四十八万余顷。甚矣隐匿之多也。

《通考》："天下总四京一十八路。田四百六十一万六千五百五十六顷，内民田四百五十五万三千一百六十三顷六十一亩。官田六万三千三百九十三顷。右此元丰间天下垦田之数，比治平时所增者二十余万顷。按前代混一之时，汉元始定垦田八百二十七万五千余顷，隋开皇时垦田一千九百四十万四千余顷，唐天宝时应受田一千四百三十万八千余顷，其数比之宋朝或一倍，或三倍，或四倍有余。虽曰宋之土宇，北不得幽蓟，西不得灵夏，南不得交趾，然三方之在版图，亦半为边障屯戍之地，垦田未必多，未应倍蓰于中州之地。然则其故何也？按《治平会计录》谓田数特计其赋租以知其顷亩，而赋租所不加者十居其七。率而计之，则天下垦田无虑三千余万顷。盖祖宗重扰民，未尝穷按，故莫得其实。又按《食货志》言天下荒田未垦者多，京、襄、唐、邓尤甚。至治平熙宁间相继开垦。然凡百亩之内，起税止四亩，欲增至二十亩，则言者以为民间苦赋重，再至转徙，遂不增。以是观之，则田之无赋税者，又不止于十之七而已。盖田数之在官者虽劣于前代，而遗利之在民多矣。"（卷四）

（五）役法之病民

宋因前代之制，役出于民，州县皆有常数。以衙前主典府库，或辇运官物。以里正、户长、乡书手课督赋税。此外名目尚多。各以乡户等第定差。淳化五年，始令诸县以第一等户为里正，第二等户为户长，勿冒名以给役，自余众役，多调厢军。承平既久，奸伪滋生，命官形势，占田无限，皆复役衙前，将吏得免里正户长。而应役之户，困于繁数。尤以里正衙前，为害最重。有衙前越千里，输金七钱，库吏邀乞，逾年不得还者。用是被役之户，往往破产。故民间多方规避，或窜名浮图籍，号为出家；或伪为券售田于形势之家，假佃户之名；或母子分居，或鬻田于人，以减其户等；甚者至有父自求死，使其子为单丁以免役者。群以产业为累，不敢为久生之计。秕政病民，抑何甚耶！

《宋史·食货志》："知并州韩琦上疏曰：州县生民之苦，无重于里正衙前。有孀母改嫁，亲族分居，或弃田与人，以免上等，或非命求死，以就单丁。规图百端，苟免沟壑之患。每乡被差疏密，与赀力高下不均。假有一县甲乙二乡，甲乡第一等户十五户，计赀为钱三百万，乙乡第一等户五户，计赀为钱五十万，番休递役，既甲乡十五年一周，乙乡五年一周。富者休息有余，贫者败亡相继。岂朝廷为民父母意乎？"又"三司使韩绛言：闻京东民有父子二丁，将为衙前役者，其父告其子曰，吾当求死，使汝曹免于冻馁，遂自缢而死。又闻江南有嫁其祖母，及其母析居，以避役者。又有鬻田减其户等者。田归官户不役之家，而役并于同等见存之户"。又"知院谏吴充言：今乡役之中，衙前为重。民间规避重役，土地不敢多耕而避户等，骨肉不敢义聚而惮人丁。故近年上户寝少，中下户寝多。役使频仍，生资不给，则转为工商，不得已而为盗贼"。（卷一七七）

宋英宗赵曙

《通考》："英宗时谏官司马光言：置乡户衙前以来，民益困乏，不敢营生。富者反不如贫。贫者不敢求富。臣尝行于村落，见农民生具之微，而问其故。皆言不敢为也。今欲多种一桑，多置一牛，蓄二年之粮，藏十四之帛，邻里已目为富室，指抉以为衙前矣。况敢益田畴，葺闾舍乎？臣闻其事，恧焉伤心。安有圣帝在上，四方无事，而立法使民不敢为久生之计乎？臣愚以为凡农民租税之外，宜无所预。衙前当募人为之，以优重相补，不足则以坊郭上户为之。彼坊郭之民，部送纲运，典领仓库，不费二三，而农民常废八九。何则？儇利戆愚之性不同也。其余较役，则以农民为之。"（卷十二）

（六）土地所有权之一斑

宋初未定田制，兼并无禁。循至富者阡陌连接，募召浮客，分耕其中，视以奴仆。

苏洵《田制》："周之时用井田。井田废，田非耕者之所有，而有田者不耕也。耕者之田，资于富民。富民之家，地大业广，阡陌连接，募召浮客，分耕其中，鞭笞驱役，视以奴仆，安坐四顾，指麾于其间。而役属之民，夏为之耨，秋为之获，无有一人违其节度以嬉。而田之所入，已得其半，耕者得其半。有田者一人，而耕者十人。是以田主日累其半以至于富强，耕者日食其半以至于穷饿而无告。"（《嘉祐集》卷五）按此虽非专指宋代，当时盖有此种情况。

有一庄方圆十里，河贯其中，而佃户百家者。

《东轩笔录》："侯叔献为氾县尉，有逃佃及户绝没官田最多。虽累经检估，或云定价不均。内有一李诚庄，方圆十里，河贯其中，尤为膏腴，有佃户百家，岁纳租课，亦皆奥族矣。前已估及一万五千贯，未有人承买者。贾魏公当国，欲添为二万贯卖之，遂命陈道古衔命计会，本县令佐视田美恶而增损其价。道古至氾阅视诸田，而议增李田之直。叔献曰，李田本以价高，故无人承买，今又增五千贯何也？坚持不可。道古雅知叔献不可欺，因以其事语之。叔献叹曰，郎中知此田本末乎？李诚者，太祖时为邑酒务专知官。以氾水溢，不能救护官物，遂估所损物直，计五千贯，勒诚偿之。是时朝廷出度支使钱俵民间，预买箭杆雕翎弓弩之材。未几李重进叛，王师征淮南，而预买翎杆未集。太祖大怒，一应欠负官钱者，田产并令籍没。诚非预买之人，而当时官畏惧不敢开拆。故此亦在籍没。今诚有子孙，见居邑中，相国纵未能恤其无辜而以田给之，莫若损五千贯俾诚孙买之为便。道古大惊曰，始实不知。但受命而来，审如是，君言为当，而吾亦有以报相国矣。即损五千贯而去。叔献乃召诚孙俾买其田。诚孙曰，实荷公惠，奈甚贫何？叔献曰，吾有策矣。即召见佃田户谕之曰，汝辈本皆下户，因佃李庄之利，今皆建大第高廪，更为豪民。今李孙欲买田而患无力。若使他人得之，必遣汝辈矣。汝辈必毁宅撤廪，离业而去，不免流离失职。何若醵钱借与诚孙，俾得此田，而汝辈常为佃户，不失居业，而两获所利耶？皆拜曰，愿如公言。由是诚孙卒得此田矣。"（卷八）按李诚初非王公显宦，而田产如此，兼并之甚可知。惟谓佃户皆建大第高廪，醵钱借与诚孙，此点绝堪注意，盖非尽如苏洵所谓耕者日食其半以至于穷饿而无告也。

小农之有田者，亦以惮于差徭，将田典卖于形势之家，以图免役；而势家无役，反得挟田自肥。岁或不登，时有缓急，富者操奇赢之资，贫者取倍称之息。益速土地之集中。

> 《宋史·食货志》：太宗时"比年多稼不登，富者操奇赢之资，贫者取倍称之息。一或小稔，富家责偿愈急，税调未毕，资储罄然。遂令州县戒里胥乡老察视，有取富民谷麦赀财，出息不得逾倍，未输税毋得先偿私逋，违者罪之"。（卷一七三）

仁宗即位，因诏限田，公卿以下毋过三十顷，衙前将吏应复役者毋过十五顷，别于数外听置墓田五顷。势家挟他户田者，听人告，予所挟田三之一。而任事者以为不便，未几即废。时又禁近臣置别业于京师，及寺观无得市田，亦未遵行。承平浸久，势官富姓，占田无限，兼并冒伪，习以成俗，重禁莫能止焉。

《宋史·食货志》：仁宗即位之初，"上书者言赋役未均，田制不立，因诏限田。公卿以下毋过三十顷，牙前将吏应复役者毋过十五顷，止一州之内，过是者论如违制律，以田赏告者。既而三司言，限田一州，而卜葬者牵于阴阳之说，至不敢举事。又听数外置墓田五顷。而任事者终以限田不便，未

宋仁宗赵祯

几即废。时又禁近臣置别业京师，及寺观毋得市田，初真宗崩，内遣中人持金赐玉泉山僧寺市田，言为先帝植福，后毋以为例。繇是寺观稍益市田。明道二年，殿中侍御史段少连言，顷岁中人至涟水军，称诏市民田给僧寺，非旧制。诏还民田，收其直入官。后承平浸久，势官富姓，占田无限，兼并冒伪，习以成俗，重禁莫能止焉。"又"乾兴初，始立限田法，形势敢挟他户田者，听人告，予所挟田三之一"。

（卷一七三）

《通考》："乾兴元年十二月（时仁宗已即位，未改元），臣僚上言：伏见劝课农桑，曲尽条目。然乡间之弊，无由得知。朝廷惠泽虽优，豪势侵陵罔暇。遂使单贫小户，力役靡供。乃岁丰登，稍能自给。或时水旱，流徙无踪。户籍虽有增添，农民日以减少。以臣愚见，且以三千户之邑五等分等。中等已上可任差遣者约千户。官员形势衙前将吏不啻一二百户，并免差遣。州县乡村诸邑役人，又不啻一二百户。如此则二三年内已总偏差。才得归农，即复应役。

直至破尽家业，方得休闲。所以人户惧见稍有田产，典卖与形势之家，以避徭役，因为浮浪，或纵情游，更有诸般恶幸，影占门户。田土稍多，同居骨肉，及衙前将吏各免户役者，除见庄业外，不得更典卖田土。如违许人告官，将所典卖没官。自减农田之弊，均差遣之劳，免致私役不禁，因循失业。其罢俸罢任前资官元无田者，许置五顷为限。诏三司定夺。三司言准农田敕，应乡村有庄田物力者，多苟免差徭，虚报逃移，与形势户同情启幸，却于名下作客户隐庇差徭，全种自己田产。今与一月自首放罪。限满不首，许人告论，依法断遣支赏。又准敕，应以田产虚立契典卖于形势豪强户下，隐庇差役者，与限百日经官首罪，改正户名。限满不首，被人告发者，命官使臣除名，公人百姓决配。今准臣僚奏，欲诸命官所置庄田，定以三十顷为限，衙前将吏合免户役者定以十五顷为限，所典买田只得于一州之内典买。如祖父迁葬，别无茔地者，数外许更置坟地五顷。若地有崖岭，不通步量，力耕火种之处，所定顷亩，委逐路转运使别为条制，诣实申奏。又按农田敕，买置及析居、归业、佃逃户未并入本户者，各共户帖供输，今并须割入一户下。今后如有违犯者科罪。告人给赏。并从之。"（卷十二）

盖自唐之中叶，均田制度破坏无遗，私有制根深蒂固。宋初均田，其实均赋而已。（见前"度田均赋"条引《宋史·食货志》）学者亦舍高论，认井田为不合时，但欲少为之限，以渐达于均云。

苏洵《田制》："夫井田虽不可为，而其实便于今。今诚有能为近井田者用之，则亦可以苏民矣乎。闻之董生曰，井田虽难卒行，宜少近古，限民名田，以赡不足。名田之说，盖出于此。而后世未有行者。非以不便民也，惧民不肯损其田以入吾法，而遂因此以为变也。孔光、何武曰，吏民名田无过三十顷，期尽三年，而犯者没入官。夫三十顷田，周民之三十夫之田也，纵不能尽如周制，一人而兼三十夫之田，亦已过矣。而期之三年，是又迫蹙平民，使自坏其业，非人情，难用。吾欲少为之限，而不禁其田尝已过吾限者，但便后之人不敢多占田以过吾限耳。要之数世，富者之子孙，或不能保其地以复于贫。而彼尝已过吾限者，散而入于他人矣。或者子孙出而分之以为几矣。如此则富民所占者少，而余地多。余地多则贫民易取以为业，不为人所役属，各食其地之全利。利不分于人，而乐输于官。夫端坐于朝廷，下令于天下，不惊民，不动众，不用井田之制而获井田之利，虽周之井田，何以远过于此哉！"（《嘉祐集》卷五）

三四　王安石之新法

（一）王安石之时代

宋自开国以来，虽曰承平，仁宗尤称仁厚，或比之汉之文景；然而豪弱相并，赋役不均，农民困于差徭，国课失于隐匿，有如前述。一方则兵额渐多，

> 宋鉴于唐末五季之弊，以兵强为患，崇文抑武，务弱举国之民。募犷悍无赖之徒为兵，集于京师。每遇凶岁，则州郡以尺度量民之长大而试其壮健者，招为禁兵，其次焉者为厢兵，老弱则留南亩。凡以防变乱也。边军遣自京师，诸镇亦皆戍更，兵无常帅，帅无师。

寻至兵额日增，而不堪一战。国初养兵仅二十万。开宝末，兵籍凡三十七万八千。太宗至道间，增至六十六万六千。真宗天禧间，增至九十一万二千。仁宗庆历间，增至一百二十五万九千。英宗治平间，及神宗熙宁之初，数略称是。兵费几占岁出三分之二。

冗费日滋。

开国以来，优待功臣，并其子孙族众，皆滥授官爵。宗室吏员之受禄者岁增。又每三岁一郊祀，赏赉之费，常五百余万。真宗景德中，郊祀七百余万，东封八百余万，祀汾上宝册又百二十万。飨明堂且增至一千二百万。

参看《二十二史劄记》卷二五，"宋郊祀之费""制禄之厚""恩荫之滥""恩赏之厚""冗官冗费"诸条。

国威不张，屈于辽夏，含垢忍辱，岁输巨币。

宋真宗与辽圣宗澶渊之盟，定岁币之数，银十万两，绢二十万匹。仁宗时，辽兴宗以求地为兵端，再与定盟，加岁币银绢各十万两匹。夏主元昊既纳款，赐岁币银绢茶彩共二十五万五千。

是故真、仁以降，赋额虽增，入不敷出。

梁启超《王荆公传》："开宝以前，其岁出入之籍，不可详考。然至道末，岁入二千二百二十四万五千八百犹有美余，不二十年至天禧间，则总岁入一万五千八十五万一百，总岁出一万二千六百七十七万五千二百。及治平二年，总岁入一万一千六百十三万八千四百，总岁出一万二千三十四万三千一百，而临时费（史称为非常出）又一千一百五十二万一千二百。夫宋之民非能富于其旧也，而二十年间所输赋增益十倍，将何以聊其生。况乎嘉祐治平以来，岁出超过之额，恒二千余万。洎荆公执政之始，而宋之政府及国民，其去破产盖一间耳。"（《饮冰室丛书·王荆公传》二〇至二一面）

《二十二史劄记》"宋郊祀之费"条，"按范镇疏云，赋役繁重，转运使又于常赋外进羡钱以助南，郊无名敛率，不可胜数。然则南郊之费，大概出于外僚科敛所进之羡余。是又因百官之滥恩，而胲万民之财力。立制抑何谬耶！"（卷二五）

国弱财匮，民困于下，岌岌不可终日，有识者宜奋起矣。而君臣苟安，惮于兴革。

其事甚显，姑举二例：（一）契丹寇边。寇准劝真宗亲征，并欲邀其称臣，及献幽、蓟之地。因尽策以进曰，如此则可保百年无事；不然，数十年后，戎且生心矣。帝曰，数十年后，当有能拒之者，吾不忍苍生重困，姑听其和也。（二）当时养兵之弊，论者甚多。及神宗欲实行沙汰，则群臣相率动色，虑骄兵之不可制，省之将激变，莫敢尝试，但为姑媳养痈之计。司马光曰："沙汰既多，人情皇惑，大致愁怨。虽国家承平，纪纲素张，此属恟恟，亦无能为。然诏书一下，万一有道路流言，惊动百姓，朝廷欲务省事，复为收还，则顿失成重，向后不复可号令骄兵。若遂推行，则众怨难犯，梁室分魏博之兵，致张彦之乱，此事之可鉴者也。"

贤才虽众，徒以意气相竞，党同伐异，空言误国。盖外表似若盛世，举国骧虞，实则内忧外患，祸至无日也。

王安石上仁宗书有云："陛下其能久以天幸为常，而无一旦之忧乎？盖汉之张角。三十六万同日而起，所在郡国莫能发其谋；唐之黄巢，横行天下，而所至将吏莫敢与之抗者。……而方今公卿大夫，莫肯为陛下长虑后顾，为宗庙万世计。臣窃惑之。昔晋武帝趣过目前，而不为子孙长远之谋。当时在位，亦皆偷合苟容。而风俗荡然，弃体义，捐法制，上下同失，莫以为非。有识者固知其将必乱矣。其后果海内大扰，中国列于夷狄者二百余年。……臣愿陛下鉴汉唐五代之所以乱亡，惩晋武苟且因循之祸。"（《王荆公传》二四面）

宋神宗赵顼

神宗即位，锐意求治，环顾廷臣，习故安常，独王安石卓识忧时，勇于任事，于是一以委之，信用不疑。而新法遂于群加阻挠之中，毅然施行焉。

（二）新法概要

宋之病在贫弱而姑息，故新法以富强积极为归。首设"制置三司条例司"，讲求财政利弊，议行新法。

三司者，盐钱、户部、度支是也。盐钱之征，春秋时有之。户部之名始于三国之吴，以户口为标准也。度支之名始于三国之魏，专管国计者也。宋制，凡户口、田产、钱谷、食货之政令，皆归三司，盖似今之财政部。制置三司条例司，则为关于财政之计议立法机关。

以宰相领之。

裁冗费，

　　《宋史·食货志》：
"神宗嗣位，尤先理财。
熙宁初，命翰林学士司马
光等置局看详，裁减国用
制度，仍取庆历二年数，
比今支费不同者，开析以
闻。后数日，光登对言，
国用不足，在用度大奢，
赏赐不节，宗室繁多，官
职冗滥，军旅不精。必须
陛下与两府大臣及三司官
吏，深思救弊之术，磨以
岁月，庶几有效。非愚臣
一朝一夕所能裁减。帝遂

司马光

罢裁减局，但下三司共析。王安石执政，议置三司条例司，讲修钱
谷之法。……命官考三司簿籍，商量经久废置之宜，凡一岁用度及
郊祀大费，皆编著定式。……所裁者冗费十之四。"（卷一七九）

减兵额，以节国用。

　　《王荆公传》："当帝与公议省兵也，帝曰，密院以为必
有唐建中之变。（见前引司马光之言）公对曰，陛下躬行德义，忧
勤政事，上下不蔽，必无此理。建中所以致变，以德宗用庐杞
之徒而疏陆贽，其不亡者幸也。今但当断自圣心，详立条制，

以渐推行。帝意遂决。……治平间之兵，凡一百十六万二千，至熙宁省为五十六万八千六百八十八，元丰稍有增置，亦仅为六十一万二千二百四十三，盖视前省其半矣。夫以荆公初执政，而能省宫廷费及其他冗费十之四，执政十年，而能次第省冗兵十之五。此其魄力之雄伟果毅，岂复可以测度耶！而其任事之艰贞劳瘁，亦可以想见矣。"（一六四至一六六面）

厚吏禄以免营私。方田以正田赋之不均。募役以除差徭之烦扰。均输减民之负担，而官得懋迁之利。

诸路上供，岁有常数。年丰可以多致，而不能赢余。年歉难于供亿，而不敢不足。远方有倍蓰之输，中都有半价之鬻。徒使富商大贾，乘公私之急，以擅轻重敛散之权。条例司请行均输之法，假浙、江、荆、淮发运使以钱货，资其用度。凡上供之物，皆得徙贵就贱，因近易远。预知在京仓库所当办者，得以便宜蓄买而制其有无。庶几国用可足而民财不匮。其法盖本之桑弘羊也。

市易通金融而平物价。

与汉之平准法略同。以内藏钱置市易务于京师。凡货之可市，及滞于民而不售者，平其价市之。愿以易官物者听。贷资于商贾，度其田宅或金帛为抵当，责期使偿，半岁输息十一，及几倍之，过期不输，息之外更加罚钱。

青苗贷钱谷与农民，而抑豪强之兼并。请求农田水利，以尽地之遗利。凡此所以理财。而富国必先富民。富民必除秕政，济贫弱，抑兼并，厉生产，然后民富而国裕。新法于此，尤置重焉。复创保甲保马诸法，安石欲罢募兵，用民兵，故立保甲法。十家为保，有保长。五十家为大保，有大保长。十大保为都保，有都保正副。主客户两丁以上，选一人为保丁，附保。两丁以上有余丁而壮勇者，亦附之。内家资最厚材勇过人者，亦充保丁。授之弓弩，教之战陈。每一大保夜输五人警盗。若同保中犯奸盗邪恶诸罪，知而不告者，依律五保法，余则不坐。

保马法者，令保甲养马之法也。保甲愿养马者，户一匹。物力高愿养二匹者，听。皆以监牧见马给之，或官与直，令自市。除袭逐盗贼外，乘越三百里有禁。岁一阅其肥瘠。死病者补偿。

寓兵于农，以革募兵之弊，则强国之道也。青苗、免役、方田三法，将详于下，余与本书之关系较少，不复赘论。

（三）青苗法

青苗法者，盖一种短期贷款制度。论者或谓始于唐代宗时之青苗钱（见前三一节"两税法之先声"条），不知彼为田亩附税，此则有似农民银行，根本不同也。仁宗时，陕西转运使李参"以部内多戍兵，苦食，求参审订其阙。令民自隐度麦粟之赢，先贷以钱，俟谷熟还之官，号青苗钱。经数年，廪有羡粮"。（《宋史·李参传》）安石前为鄞令时，亦"贷谷与民，立息以偿，俾新陈相易。邑人便之"。（《宋史·王安石传》）盖农民常患财乏，急难之时，势必称贷于豪右，

王安石

而豪右乘急要利，恣意盘剥，小民因以日悴，故官立借贷之法而民便之也。安石执政，于是讲行此法。以常平广惠仓钱谷为资本，依陕西青苗钱例，愿预借者给之，俟谷熟随税归纳，附息二分，半为夏料，半为秋料。内有请本色或纳时价贵愿纳钱者，皆从其便。如遇灾伤，许展至次料丰熟日纳。先试行于河北、京东、淮南三路，既而推行于全国。

《宋史·食货志》："熙宁二年，制置三司条例司言，诸路常平广惠仓钱谷，略计贯石，可及千五百万以上。敛散未得其宜，故为利未博。今欲以见在斛斗，遇贵量减市价粜，遇贱量增市价籴。可通融转运司苗税及钱斛，就便转易者，亦许兑换。仍以见钱依陕西青苗钱例，愿预借者给之，随税输纳斛斗，半为夏料，半为秋料。内有请本色或纳时价贵愿纳钱者，皆从其便。如遇灾伤，许展至次料丰熟日纳。非惟足以待凶荒之患，民既受贷，则兼并之家，不得乘新陈不接，以邀倍息。又常平广惠之物，收藏积滞，必待年俭物贵，然后出粜，所及者不过城市游手之人。今通一路有无，贵发贱敛，以广蓄积，平物价，使农人有以赴时趋事，而兼并不得乘其急。凡此皆以为民，而公家无所利其入。是亦先王散惠兴利，以为耕敛补助之意也。欲量诸路钱谷多寡，分遣官提举，每州选通判幕职官一员，典干转移出纳。仍先自河北、京东、淮南三路施行，俟有绪，推之诸路。其广惠仓除量留给老疾贫穷人外，余并用常平仓转移法。诏可。既而条例司又言，常平广惠仓条约，先行于河北、京东、淮南三路，访问民间，多愿支贷，迄遍下诸路转运司施行。"（卷一七六）

（四）免役法

免役法者，变差役制为募役制，而令民出税钱以充募资之法也。差役之病民（见前第三三节），当时言者甚多，而卒未能改。安石执政，始革其弊。

分民贫富为五等，岁以夏秋，随等输钱。乡户自四等，坊郭自六等以下勿输。若官户、女户、寺观、未成丁减半输。皆用其钱募三等以上税户代役，随役重轻制禄。先视州县应用雇直多少，随户等均取。凡当役人户以等第出钱，名免役钱。其坊郭等第户，及未成丁、单丁、女户、寺观、品官之家，旧无色役而出钱者，名助役钱。又于额外增取二分，以备水旱欠阙，谓之免役宽剩钱。

《通考》：熙宁"二年，条例司言，考合众论，悉以使民出钱雇役为便。即先王之法，致民财以禄庶人在官者之意也。愿以条目付所遣官分行天下，博尽众议。奏可。于是条谕诸路曰，衙前既用，重难分数。凡买扑酒税坊场。旧以酬衙前者，从官自卖，以其钱同役钱随分数给之。其厢镇场务之类，旧酬奖衙前，不可令民买占者，即用旧定分数，为投名衙前酬奖。如部水陆运及领仓驿场务公使库之类，旧烦扰，且使陪备者，今当省使无费。承符散从等，旧苦重役偿欠者，今当改法除弊，使无困。凡有产业物力，而旧无役者，今当出钱以助役。皆其条目也。久之，司农寺言，今立役条：所宽优者皆村乡朴蠢不能自达之穷氓，所裁取者乃仕宦兼并能致人言之豪右。若经制一定，则衙司县吏又无施诛求巧舞之奸。故新法之行，尤所不便。筑室道谋，难以成就。欲自司农申明所降条约，先自一两州为始，候其成就，即令诸州军放视施行。若其法实便百姓，当特奖之。从之。于是提点府界公事赵子几以其府界所行条目奏上之。帝下之司农寺，诏判寺邓绾、曾布更议之。绾、布上言，畿内乡户计产业，若家资之贫富上下，分为五等，岁以夏秋随等输钱。乡户自四等，坊郭自六等以下，勿输。两县有产业者，上等各随县，中等并一县输。析居者，随所析而升降其等。若官户、女户、寺观、未成丁减半输。皆用其钱募三等以上税户代役。随役重轻制禄。开封县户二万二千六百有奇，岁输钱万二千九百缗，以万二百为禄，赢其二千七百以备凶荒欠阙。他县仿此。然输钱计等高下，而户等著籍，昔缘巧避失实。乃诏责郡县坊郭三年，乡村五年，农隙集众稽其物业，考其贫富，察其诈伪，为之升降。若故为高下者，以违制论。募法三人相任。衙前仍供物产为抵。弓手试武艺。典史试书计。以三年或二年乃更。为法既具，揭示一月，民无异辞，著为令。令下募者执役，被差者得散去。开封一府罢衙前八百三十人，畿县放乡役数千。于是颁其法天下。天下土俗不同，役重轻不一，民贫富不等，从所便为法。凡当役人户以等第出钱，名免役钱。其坊郭等第户及未成丁、单丁、女户、寺观、品官之家，旧无色役而出钱者，名助役钱。凡敛钱，先视州若县应用雇直多少，而随户等均取。雇直既已足用，又率其数增取二分，以备水旱，欠阙，虽增毋得过二分，谓之免役宽剩钱。"（卷十二）

（五）方田法

方田之名，始于《九章算术》（相传为最古算书之一），以边缘之长短，求面积之多寡，以御田畴界域者也。宋之千步方田法，始于仁宗时之郭谘，盖系一种清厘田赋之法。惟旋行即罢，略无成绩。

《宋史·食货志》：仁宗景祐中（《食货志》未言何年，《通考》谓景祐时）"谏官王素言，天下田赋，轻重不等，请均定。而欧阳修亦言秘书丞孙琳尝往洛州肥乡县，与大理寺丞郭谘，以千步方田法括定民田。愿诏二人者任之。三司亦以为然。且请于亳、寿、蔡、汝四州择庞不均者均之。于是遣谘蔡州。谘首括一县，得田二万六千九百三十余顷，均其赋于民。既而谘言州县多逃田，未可尽括，朝廷亦重劳人，遂罢。……自郭谘均税之法罢，论者谓朝廷徒恤一时之劳，而失经远之虑。至皇祐中，天下垦田视景德增四十一万七千余顷，而岁入九谷乃减七十一万八千余石，盖田赋不均，其弊如此。后田京知沧州，均无棣田。蔡挺知博州，均聊城、高唐田。岁增赋谷帛之类，无棣总一千一百五十二，聊城、高唐总万四千八百四十七。而沧州之民不以为便，诏输如旧。嘉祐五年，复诏均定，遣官分行诸路。而秘书丞高本在遣中，独以为不可，均才数郡田而止"。

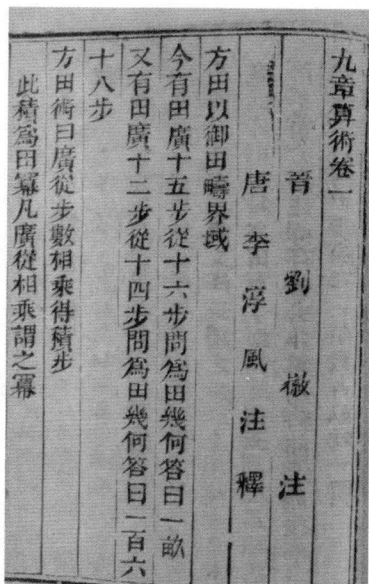

《九章算术》书影

（卷一七四）《郭谘传》："洛州肥乡县田赋不平，岁久莫治。转运使杨偕遣谘摄令以往。既至，闭阁数日，以千步方田法四出量括，遂得其数。除无地之租者四百家，正无租之地者百家，收逋赋八十万。流民乃复。……会三司议均税法，知谏院欧阳修言惟谘方田法简而易行。诏谘与孙琳均蔡州上祭县税。以母忧免官。……时三司议均田租，召还谘。陈均括之法四十条。"

（卷三二六）

逮安石执政，"神宗患田赋不均，熙宁五年（公元一〇七二年），重修定方田法，诏司农以均税条约并式，颁之天下，以东西南北各千步，当四十一顷六十六亩一百六十步为一方。岁以九月，县委令佐分地计量，随陂原平泽而定其地，因赤淤黑垆而辨其色。方量毕，以地及色参定肥瘠而分五等，以定税则。至明年三月毕，揭以示民。一季无讼，即书户帖连庄帐付之，以为地符。均税之法，县各以其租额税数为限。旧尝收蹙奇零，如米不及十合而收为升，绢不满十分而收为寸之类，今不得用其数均摊增展，致溢旧额。凡越额增数皆禁。若瘠卤不毛，及众所食利山林陂塘沟路坟墓，皆不立税。凡田方之角，立土为峰，植其野之所宜木以封表之。有方帐，有庄帐，有甲帖，有户帖。其分烟、析产、典卖、割移，官给契，县置簿，皆以今所方之田为正。令既具，乃以济州巨野尉王曼为指教官，先自京东路行之，诸路仿焉"。（《宋史·食货志》）

《宋史·食货志》：熙宁"六年，诏土色分五等，疑未尽。下郡县物其土宜，多为等以其均当，勿拘以五。七年，京东十七州选官四员，各主其方，分行郡县，以三年为任。每方差大甲头二人，小甲头三人，同集方户，令各认步亩方田，官验地色，更勒甲头方户同定。诸路及开封府界秋田灾伤三分以上县，权罢，余候农隙。河北西路提举司乞通一县灾伤不及一分勿罢。元丰五年，开封府言方田法取税之最不均县先行，即一州而定五县。岁不过两县，今府界十九县，准此行之，十年乃定。请岁方五县，从之。其后岁稔农隙乃行，而县多山林者，或行或否"。（卷一七四）

元丰八年（公元一〇八五年）十一月罢方田法。"天下之田已方而见于籍者，至是二百四十八万四千三百四十有九顷云。"（《宋史·食货志》）

《宋史·食货志》：元丰"八年，帝知官吏扰民，诏罢之"。按神宗卒于元丰八年三月。嗣君年幼，太后临朝。五月以司马光为门下侍郎。十一月罢方田法，是知所谓"帝知官吏扰民，诏罢之"者，非由神宗，盖出元祐诸贤，而《宋史》所言不尽实也。

《王荆公传》："此盖当时调查土地，整顿赋税之一政策。虽非荆公所特创，然亦言理财者所首当有事也。方田法盖如近世所谓土地台帐法，言地税者称此法最善焉。但其每年厘定一次，未免太烦数，不能持久耳。先揭以示民，一季无讼，乃著为令，此又至仁之政也。方帐、庄帐、甲帖、户帖，虽其内容今不可考，然与今世文明国之法度，盖甚有合矣。严禁越额增数，豁免瘠卤及公利之地，惠民之意尤多。孰谓公之立法损下益上哉。"（一五三至一五四面）按梁氏"每年厘定一次，未免太烦数"云云。不无误会。实则既方之后，则凭册籍，并非每岁重行厘定也。

（六）新法之阻挠与成绩

新法虽为国利民福，而当时贤士大夫，蜂起反对。因争新法去官者踵相接。然安石力行弥坚；后虽罢相，神宗仍踵行之，一如安石在朝之时。神宗卒，哲宗立，宣仁太后临朝，司马光执政，遂尽废新法，举十七年之努力而破坏无遗。并窜逐熙宁、元丰旧臣，而引用群反对新法者，世称元祐诸贤。岂新法一无可取乎？而必阻挠破坏如此。平心论之，未为允也。方田或不免扰民。然田赋不均，

宋哲宗赵煦

岂容坐视。但求完密其法，严禁奸吏足矣。乌可因噎废食乎？司马光于安石变法之前，极言差役之弊，首创募役之说；及其继相，则改募为差。而前此力攻新法之苏轼，反以雇役为不可易。同是一人而前后之言论相反。岂非募役已著成效，而废之者为私见乎？

　　《王荆公传》："苏轼之言曰，自古役人之必用乡户，犹食之
必用五谷，衣之必用丝麻，济川之必用舟楫，行地之必用牛马，虽
其间或有以他物充代，然终非天下所可常行。又曰，士大夫捐亲戚，
弃坟墓，以从官于四方者，宣力之余，亦欲取乐，此人之至情也。
若厨传萧然，则似危帮之陋风，恐非太平之盛观。"（一四六面）《宋
史·食货志》："中书舍人苏轼在详定役法所，极言役法可雇不可差。
第不当于雇役实费之外，多取民钱。若量入为出，不至多取，则自
足以利民。司马光不然之。……元祐二年翰林学士兼侍读苏轼言，
差役之法，天下皆云末便。昔日雇役，中户岁出几何？今者差役，
中户岁费几何？更以几年一役较之，约见其数，则利害灼然。而况
农民在官，官吏百端蚕食。比之雇人，苦乐十倍。五路百姓朴拙，
间遇差为，胥吏又转雇惯习之人，尤为患苦，……四年，……知杭
州苏轼亦言，改行差法，则上户之害皆去。独有三等人户方，雇役时，
户岁出钱极不过三四千。而今一役二年，当费七十余千，休闲不过
六年。则是八年之中，昔者徐出三十余千，而今者并出七十余千，
苦乐可知。"（卷一七八）

青苗本以惠民，朱熹之社仓袭其遗意，今世农民银行，亦其类也，方且提
倡之，未可厚非也。取息二分，在当时不失平允。

　　安石答曾公立书"示及青苗事。治道之兴，邪人不利，一兴异论，
群聋和之，意不在于法也。孟子恶言利者，为利吾国利吾身耳。至
狗彘食人食则检之，野有饿莩则发之。是所谓政事，政事所以理财，
理财乃所谓义也。一部《周礼》，理财居其半，周公岂为利哉？奸
人者，缘名实之近而欲乱之以眩上下。其如民心之愿何。始以为不请，
而请者不可遏，终以为不纳，而纳者不可却。盖因民之所利而利之，

不得不然也。然二分不及一分，一分不及不利而贷之，贷之不若与之。
然不与之而必至于二分者何也？为其来日之不可继也。不可继则是
惠而不知为政，非惠而不费之道也。故必贷。然有官吏之俸，辇运
之费，水旱之逋，鼠雀之耗，而必欲广之以待其饥不足而直与之也，
则无二分之息可乎？则二分者，亦常平之中正也。岂可易哉？公立
更与深于道者论之，则某之所论，无一字不合于法，而世之哓哓者
不足言也"。（《王荆公传》一二一至一二二面）

按之事实，民亦便之。前之反对者，后或自悔其误，而既罢之后，复议恢
复矣。则青苗未尝无效也。

　　《王荆公传》："史成于谤公者之手，其旨在扬恶而隐善。凡有
可以表公之功者，划之惟恐不尽。虽然，固有不能尽划者。公与曾
公立书言，始以为不请，而请者不可遏，终以为不纳，而纳者不可却。
则当时民之欢欣鼓舞可想见也。其上五事劄子云（熙宁五年），昔之贫
者，举息之于豪民，今之贫者，举息之于官。官薄其息而民救其乏。
是其行之既数年而有成效也。其谢赐元丰敕令格式表云，创法于群
几之先，收功于异论之后，则是公罢相后而其效益著也。然犹得曰
公自言之，未可为信也。请征诸旁观之言。河北转运司王广廉入奏，
则谓民皆欢呼感德矣。李定至京师，李常见之。问曰，君从南方来，
民谓青苗如何？定曰，民便之，无不喜者。常曰，举朝方共争此事，
君勿为此言。定曰，定但知据实以言，不知京师。是一时舆论所在，
有欲扪其舌而不可得者矣。然犹得曰，是依附公以希宠者言之，未
可为信也。请更征诸反对党之口。朱子《金华社仓记》云，以予观
于前贤之论，而以今日之事论之，则青苗者，其立法之本意，固未
为不善也。子程子尝论之，而不免悔于其已甚而有激。是程子晚年
知其攻难青苗之为误，而朱子且歌诵之矣，苏子瞻与滕达道书云，

吾侪新法之初，辄守偏见，至有同异之论。虽此心耿耿，归于忧国，而所言差谬，少有中理者。今圣德日新，众化大成，回视向之所执，益觉疏矣。是子瞻晚年深自忏悔，而感叹于众化之大成。其言与公所谓收功于异论之后者盖吻合。所谓众化者，盖指凡新法而言，而青苗必其一矣。以程、苏二人为当时反对最力者，而皆如是，非确有成效而能得耶？以此度之，与程、苏同心而其言不传于后者，当更何限。不宁惟是，元祐初政，尽荛新法。元年二月罢青苗。三月，范纯仁以国用不足，请复之矣。八月，司马光奏称散青苗本为利民，惟当禁抑配矣。是皆形诸奏牍，载诸正史者。夫司马君实、范尧夫非当时首攻青苗之人，且攻之最力者耶？曷为于十八年之后，乃复津津乐道之如此？由此观之，则知当时之青苗法，实卓著成效，而民之涵濡其泽者既久，虽欲强没其美而有所不可得也。"（一二五至一二七面）

程颢

程颐

又"后此有阴窃青苗之实而阳避其名者，则朱子之社仓是也。其法取息十二，夏放而冬收之，此与青苗何异。朱子行之于崇安而效，而欲以施之天下，亦犹荆公行之于鄞而效，而欲以施之天下也。夫朱子平日固痛诋荆公，谓其汲汲财利，使天下嚣然丧其乐生之心者也。及倡社仓议，有诘之者，则奋然曰，介甫独散青苗一事是耳。（俱见《朱子语录》）夫介甫果汲汲财利耶？介甫之是者，果独青苗一事耶？毋亦是其所谓是而已"。（一二八至一二九面）

虽事由官办，吏或缘以为奸，则奉行者之过。言者辄指为掊克聚敛，损下益上，岂安石之本意哉？宜其不服，而谓"倡异论者意不在于法"也。大抵新法之意甚善，惟以中国之大，用不得人，不能无弊。当时贤士虽众，而举朝汹汹，不问新法之善否，相与共行其善，徒以其新而反对之，甚且虚构事实以诬之。

《通考》："同判司农寺曾布摭绘挈所言而条奏辩诘之，其略曰：畿内上等户尽罢昔日衙前之役，故今所输钱，比旧受役时，其费十减四五。中等人户旧充弓手、手力、承符、户长之类，今使上等及坊郭、寺观、单丁、官户皆出钱以助之，故其费十减六七。下等人户尽除前日冗役而专充壮丁，且不输一钱，故其费十减八九。大抵上户所减之费少，下户所减之费多。言者谓优上户而虐下户，得聚敛之谤，臣所未谕也。提举司以诸县等第不实，故首立品量升降之法。开封府、司农寺方奏议时，盖不知已尝增减旧数。然旧敕每三年一造簿书，等第常有升降，则今品量增减，未亦为非。又况方晓谕民户，苟有未便，皆与厘正。则凡所增减，实未尝行。言者则以为品量立等者，盖欲多敛雇钱，升补上等，以足配钱之数。至于祥符等县，以上等人户数多，减充下等，乃独掩而不言。此臣所未谕也。凡州县之役，无不可募人之理。今投名衙前半天下，未曾不典主仓库、场务、纲运，而承符、手力之类，旧法皆许雇人，行之久矣。惟耆长、壮丁，以今所措置，最为轻役，故但输差乡户。不复募人。言者则以为专典雇人，则失陷官物，耆长雇人，则盗贼难止。又以为迨边奸细之人应募，则焚烧仓廪，或守把城门，则恐潜通外境。此臣所未谕也。免役或输见钱，或纳斛斗，皆从民便，为法至此，亦已周矣。言者则谓直使输钱，则绢帛粟麦必贱，若用他物准直为钱，则又退拣乞索，且为民害。如此则当如何而可？此臣所未谕也。昔之徭役，皆百姓所为，虽凶荒饥馑，未尝罢役。今役钱必欲稍有余羡，乃所以为凶年蠲减之备，其余又专以兴田利，增吏禄。言者则以为助钱非如税赋有倚阁减放之期。臣不知昔之衙前、弓手、承符、手力之类，亦尝倚阁减放否？此臣所未谕也。两浙一路，户一百四十余万，所输缗钱七十万耳，而畿内户十六万，率缗钱亦十六万。是两浙所输财半畿内。然畿内用以募役，所余亦自无几。言者则以为吏缘法意，广收大计，如两浙欲以羡钱徼幸，司农欲以出剩为功。此臣所未谕也。"（卷十二）按当时任意谤讪者不可弹纪，录此以见一斑。

遂令小人乘机以进。（安石左右亦不乏贤者）则新法之弊，诸君子亦当分其咎矣。且新法之行，救贫弱而抑豪右。

　　豪右兼并，田多而税少。方田均赋，则贫弱之赋固减，而豪右则增。旧制，役出乡户，募役法行则农民之负担虽减，而豪右本无色役者反须出钱。青苗贷钱谷与贫民，使豪右不得乘急要利，以事兼并。

而官吏者，皆豪右也，其不利之，亦固其所。文彦博曰："为与士大夫治天下，非与百姓治天下也。"

　　《通考》：熙宁"四年，上召二府对资政殿。冯京言修差役，

作保甲，人极劳敝。上曰，
询访邻近百姓，亦皆以免
役为喜，盖虽令出钱而复
其身役，无追呼刑责之虞，
人自情愿故也。文彦博言
祖宗制具在，不须更张，
以失人心。上曰，更张法
制，于士大夫诚多不说，
然于百姓何所不便。彦博
曰，为与士大夫治天下，
非与百姓治天下也"。（卷
十二）又参看前引苏轼之言。

文彦博

呜呼，是何言耶！虽贤者亦别有用心矣，不尽以国利民福为念也。兼以士
风习于因循苟安，以生事为大戒，意气相争，以攻击为能事。宜乎举朝汹汹；
而史成于谤者之手，言新法有弊而无利也。

《宋史》成于元人之
手，而多宋代国史原本。
国史则本之历朝实录。考
宋时修《神宗实录》，聚
讼最纷，几兴大狱。元祐
初，范祖禹、黄庭坚、陆
佃等同修之，佃数与祖禹、
庭坚争辩。庭坚曰，如公
言，盖佞史也。佃曰，如
君言，岂非谤书乎？可知

黄庭坚

最初本之《神宗实录》，已多诬罔之辞。及绍圣改元，诏蔡卞等重修，则力贬元祐诸人。南渡后，范冲再修，《宋史》所据，即此本也。自绍圣至绍兴，元祐党人窜逐颠播者三十余年，深怨积愤，而范冲又为祖禹之子，继其父业，变本更厉，以恣报复，宜其不尽可信矣。

（七）新法之兴废与北宋之亡

宋徽宗赵佶

自司马光等废新法，是为元祐之更化。既而元祐诸贤，裂为洛、蜀、朔三党，互相倾轧。元祐八年，太后卒，哲宗亲政，改元绍圣，复行新法，是为绍圣之绍述。哲宗无子，弟徽宗立，向太后权同听政，改元建中靖国，折衷元祐、绍圣二政。未几，向氏还政，绍述之议复起。蔡京乘机入朝，外托绍述之名，隐为聚敛之术，首唱丰亨豫大之说，导帝以奢侈。奸吏旁缘，牟取无艺，民不胜弊。国力大衰，而宋亦亡矣。

蔡京怀奸植党，托绍述之名，纷更法制，贬斥群贤，增修财利之政，务以侈靡惑人主。动以《周官》惟王不会（周礼天官国家财用皆有会计，惟王及后世子之衣服酒饮等皆不会）为说。每及前朝惜财省费者，必以为陋。至于土木营造，率欲度前规而侈后观。时天下久平，京睹帑庾盈溢，遂倡为丰亨豫大之说，视官爵财物如粪土。于是累朝所储扫地矣。崇宁元年三月，命宦者童贯置局于苏杭，造作御用器具，曲尽其巧。

材物所须，悉科于民。民力重困。帝垂意花石，京使苏州人朱勔搜集东南珍奇，舳舻相衔于淮汴，号花石纲。四年十一月，以勔领苏杭应奉局及花石纲事。勔指取内帑如囊中物，每取以数十百万计。民间有一花一木之妙，即领健卒直入其家，用黄封表识，使护视之，及发行，必撤屋抉墙以出。篙工舵师，倚势贪横，凌轹州县，道路以目。政和四年作延福宫，七年作万岁山，备极奇伟巧妙。

论者每谓北宋之亡由安石。然蔡京之初进身，实以罢募役法而受知于光。绍圣、崇宁之党狱，亦作俑于元祐。向使诸君子实事求是，不问法之新旧，但考事之利弊，同心辅政，则宋亦振矣。而不此之图，议论纷纭，党同伐异，迭相报复，邪人得进，而国事日非。则曲直之数，未可以片言判也。

　　《宋史·食货志》总论宋之财政曰："终宋之世，享国不为不长。其租税征榷，规抚节目，烦简疏密，无以大异于前世何哉？内则牵于繁文。外则挠于强敌。供亿既多，调度不继，势不俾已，征求于民。谋国者处乎其间，又多伐异而党同，易动而轻变。殊不知大国之制用，如巨商之理财，不求近效而贵远利。宋臣于一事之行，初议不审，行之未几，即区区然较其失得，寻议废格。后之所议，未有以愈于前。其后数人者又复訾訾之如前。使上之为君者莫之适从，下之为民者无自信守，因革纷纭，非是贸乱，而事弊日益以甚矣。世谓儒者论议多于事功，若宋人之言食货，大率然也。"（卷一七三）此论颇为近理。诸君子于他事亦大率如此。

三五　南宋之民田与赋税

（一）征敛之无艺

南宋田赋，仍依二税旧法。惟苛暴之敛，层出不已。有所谓经制钱者，本宣和末陈亨伯为经制使，创杂征之法，因以为名。废于靖康，建炎中复之。其法课添酒钱、添卖糟钱、典卖田宅增牙税钱、官员请给头子钱、楼店务增三分房钱。绍兴五年，增经制之额，析为总制钱。通称经总制钱。

《二十二史劄记》"南宋取民无艺"条，"建炎中，高宗在扬州，四方贡赋不至，吕颐浩、叶梦得言亨伯常设此制，宜仿行之，以济缓急。于是课添酒钱、卖糟钱、典卖田宅增牙税钱、官员请给头子钱、楼店务增三分房钱，令各路宪臣领之，通判掌之。绍兴五年，孟庾提点财用，又请以总制司为名，因经制之额，增析为总制钱。州县所收头子钱，贯收二十三文，以十文作经制上供，以十三文充本路用。他杂税亦一切仿此。其征收常平钱物，旧法贯收头子钱五文，亦增作二十三文，除五文依旧法外，余悉入总制。乾道中，又诏诸路出纳贯添收十三文，充经总制钱。自是每千收五十六文矣。此二项通谓之经总制钱。"（卷二五）

宋高宗赵构

又有所谓月椿钱者。绍兴三年，韩世忠军驻建康，吕颐浩等议令江东漕臣每月椿发大军钱十万缗供亿。漕司不量州军之力，一例均科。于是州县横征，江东西受害尤甚。

初议以朝廷上供经制及漕司移用等钱供亿。而漕司不量州军之力，一例均科。既有偏重之弊。而郡县横敛，铢积丝累，仅能充数，一月未毕，而后月之期已逼。江东西之受害尤甚。十七年诏州郡以宽剩钱充月椿，以宽民力，遂减江东西之钱二十七万七千缗有奇。

两浙、福建则有板帐钱（帐计簿也板者，殆一定之义），亦军兴后所创，以一定数额，按月课之于州县。其额太重，州县苦于给办。于是输米则增收耗利，交钱帛则多收糜费，幸富人之犯法而重其罚，恣胥吏之受赇而课其入，索盗脏则不还失主，检财产则不及卑幼，亡僧绝户，不俟核实而入官，逃产废田，不与消除而抑纳。州县之吏固知非法，然以板帐钱太重，虽欲不横取于民，不可得也。

宁宗嘉定十六年，因两浙运判耿秉言，特为优减。于是丹阳、金坛两县一岁通减钱二千八百四十四贯有奇，常熟县每年与减一万贯，昆山、吴江县每年合与减发三千贯。自此诸路陈情者，皆优减有差。

又有和买折帛钱，本贷钱于民而取其帛，继则不给钱而白取之，后反令以每匹之价折纳见钱，三倍于本色。

绍兴初，每匹折输钱二千以助军用。十七年，江南每匹六千，两浙七千。是十数年之间，已随意增至数倍矣。叶适应诏条奏云：折帛之始，以军兴绢价大踊至十余千，而朝廷又方乏用，于是计臣始创为折帛。其说曰，宽民而利公。其后绢价既平，而民所纳之折帛钱。乃三倍于本色。既有夏税折帛，又有和买折帛。且本以有所不足于夏税，而和买以足之，今乃以二者均折，于事何名，于义何取。

淳熙五年，诸州上供，较元额增至七倍。此在孝宗有道之时，已极朘削之害。

《宋史·食货志》："淳熙五年，湖北漕臣刘焞言，鄂、岳、汉阳自绍兴九年，所收赋财十分为率，储一分充上供。始十三年年增二分。鄂州元储一分，钱一万九千五百七十缗，今已增至一十二万九千余缗。岳州五千八百余缗，今增至四万二千一百余缗。汉阳三千七百缗。今增至二万二千三百余缗。民力凋弊，无所从出。"（卷一七九）

宋孝宗赵昚

及其将亡，回买公田，实同攘夺，扰害尤不胜言（详下节"景定买公田"条）。盖南宋逼于强敌，军需繁急，中原已失而一切规模不改，库藏恒虚，于是取民无艺，势有必然者矣。

（二）旷土之募垦

南渡以后，淮汉之间，虽犹属宋，而数经兵革，百姓虚耗，所在多逃绝之田，召集流亡，垦辟旷土，不容玩忽。故绍兴、乾道之际，见诸奏议，施之行事者，史不绝书。守令率先奉诏诱民垦田者增秩。立守令垦田殿最格。令县月报归业民数及垦田多寡，户部置籍以考之。

《宋史·食货志》：绍兴二年"七月，诏知兴国军王绚、知永兴县陈升率先奉诏诱民垦田，各增一秩。……五年五月，立守令垦田殿最格。——残破州县垦田增及一分，郡守升三季名次，增及九分，迁一官。亏及一分，降三季名次，亏及九分，镌一官。县令差减之增亏各及十分者，取旨赏罚。其后以两淮、荆湖等路民稍复业，而旷土尚多，户部复立格上之。每州增垦田千顷，县半之，守宰各进一秩。州亏五百顷，县亏五之一，皆展磨勘年。诏颁之诸路。增谓荒田开垦者。亏谓熟田不因灾伤而致荒者。——又令县具归业民数及垦田多寡，月上之州，州季上转运，转运岁上户部，户部置籍以考之"。（卷一七三）

禁州县不得任意籍没逃人物业。

《宋史·食货志》：绍兴"三年九月，户部言百姓弃产，已诏二年外许人请射，十年内虽已请射及充职田者，并听归业孤幼及亲属应得财产者，守令验实给还。冒占者论如律。州县奉行不虔，监司按劾。从之。——先是臣僚言，前诏州县拍籍被虏百姓税赋，而苛酷之吏，不考其间有父母被虏，儿女存者，有中道脱者，有全家被虏而亲属偶归者，一概籍没，人情皇皇。故有是命"。（卷一七三）

流民还者，即以其田还之。其田已佃或原无田者，别给闲田，免税三年。

《宋史·食货志》：绍兴五年"七月，都督行府言，潭、鼎、岳、沣、荆南归业之民，其田已佃者，以附近闲田与之，免三年租税。无产愿受闲田者，亦与之。上谕辅臣曰，淮北之民襁负而至，亦可给田以广招徕之意。六年减江东诸路逃田税额。……九年，宗正少卿方庭实言，中原士民奔逃南州十有四年，出违十年之限，及流徙避远卒未能归者，望诏有司别立限年。户部议自复降赦日为始，再期五年，如期满无理认者，见佃人依旧承佃。中原士民流寓东南，往往有坟墓，或官拘籍，或民冒占，便行给还。从之。……十五年，……因兴国军守臣宋时言，诏诸州县违期归业者，其田已佃及官卖者，即以官田之可耕者给还。……先是真州兵烬之余，疮痍未复，洪兴祖为守，请复租二年，明年又复请之，自是流民浸归。十八年，垦荒田至七万余亩。……孝宗隆兴元年，诏凡百姓逃弃田宅出三十年无人归认者，依户绝法。乾道元年……二月，三省枢密院言，归正人贫乏者散居两淮，去冬淮民种麦甚广，逃亡未归，无人收获。诏诸郡量口均给，其已归业者毋例扰之。四年，知鄂州李椿奏，州虽在江南，荒田甚多。请佃者开垦未几，便起毛税，度田追呼，不任其扰，旋即逃去。今欲召人请射，免税三年，三年之后为世业。三分为率，输苗一分，更三年增一分，又三年全输。归业者别以荒田给之。又诏楚州给归正人田及牛具种粮钱五万缗”。（卷一七三）

民乏种牛者贷之。

《宋史·食货志》：“绍兴二年四月，诏两浙路收买牛具，贷淮东人户，……四年，贷庐州民钱万缗以买耕牛。……十一年，复买牛贷淮南农户。……二十六年……三月，户部言，蜀地狭人夥，而京四、淮南膏腴官田尚多，许人承佃，官贷牛种，八年仍偿。并边免租十年，次边半之。满三年与其业。愿往者给据津发。上曰善，但贫民乍诸荒田，安能便得牛种，若不从官贷，未免为虚文，可令相度支给。……（乾道七年）十月，司马伋请劝民种麦为来春之计。于是诏江东西、湖南北、淮东西路帅漕，官为借种，即谕大姓假贷农民广种，依赈济格推赏，仍上已种顷亩议赏罚。九年，王之奇奏增定力田赏格，募人开耕荒田，给官告绫纸以备书填，及官会十万缗充农具等用。以种粮不足，又诏淮东总领所借给稻三万石。"（卷一七三）

逮两淮荒田渐辟，复诏更不增赋以为劝。湖北亦令止输旧税。

《宋史·食货志》：乾道"七年二月，知扬州晁公武奏，朝廷以沿淮荒残之久，未行租税。民复业与创户者，虽阡陌相望，然闻之官者十才二三。咸惧后来税重。昔晚唐民务稼穑则增其租，故播种少，吴越民垦荒田而不加税，故无旷土。望诏两淮更不增赋。庶民知劝。诏可。……淳熙五年，诏湖北佃户开垦荒田，止输旧税。若包占顷亩，未悉开耕，诏下之日，期以二年，不能遍耕者，拘作营田。其增税划佃之令勿行"。（卷一七三）

其弊至于占田而不耕，反妨垦辟（见后"豪右之霸占"条）。劝课之勤，可谓至矣，盖亦时势使然也。

（三）圩田之勃兴

江南水乡，秦汉之际，恒以卑湿为嫌。田低水多，易遭泛滥。于是沿河筑堤，田于围中，谓之圩田。河高而田在水下，沿堤通斗门，每门疏港以溉田，故水患可免而年岁常丰。然或行之太过，围湖为田，则反为害矣。圩田始于前朝，至南宋而浸盛。淳熙十年，共一千四百八十九所，嗣复续有增益。圩之大者，如建康之永丰圩，四至相去皆五六十里，有田九百五十余顷。

> 《宋史·食货志》：绍兴"三年，定州县圩田租额充军储，建
> 康府永丰圩粗米岁以三万石为额。圩四至相去皆五六十里，有田
> 九百五十余顷。近岁垦田不及三之一。至是始立额"。（卷一七三）

一府圩岸之长，如宁国府大小各圩共约千余里。

> 《宋史·食货志》：乾道"八年，户部侍郎兼枢密都承旨叶衡
> 言，奉诏核实宁国府太平州圩岸。内宁国府惠民化城旧圩四十余里，
> 新筑九里余。太平州黄地镇福定圩周四十余里，庭福等五十四圩，
> 周一百五十余里，包围诸圩在内。芜潮县圩周二百九十余里，通当
> 涂圩共四百八十余里。并高广坚致，涉水一岸种植榆柳，足捍风涛。
> 询之农民，实为永利。于是诏奖"。（卷一七三）

其田或为民有，或为官有。大抵低田加围，民业为多。湖本无主，废湖为

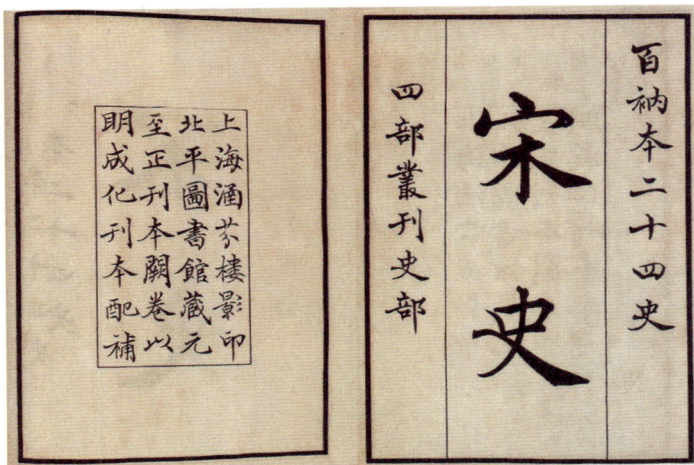

《宋史》书影

田，宜为官物，政府亦视为利薮。然而豪右侵占，所在皆是，埋塞流水，邻地常患水旱。于是开围复湖，由议论而见于行事。

　　《通考》："按圩田湖多起于政和以来，其在浙间者隶应奉局，其在江东者蔡京、秦桧相继得之"，又乾道中"臣僚言秦桧既得永丰圩，竭江东漕计修筑堤岸。自此水患及于宣池、太平、建康。昨据总领所申，通管田七百三十顷，共理租二十一万一千余顷，当年所收才及其半，次年仅收十五之一，假令岁收尽及元数，不过米二万余石，而四州岁有水患，所失民租，何翅十倍。乞下江东转运司相度本圩，如害民者广，乞依浙西开掘，及免租户积欠。从之。江东转运司奏，永丰圩自政和五年围湖成田，今五十余载，横截水势，每过泛涨，冲决民圩，为害非细。虽营千顷，自开修至今，可耕者止四百顷。而损害数州民田，失税数倍。欲将永丰圩废掘潴水。其在侧民圩不碍水道者如旧。诏从之。其后漕臣韩元吉言，此圩初是百姓请佃，后以赐蔡京，又以赐韩世忠，又以赐秦桧，继拨隶行官，今隶总所。五十年间，皆权臣大将之家，又在御府。其管庄多武夫健卒，侵欺小民，甚者剽掠舟船，囊橐盗贼，乡民病之。非圩田能病民也。于是开掘之命遂寝。"（卷六）

　　《宋史·食货志》：绍兴"五年，江东帅臣李光言，明越之境，皆有陂湖。大抵湖高于田，田又高于江海，旱则放湖水溉田，涝则决田水入海，故无水旱之灾。本朝庆历、嘉祐间，始有盗湖为田者，其禁甚严。政和以来，创为应奉，始废湖为田。自是两州之民，岁被水旱之患。余姚、上虞每县收租不过数千斛，而所失民田常赋动以万计。万若先罢两邑湖田。其会稽之鉴湖，鄞之广德湖，萧山之湘湖等处尚多，望诏漕臣尽废之。其江东西圩田，苏秀围田，令监司守令条上。于是诏诸路漕臣议之。其后议者虽称合废，竟仍

韩世忠

其旧。……二十三年，谏议大夫史才言，浙西民田最广，而平时无甚害者，太湖之利也。近年濒湖之地，多为兵卒侵据，累土增高，长堤弥望，名曰坝田。旱则据之以溉，而民田不沾其利。涝则远近泛滥，不得入湖，而民田尽没。望尽复太湖旧迹，使军民各安，田畴均利。从之，……隆兴二年八月，诏江浙水利久不讲修，势家围田，堙塞流水，诸州守臣按视以闻。……九月，刑部侍郎吴芾言，昨守绍兴，常请开鉴湖，废田二百七十顷，复湖之旧，水无泛滥。民田九千余顷，悉获倍收。今尚有低田二万余亩，本亦湖也。百姓交佃，亩值才两三缗。欲官给其半，尽废其田，去其租。户部请符浙东常平司同绍兴府守臣审细标迁。从之。乾道二年四月，诏漕臣王炎开浙西势家新围田、草荡、荷荡、菱荡，及陂湖溪港岸际旋筑塍畦围里耕种者。所至守令同共措置。炎既开诸围田，凡租户贷主家种粮债负，并奏蠲之。……淳熙……十年，大理寺丞张抑言，陂泽湖塘，水则资之潴泄，旱则资之灌溉。近者浙西豪宗每遇旱岁，占湖为田，筑为长堤，中植榆柳，外捍菱芦。于是旧为田者，始隔水之出入。苏、湖、常、秀昔有水患，今多旱灾，盖出于此。乞责县令毋给据，尉警捕，监司觉察。有围里者以违制论。户据与失察者并坐之。……庆元二年，给部尚书袁说友等言，浙西围田相望，皆千百亩。陂塘溇渎悉为田畴。有水则无地可潴，有旱则无水可庤。不严禁之，后将益甚，无复稔岁矣"。
（卷一七三）

其可存者，立石以识之。立石之后，官民围里者尽开之。令州县点检，岁报于朝。

　　《宋史·食货志》：淳熙十一年，"漕臣钱冲之请每围立石以识之，共一千四百八十九所。令诸郡遵守焉。……嘉泰元年，以大理司直留佑贤宗正寺主簿李澄措置。自淳熙十一年立石之后，凡官民围裹者尽开之。又令知县并以点检围田事入衔。每岁三四月同尉点检，有无奸民围裹状，上于州，州闻于朝。三年遣官审视，及委台谏察之。"
（卷一七三）

既而以淮农流移，无田可耕，诏两浙已开围田，许元主复围，专召淮农租种。（见《食货志》，事在开禧二年）而豪民巨室，加倍围裹。有司以增入为功，亦多创围之田。虽有禁限，数加开掘，莫能止也。

　　《宋史·食货志》："嘉定三年，臣僚言，窃闻豪民巨室，并缘为奸，加倍围裹，又影射包占水荡，有妨农民灌溉。于是复诏浙西提举司俟农隙开掘。七年，复临安府西湖旧界，尽蠲岁增租钱。十七年，臣僚言，越之鉴湖溉田几半，会稽兴化之木兰陂民田万顷，岁饮其泽。今官豪侵占，填淤益狭。宜戒有司每岁省视，厚其潴蓄，去其壅底，毋容侵占，以妨灌溉。皆次第行之。……实祐元年，史馆校勘黄国面对，围田自淳熙十一年识石者当存之，复围者合权其利害轻重而为之存毁，其租或归总所，或隶安边所，或分隶诸郡。上曰，安边所田近已拨归本所，国又奏自丁未已来，创围之田，始因殿司献草荡，任事者欲因以为功，凡旱干处悉围之。利少害多，

沙田

宜开掘以通水道。上然之。"（卷一七三）

圩田之外，沙田亦始见重于南宋，设官措置。

详见《宋史·食货志》上一。

（四）豪右之霸占

豪右恃其富强，广事兼并，田多而税不及，北宋已然，南渡以来，犹为进展。强宗巨室，阡陌相望，而多无税之田。

《宋史·食货志》：绍兴六年"知平江府章谊言，民所甚苦者，催科无法，税役不均。强宗巨室，阡陌相望，而多无税之田。使下户为之破产。乞委通判一员，均平赋役"。（卷一七三）

又"咸淳十年，侍御史陈坚、殿中侍御史陈过等奏，今东南之民力竭矣，西北之边患棘矣，诸葛亮所谓危急存亡之时也。而邸第戚畹御前寺观田连阡陌，亡虑数千万计，皆巧立名色，尽蠲二税。州县乏兴，鞭挞黎庶，鬻妻卖子；而钟鸣鼎食之家，苍头庐儿，浆酒藿肉，琳宫梵宇之流，安居暇食，优游死生。安平无事之时，尤且不可，而况艰难多事之际乎？今欲宽边患，当纾民力。欲纾民力，当纾州县。则邸第寺观之常赋，不可姑息而不加厘正也。望与二三大臣丞议行之。诏可"。（卷一七四）

永丰圩尝赐秦桧，为田九百五十余顷。而桧于此圩之外，犹有田业，为数尚多，盖可推知，然则合计不下数十万亩矣。

《宋史·朱缅传》："籍其赀财，田至三十万亩。"（卷四七〇）亦可与此说参证。

虽他人未必能有此数，而一般占田之多，则可概见。逐至"百姓膏腴，皆归贵势之家，租米有及百万石者"。（见后"限田授田之建议"条引《宋史·食货志》谢方叔疏）而不法侵占之事又不一而足。两淮豪强，虚占良田，而无遍耕之力，则废为荒地，他人请佃则以疆界为词。以致田多荒芜，而流民至者反无可耕之地。

《宋史·食货志》：绍兴二十七年"四月，通判安丰军、王时升言，淮南土皆膏腴，然地未尽辟，民不加多者，缘豪强虚占良田，而无遍耕之力，流民襁负而至，而无开耕之地。望凡荒闲田许人划佃。户部议期以二年，未垦者即如所请。京西路如之。……淳熙……九年，著作郎袁枢振两淮还奏，民占田不知其数，二税既免，止输穀帛之课，力不能垦则废为荒地，他人请佃则以疆界为词，官无稽考。是以野不加辟，户不加多，而郡县之计益窘。望诏州县画疆立券，占田多而输课少者，随亩增之。其余闲田给与佃人。庶几流民有可耕之地，而田莱不至多荒"。（卷一七三）

江浙势家，围湖为田，堙塞流水，或包占水荡，妨民灌溉。太湖缘边之地，则为兵卒侵据，累土增高，长堤弥望，名曰坝田。旱则据之以溉，而民田不沾其利。涝则远近泛滥，不得入湖，而民田尽没。（并见前条引《宋史·食货志》）是则不独农田被占，耕者不能有其田，即未被占之地，亦受水旱之祸矣。

（五）租田制之盛行

豪右占田甚多，已如前述。赋重役繁，民不聊生，势必卖其田业，以救目前。或献其产于巨室，以规免役。小民田日减而保役不休，大官田日增而保役不及。（见本节第一条及末条引谢方叔疏）贪官暴吏，复往往估籍民产。

《宋史·食货志》：淳祐"十一年（公元一二五一年）九月敕曰，监司州县不许非法估籍民产，戒非不严，而贪官暴吏往往不问所犯轻重，不顾同居有分财产，一例估籍，殃及平民。或户绝之家，不与命继。或经陈诉，许以给远，辄假他名支破，竟成乾没。或有典业，不听收赎，逐使产主无辜失业。违戾官吏，重寘典宪"。（卷一七三）

益促土地之集中。政府亦有大宗官田，（详下节）援私租例召民佃种，俨然一大地主。田既集中于少数人之手，而小民泰半无田，则租田制度之盛行，乃为必然之结果。佃户劳动所得，半入地主，生活甚苦。官田之租，尤为苛重。（见下节"官田概说"条）至若佃户身分，必有若干不自由，亦在意料之中。

甚者至役属全家，田卖而不准离业，身故而其妻不得自由改嫁，其女亦不听自嫁，则直同奴隶矣。

《宋史·食货志》："宁宗开禧元年（公元一二〇五年）。夔路转运判官范荪言，本路施、黔等州荒远，绵亘山谷，地旷人稀。其占田多者，须人耕垦，富豪之家，诱客户举室迁去，乞将皇祐官壮客户逃移之法校定。凡为客户者。许役其身，毋及其家属。凡典卖田宅，听其离业，毋就租以充客户。凡贷钱止凭文约交还，毋抑勒以为地客。凡客户身故，其妻改嫁者，听其自便。女听其自嫁。庶使深山穷谷之民，得安生理。刑部以皇祐逃移旧法轻重适中，可以经久，淳熙比附略人之法太重，今后凡理诉官庄客户，并用皇祐旧法。从之。"

（卷一七三）

宋宁宗赵扩

（六）正经界与推排法

北宋方田均税，未遍而罢。且吏或生奸，度田不实。岁月稍久，欺隐复滋。南渡以后，抑尤甚焉。豪右田多而税不及，细民业去则税存，州县坐失常赋而贫弱困于输纳。绍兴十二年（公元一一四二年），李椿年言经界不正十害。且言平江岁入昔七十万斛有奇，今按籍虽三十万斛，然实入才二十万斛耳，询之土人，皆欺隐也。望考按核实，自平江始。然后施之天下，则经界正而仁政行矣。帝然之。以委椿年。置经界局于平江府。图写墟亩，选官按复。令各户各乡造砧基簿，人户田产，多有契书，不上砧基簿者皆没官。税簿有定式，官吏不谨书者科罪。量田不实者罪至流徙。

《通考》：绍兴"十二年，左司员外郎李椿年言经界不正十害：一、侵耕失税；二、推割不行；三、衙门及坊场户虚供抵当；四、乡司走弄税名；五、诡名寄产；六、兵火后税籍不失，争讼日起；七、倚阁不实；八、州县隐赋多，公私俱困；九、豪猾户自陈，诡籍不实；十、逃田税偏重，人无肯售，经界正则害可转为利。且言平江岁入昔七十万斛有畸，今按籍虽三十万斛，然实入才二十万斛耳。询之土人。皆欺隐也，望考按核实，自平江始，然后施之天下，则经界正而仁政行矣。上请宰执曰，椿年之论，颇有条理。秦桧曰，其说简易可行。程克俊曰，比年百姓避役，止缘经界不正，行之乃公私之利。翌日甲午，以椿年为两浙运副，专委措置经界。椿年条画来上，请先往平江诸县，俟其就绪，即往诸州。要在均平，为民除害，更不增税额。如水乡秋收后，妄称废田者，许人告。陂塘塍埂之坏于水者，官借钱以修之。县令丞之才短者，听易置。图写墟亩，选官按覆。令各户各乡造砧基簿。仍示民以赏罚，开谕禁防，靡不周尽。吏取财者论如法。诏人户田产，多有契书，而今来不上砧基簿者皆没官。又诏州县租税簿籍，令转运司降样行下，真谨书写。如细小草书，官吏各科罪。其簿限一日改正。有欺弊者，依本法。并用椿年请也"。（卷五）

《宋史·食货志》：绍兴"十三年，以提举洪州玉隆观胡思、直显谟阁徐林议沮经界，停官远徙。以民田不上税簿者没官。税簿不谨书者罪官吏。时量田不实者，罪至徙流。江山尉汪大猷白椿年曰，法峻民未喻，固有田少而供多者，原许陈首追正。椿年为之轻刑省费甚众"。（卷一七三）

先后数年，纠正殊多。惜未遍行，且奉行者不能尽如椿年之公正谨严也。

椿年自绍兴十二年措置经界，十四年十二月以母忧罢，十七年还任，十九年以殿中侍御史曹筠劾而罢，先后主经界事者凡五六年。

《通考》："十四年，椿年权户部侍郎，仍旧措置经界。十二月，椿年以母忧罢；两浙运副王铁权户部，措置经界。十七年李椿年再权户部侍郎，专一措置经界。自椿年去位，有司稍罢其所施行者。及是免丧还朝，复言两浙经界已毕者四十县，其未行处若止令人户给甲，虑形势之家尚有欺隐，乞依旧图书造簿，本所差官覆实，先了而民无争讼者推赏，弛慢不职者劾奏。皆从之，椿年又言，已打量及用砧基簿计四十县，乞结绝。其余未打量及不曾用砧基簿，止令结甲县分，欲展期一月，许人户首实。昨已起新税，依额理纳，俟打量宽剩亩角，即行均减，更不增添税额。仍令都内人各书诣实状。遇有两争，即对换产税。并诏可。十九年，诏汀、漳、泉三州据见今耕种田亩收纳二税，未耕种者权行倚阁。昉行经界法于诸路，而剧盗何白旗扰汀、漳诸郡，故有是旨。然汀在深山穷谷中，兵火之余，旧籍无有存者，豪民漏税，常赋十失五六，郡邑无以支吾，于是计口科盐，大为民害。是年冬十一月，经界之事始毕。初朝廷以淮东、西、京西、湖北四路被边，姑仍其旧，又淳、汀、泉三州未毕行。明年诏琼州、万安、昌化、吉阳军海外土产瘠薄，已免经界，其税额悉如旧。又沪南帅臣冯撖抗疏，论不便。于是沪、叙州、长宁军并免，渠、果州、广安军既行亦复罢。自余诸路州县，皆次第有成。"（卷五）

《宋史·食货志》：绍兴二十年"诏曰，椿年乞行经界，去民十害。今闻浸失本意。凡便民者依已行，害民者与追正，……二十六年正月，上谓辅臣曰，经界事李椿年主之，若推行就绪，不为不善。今诸路往往中辍，愿得一通晓经界者款曲议之。会潼川府转运判官王之望上书，言蜀中经界利害甚悉，明年以之望提点刑狱，毕经界事"。（卷

一七三）

其后绍熙元年（公元一一九〇年），朱熹知漳州请行经界。细民知其不扰而利于己，莫不鼓舞。而贵家豪右，占田隐税，侵渔贫弱者，胥为异论以摇之。诏可而未果行。

《宋史·食货志》：光宗"绍熙元年，初朱熹为泉之同安簿，知二郡经界不行之害，至是知漳州。会臣僚请行闽中经界，诏监司条具，事下郡，熹访问讲求，织悉备至。乃奏言经界最为民间莫大之利，绍兴已推行处，公私两利。独泉、漳、汀未行。臣不敢先一身之劳逸而后一州之利病，切独任其必可行也。然必推择官吏，委任责成，度量步亩，算计精确，画图造帐，费从官给，随产均税，特许过乡通县均纽，庶几百里之内，轻重齐同。今欲每亩随九等高下定计产钱，而合一州租税钱米之数，以产钱为母，每文输米几何，钱几何，止于一仓一库受纳。既输之后，却视原额分隶为省计，为职田，为学粮，为常平，各拨入诸仓库。版图一定，则民业有经矣。但此法之行，贫民下户，固所深喜，然不能自达其情；豪家猾吏，实所不乐，皆善为说辞以惑群听。贤士大夫之喜安静厌纷扰者，又或不深察而望风沮怯。此则不能无

朱熹

虑。辅臣请行于漳州。明年春，诏漕臣陈公亮同熹协力奉行。会农事方兴，熹益加讲究，冀来岁行之。细民知其不扰而利于己，莫不鼓舞。而贵家豪右，占田隐税，侵渔贫弱者胥为异论以摇之。前诏遂格。"（卷一七三）

宋光宗赵惇

嘉定中，赵忄夫等行之婺州，欺隐毕现。凡结甲册、户产簿、丁口簿、鱼鳞图、类姓簿二十三万九千有奇，创库匮以藏之。

《宋史·食货志》：宁宗嘉定八年（公元一二一五年）"知婺州赵愻夫行经界于其州，整有伦绪而愻夫报罢。士民相率请于朝。乃命赵师岩继之。后二年，魏豹文代师岩为守，行之益力。于是向之上户析为贫下之户，实田隐为逃绝之田者，粲然可考。凡结甲册、户产簿、丁口簿、鱼鳞图、类姓簿二十三万九千有奇，创库匮以藏之。历三年而后上其事于朝"。（卷一七三）

景定五年（公元一二六四年）行推排法。咸淳初（元年为公元一二六五年）踵行之。

《续通考》："景定五年行经界推排法。始行于平江绍兴及湖南路。遂命诸路漕帅皆施行焉。至度宗咸淳六年八月，以郡县行推排法，虚加寡弱户田租，害民为甚，令各路监司询访，急除其弊。八年六月，台臣言江西推排结局已久，旧设都官团长等虚名尚在，占悮常役，

为害无穷。诏罢之。"（卷一）

按嘉定中青田县主簿陈耆卿奏曰："三岁一推排，此常法也。今或至十年而不讲矣。乞下诸路戒饬所在官吏，申严推排之法。"（《续通考》卷一）是则推排法前已有之。

其法委之乡都，选任才富公平者，因田之鳞差栉比，逐一推排，稽其亩步主佃，税色多寡，载之图册。使民有定产，产有定税，税有定籍。非若经界之尽量步亩，审定等色。法诚简便，究不如经界之能正本清源也。盖当此之时，宋已濒亡，亦不得已而思其次而已。

《宋史·食货志》："咸淳元年，监察御史赵顺孙言，经界将以便民，虽穷阎下户之所深愿而未必豪宗大姓之所尽乐。自非有以深服其心，则亦何以使其情意之悉孚哉？且今之所谓推排，非昔之所谓自实也。推排者，委之乡都，则径捷而易行。自实者，责之于入户，则散漫而难集。嘉定以来之经界，时至近也，官有正籍，乡都有副籍，彪列旷分，莫不具在。为乡都者，不过按成牍而更业主之姓名。若夫绍兴之经界，其时则远矣，其籍之存者寡矣。因其鳞差栉比而求焉，由一而至百，由百而至千，由千而至万。稽其亩步，订其主佃，亦莫如乡都之便也。朱熹所以主经界而辟自实者，正谓是也。州县能守朝廷乡都任责之令，又随诸州之便宜而为之区处，当必人情之悉孚，不令而行矣。从之。三年，司农卿兼户部侍郎李镛言，夫经界尝议修明矣，而修明卒不行。尝令自实矣，而自实卒不竟。岂非上之任事者，每欲避理财之名，下之不乐其成者，又每倡为扰民之说。故宁坐视邑政之坏，而不敢诘猾吏奸民之欺，宁忍取下户之苛，而不敢受豪家大姓之怨。盖经界之法，必多差官吏，必悉集都保，必遍走阡陌，必尽量步亩，必审定等色，必纽折计等，奸弊转生，久不迄事。乃若推排之法，不过以县统都，以都统保，选任才富公平者，订田亩税色，载之图册，使民存定产，产有定税，税有定籍而已。臣守吴门，已尝见之施行。今闻绍兴亦渐就绪。湖南漕臣亦以一路告成。窃谓东南诸郡，皆奉行惟谨。其或田亩未实，则令乡局厘正之，图册未备，则令县局程督之。又必郡守察县之稽违，监司察郡之怠弛。严其号令，信其赏罚。其之秋冬，以竟其事，责之年岁，以课其成。如《周官》日成月要，岁会以综核之。于是诏诸路漕帅施行焉。"（卷一七三）

（七）授田限田之建议

田制问题，主要者盖有二端，一为均田，二为平赋。南宋正经界，所以杜侵欺，平赋役也。授田限田之议，则重在均田，南渡以后，亦数经论及。建炎五年（公元一一三一年），林勋献《本政书》，议仿古井田之制，使民一夫占田五十亩，其羡田之家，毋得市田，其无田与游惰末作者皆使为农，以耕田之羡。每十六夫为一井，税米十五斛，钱三千五百余文，赋二兵一马。

《宋史·食货志》：建炎"五年，广州州学教授林勋献《本政书》十三篇。大略谓国朝兵农之政，大抵因唐末之故。今农贫而多失职，兵骄而不可用，是以饥民窜卒，类为盗贼。宜仿古井田之制，使民一夫占田五十亩。其羡田之家，毋得市田。其无田与游惰末作者，皆使为农，以耕田之羡。杂纽钱谷以为什一之税本朝二税之数，视唐增至七倍。今本政之制，每十六夫为一井。提封百里为三千四百井，率税米五万一千斛，钱万二千缗。每井赋二兵一马，率为兵六千八百人，马三千四百匹。（此方百里之县所出赋税之数）岁取五之一以为上番之额，以给征役。无事则又分为四番，以直官府。以给守卫。是民凡三十五年而役始一遍也。悉上则岁食米万九千余斛，钱三千六百余缗。无事则减四分之三。皆以一同之租税供之。匹妇之贡，绢三尺，绵一两。百里之县，岁收绢四千余匹，绵二千四百斤。非蚕乡则布六尺，麻二两，所收视绵绢倍之。行之十年，则民之口算，官之酒酤，与凡茶盐香礬之榷，皆可弛以予民。其说甚备。寻以勋为桂州节度掌书记"。（卷一七三）

理宗初（公元一二三〇年顷），刘爚议于淮东招集散亡，授田使耕，兼为守备。

《宋史·刘爚传》："接伴金使于盱眙军还，言两淮之地，藩蔽江南。干戈盗贼之后，宜加经理。必于招集流散之中，就为足食足兵之计。臣观淮东，其地平博膏腴，有陂泽水泉之利，而荒芜实多。其民劲悍勇敢，习边鄙战斗之事，而安集者少。诚能经画郊野，招集散亡。约顷亩以授田，使毋广占抛荒之患。列沟洫以储水，且备戎马驰突之虞。为之具田器，贷种粮。相其险易，聚为室庐，使相保护。联以什伍，教以击刺，使相纠率。或乡为一团，里为一队，建其长，立其副。平居则耕，有警则守，有余力则战。帝嘉纳之。"（卷四〇一）

宋理宗赵昀

淳祐六年（公元一二四六年），谢方叔极言豪强兼并之患，非限民名田，有所不可。

《宋史·食货志》："六年，殿中侍御史兼侍讲谢方叔言，豪强兼并之患，至今日而极。非限民名田，有所不可。是亦救世道之微权也。国朝驻跸钱塘，百有二十余年矣，外之境土日荒，内之生齿日繁。权势之家日盛，兼并之习日滋。百姓日贫，经制日坏。上下煎迫，若有不可为之势。所谓富贵操柄者，若非人主之所得专，识者惧焉。夫百万生灵资生养之具，皆本于谷粟，而谷粟之产，皆出于田。今百姓膏腴，皆归贵势之家，租米有及百万石者。小民百亩之田，频年差充保役，官吏诛求百端，不得已则献其产于巨室，以规免役。小民田日减而保役不休，大官田日增而保役不及。以此弱之肉，强之食，兼并浸盛，民无以遂其生。于斯时也，可不严立经制，以为之防乎？去年谏官尝以限田为说，朝廷付之悠悠。不知今日国用边饷，皆仰和籴，然权势多田之家，和籴大容以加之，保役不容以及之。敌人睥睨于外，盗贼窥伺于内，居此之时，与其多田原赀，不可长保，曷若捐金助国，共纾目前。在转移而开导之耳。乞谕二三大臣，摭臣僚论奏而行之。使经制以定，兼并以塞，于以尊朝廷，于以裕国计。陛下勿牵贵近之言，以摇初意，大臣勿避仇怨之多，而废良策。则天下幸甚。"（卷一七三）

虽然，除两淮募耕旷土，间亦授田外，限田云云，徒为议论而已。其后景定四年（公元一二六三年）限田，而抽买逾限之田三之一以充公田（详下节），则志在聚敛，非所以均田也。

三六　两宋官田

（一）官田概说

官田自古有之。土地私有制成立后，凡非民业，悉为官有。

汉于边境有屯田，郡国有公田，皆官田也。北朝、隋、唐授民以田，除屯田、营田外，无所谓官庄。至宋则官田较为复杂，虽亦赋民，往往依私租召佃，政府与豪右竞为地主矣。官田之来源不一，或为前代官地，或为新辟官荒，或淤湖为田，或沙涨成田，或籍没民业，间亦购自民间。而其名称与性质，亦有多种。有籍田，备帝王躬耕以劝农者也。有职田，授官吏以为俸给者也。有学田，用以赡学才也。

> 《宋史》：仁宗本纪康定元年正月"壬戌，赐国子监学田五十顷"。
>
> 《食货志》：绍兴"二十一年，以大理寺主簿丁仲京言，凡学田为势家侵佃者，命提学官觉察。又命拨僧寺常住绝产以赡学。户部议并拨无敕额庵院田。诏可"。（卷一七三）

有屯田、营田，用以赡军者也。有官庄，则赋民收租，与民间庄产无异矣。大抵籍田，屯田、营田以外之系官田产，概系官庄之类，赋民收租。营田以民，屯田虽以兵，间亦用民，且用分收制，亦与租田制度相出入。此外又有牧地，用以牧马。学田领之提学官。屯田、营田，领之营田司、屯田使、营田使、屯田务、营田务，或亦领之州县。其他官田，或隶常平司，或隶转运司。而在中央政府，工部有屯田郎中，掌屯田、营田、职田、学田、官庄之政令，及其租人、种刈、兴修、给纳之事。南宋又有提领官田所及安边所。大抵官田问题，南宋重于北宋。建炎元年（公元一一二七年），籍蔡京、王黼等庄以为官田，诏现佃者就耕，岁减租二分。三年，凡天下官田令民依乡例自陈输租。而"输纳之际，公私事例迥殊。私租额重而纳轻，承佃犹可。公租额重而纳重，则佃不堪命。州县胥吏与仓库百执事之人，皆得为浸渔之道于耕者也。季世金人乍和乍战，战则军需浩繁，和则岁币重大，国用常苦不继。于是因民苦官租之重，命有司括卖官田以给用。其初弛其力役以诱之，其终不免于抑配。此官田之弊也。嘉定以后，又有所谓安边所田，收其租以助岁币。

《宋史·食货志》：嘉定元年（公元一二○八年）'用廷臣言，置安边所，凡侂胄与其他权幸没入之田及团田、湖田之在官者皆隶焉。输米七十二万二千七百斛有奇，钱一百三十一万五千缗有奇。籍以给行人金缯之费。迨与北方绝好，军需边用，每于此取之'。（卷一七三）

至其将亡，又限民名田，买其限外所有，谓之公田。初议欲省和籴以纾民力，而其弊极多，其租尤重。宋亡，遗患犹不息也"。（《宋史·食货志》）

（二）职田

唐制内外官各给职田（见前第三章二六节），五代以来遂废。宋咸平中（公元九九八至一○○三年），令馆阁检校故事，申定其制。以官庄及远年逃亡田充，悉免租税。佃户以浮客充。所得课租，均分如乡原例。京官无职田，惟外官有之。天圣中（公元一○二三至一○三一年）仁宗患职田有无不均，吏或多取以病民，诏罢天下职田，悉以岁入租课送官，具数上三司，计直而均给之，令未行而诏复给职田。

《宋史·职官志》："朝廷方议措置未下。仁宗阅具狱，见吏以贿败者多，恻然伤之。诏复给职田，毋多占佃户，及无田而配出所租。违者以枉法论。"（卷一七二）

又十余年至庆历中，诏限职田，有司申定其数。熙宁（公元一〇六八至一〇七七年）间，复诏详定。绍兴中（公元一一三一至一一六二年）又申定之。各官所给顷亩多寡如下表。

第十八表　两宋职田

	咸平中所定	庆历中所定	熙宁中所定	绍兴中所定
四十顷	两京大藩府			
三十五顷	次藩镇			
三十顷	防御团练州			
二十顷	中上刺史州	大藩长吏	知大藩府	知藩府
十五顷	下州及军监	节镇长吏	节领	发运转运使副总管副总管知节镇
十顷	边远小州上县转运使副	防团以下州军长吏	余州及军	知余州及广济淮阳无为临江广德兴国南康南安建昌邵武兴化汉阳永康军并路分钤辖

（续表）

	咸平中所定	庆历中所定	熙宁中所定	绍兴中所定
八顷	中县	大藩通判	通判藩府	发运转运判官提举淮南两浙江南荆湖东西河北路盐事官通判藩府
七顷	下县	节镇通判余军监长吏	通判节镇	知余军及监并通判节镇州钤辖安抚副使都监路分都监将官发运司干办公事
六顷		防团以下州军通判及万户以上县令	通判余州及万户以上令	通判余州及军满万户县令
五顷		大藩判官及五千户以上县令（余从略下同）	留守节度观察判官藩府及不满万户令（余从略下同）	藩府判官录事参军州学教授都监发运转运司主管文字满五千户县令副将官
四顷	兵马都监押砦主厘务官录事参军判司等比通判幕职之数而均给之	大藩幕职官节镇判官及不满五千户县令	判官节镇及万户以上县丞不满五千户令	节镇判官录事参军州学教授转司主管帐司不满五千户县令满万户县丞余州都监走马承受公事主管机宜文字同巡检都大巡河提点马监

（续表）

	咸平中所定	庆历中所定	熙宁中所定	绍兴中所定
三顷半	兵马都监押砦主厘务官录事参军判司等比通判幕职之数而均给之	节镇幕职官防团以下州军监判官	掌书记以下幕职官	节度掌书记观察支使藩府及节镇推官巡检县镇砦都监砦主巡捉私茶盐驻泊捉贼在城监当余州判官学教授（谓承务郎以上者）军监都监
三顷		防团以下州军军监幕职官及万户以上簿尉	防御团练军事推官军监判官及不满万户丞	军监判官余州推官余州及军监录事参军巡检县镇砦都监砦主巡捉私茶盐驻泊捉贼在城监当藩府及节镇曹官州学教授（谓承直郎以下者）满五千户县丞满万户县簿尉巡辖马递铺县镇砦监常及监堰
二顷半		五千户以上簿尉	不满五千户丞	余州及军监曹官州学教授不满五千户县丞满五千户县簿尉巡辖马递铺镇砦监当及监堰
二顷		不满五千户簿尉		不满五千户县簿尉巡辖马递铺县镇砦监当监堰

惟顷亩虽有定制，似属公平；而各地情形不一，官多田少，则不能均给如定制，且风土不同，田有肥瘠，出产亦至不齐。故天下圭租，多寡不均。例如，县令所得多者至九百斛，少者二三十斛，亦有自来无圭租处。

　　《宋史·职官志》："政和八年，臣僚言，尚书省以县令之选轻措置，自不满五千户至满万户递增给职田一顷。夫天下圭租多寡不均久矣。县令所得，亦复不齐。多至九百斛如淄州、高苑八百斛；如常之江阴六百斛，常之宜兴亦六百斛。自是而降，或四五百，或三二百。凡在河北、京东、京西、荆湖之间，少则有至二三十斛者。二广、福建有自来无圭租处。川、陕四路，自守倅至簿尉，又以一路岁入均给，令因不得而独有。今欲一概增给一顷，岂可得哉？诏应县令职田顷亩未及条格者，催促标拨。……绍兴间惧其不均，则诏诸路提刑司依法标拨，官多田少，即于邻近州县通融，须管数足。又诏将空闲之田，为他司官属所占者，拨以足之，仍先自簿尉始。其有无职田选人并亲民小使臣，每员月支茶汤钱一十贯文。内虽有职田，每月不及十贯者，皆与补足。"（卷一七二）

而奸吏旁缘，弊害尤不胜言。或多占田亩，或倍增租额，或强派分佃认纳，不问所收厚薄，使之必输，甚者至有不知田亩所在，虚认租课，或租存田亡者。虽有禁令，不能止也。

　　《宋史·职官志》："朕（仁宗）每览法寺奏款，外官占田多逾往制，不能自备牛种，水旱之际，又不蠲省，致民无告。……建中靖国元年，知延安府范纯粹奏，昨帅河东日，闻晋州守臣所得职田，因李君卿为州谕意属邑，增广租入，比旧数倍。后襄陵县令周汲力陈其弊，郡守时彦岁减所入十七八，佃户始脱苛敛之苦。而晋、绛、陕三州圭腴素号优厚，多由违法所致。或改易种色，或遣子弟公皁监稼，贪污猥贱，无所不有。乞下河东、陕西监司悉令改正。从之。大观四年，臣僚言，圭田欲以养廉，无法制以防之，则贪者奋矣。奸吏挟肥瘠之议，以逞其私，给田有限，课入无算。祖宗深虑其弊，以提点刑狱官察之，而未尝给以圭租，庶不同其利而公其心也。近岁提点刑狱所受圭租，同于他司，故积年利病，壅于上闻。……宣和九年诏，诸路职官各有职田，所以养廉也。县召客户税户租佃分收，灾伤检复减收，所以防贪也。诸县多逾法抑都保正长及中上户分佃认纳，不问所收厚薄，使之必输，甚至不知田亩所在，虚认租课。闻之恻然。应违法抑勒及诡名委保者以违诏论，灾伤检放不尽者计赃以枉法论，入己者以自盗论。靖康元年诏，诸路职田租存田亡者，并与落租额。绍兴间……惧其病民，则委通判县令核实，除其不可力耕之田，损其已定过多之额。凡职租不许辄令保正催纳，或仰令折纳见钱，或无田平白监租，或以虚数勒民代纳，或额外过数多取。皆申严禁止之令，察以监司，坐以赃罪，所以防其不廉之害。"（卷一七二）

（三）屯田营田方田

前代军师所在有地利，则开屯田、营田，以省馈饷。宋兴因之，先后置设，立务以掌之，号曰屯田务、营田务。屯田以兵，营田以民，然往往兵民杂用，名异实同。宋初惟河北屯田有兵，若江浙间名屯田者，皆五代旧名，非实有屯也。而官庄之名后出，亦往往杂用兵民。

《通考》："屯田因兵屯得名，则固以兵耕。营田募民耕之，而分里筑室以居其人，略如晁错田塞之制，故以营名，其实用民而非兵也。国初惟河北屯田有兵，若江浙间名屯田者，皆因五代旧名，非实有屯也。祥符九年，李允则奏改保州、定州营田务为屯田务，则募兵以供其役。熙宁取屯田务罢之，则又收务兵各隶其州以为厢军。则屯营固异制矣。然咸平中营田襄州，既而又取邻州兵用之，则非单出民力。熙丰间屯营多在边州，土著人少，则不复更限兵民，但及给用即取之。于是屯田、营田实同名异。而官庄之名，最后乃出，亦往往杂用兵民也。其间又有牧地者，本收闲地以给牧养，后亦稍取可耕者以为之田。而边地荒弃者又立顷亩招弓箭手田。其不属弓箭手而募中土人往耕者，壤地租给。大抵参错，名虽殊而制相入也。"

（卷七）

又有所谓方田（与前第三四节所述千步方田法不同）者，与屯田相表里，盖于田之四边，凿渠置寨，以限戎马，因以为名也。

《玉海》："端拱二年正月，诏兴置方田。命八作使窦神兴等往北面兴功，东壁则知定州张永德，西壁则知邢州米信，各兼方田都总管。二月癸亥，帝与近臣议方田为战守之备。内出手诏谕边将曰，朕今立法令，缘边作方田，已颁条制，量地里之远近，列置寨栅。此可以限其戎马，而大利我之步兵也。虽使彼众百万，亦无所施其勇。自春至秋，其功告毕，持重养锐，挫彼黠虏。如此开复幽蓟，灭林胡有日矣。……咸平六年（公元一〇〇三年）十月八日甲子，静戎军王能言于军城东新河之北开方田，广袤相去皆五尺，深七尺。以限隔戎马。纵或入寇，亦易为防。仍以地图来上。帝诏宰臣李沆等以图示之。皆对曰，缘边所开方田，今专委边臣渐为之制，故可以为边防之备，乞与施行。威虏、顺安军亦宜兴置。兴功之际，虏寇或有侵轶，可选兵五万人分据险要，渐须兴置之。十月甲子，

《玉海》书影

遂诏静戎、顺安、威虏军界置方田，凿河以遏胡骑。……明道二年（公元一〇三二年）成德守刘平奏，自边吴淀望长城口，乃契丹出入之地，东西不及一百五十里。今契丹多事，我乘此以引水植稻为名，以开方田。四面穿沟，屈曲为径路，才令通步兵，引曹鲍徐河及鸡距泉分注沟中。数载之后，必有成绩。遂密敕平渐建方田。"（卷一七六）

屯田之多寡与分布，因时而异，大抵多在边州。北宋以河北、河东、陕西为多，所以备辽、夏也。天禧末，诸州屯田总四千二百余顷（营田殆不在内）。南渡以后，淮汉之间，成为缘边，地旷人稀，故营屯盛兴于此。其管理之制，不可详考，大抵不尽同。太宗时，陈尧叟等建议每屯十人，人给一牛，治田五十亩。熙宁七年，吴充议因弓箭手仿行古助田法，一夫受田百亩，别以十亩为公田。然皆议而未行。绍兴六年，张浚奏改江淮屯田为营田，以五顷为一庄，募民承佃，五家为保，共佃一庄，给牛五具及耒耜种子。盖似租田制也。屯田、营田之利弊，殆难概言。用得其道，国家资其利；亦有功费多而生产少，或扰害百姓者，则得不偿失。史称太宗时"淮南、两浙旧有屯田，后多赋民而收其租，第存其名。在河北者，虽有其实，而岁入无几，利在蓄水以限戎马而已"。（《宋史·食货志》）而"前后施行，或以侵占民田为扰，或以差借耦夫为扰，或以诸郡括牛为扰，或以兵民杂耕为扰，又或以诸路厢军不习耕种，不能水土为扰"，又"或抑配豪户，或强科保正，田瘠难耕，多收子利"。（并见《通考》卷七）观此，则得失之数，可以思过半矣。

参看《宋史》卷一七六及《通考》卷七，文繁不俱引。

（四）政和之卖官田与立公田

系官田产，若永不鬻卖或授民，则官产增日，而民业日少矣。故官田之鬻卖，自来有之。

《宋史·神宗本纪》：熙宁四年正月"壬辰王安石请鬻天下广惠仓田为三路及京东常平仓本。从之"。《通考》："神宗熙宁二年，三司言天下屯田省庄皆子孙相承，租佃岁久。乞不许卖。其余没官纳庄，愿卖者听。从之。七年，诏户绝庄产召人充佃。及入实封状承买，以其直增助诸路常平钱。……哲宗元祐元年，户部言鬻卖绝户田宅，既有估复定价，乞如买扑坊场例，罢实封投状。从之。"（卷七）观此可知神宗以前已鬻卖官田。

惟非若政和之积极。徽宗侈泰，蔡京为相，国事日非，以用度艰窘，政和元年（公元一一一一年），命官鬻卖官田。除田当防河及河北、河东、陕西边防利害所系之屯田外，尽鬻卖之。设总领措置官田所主其事。所委官一年内卖及七分，与转一官，余以次减磨勘；不登五分加奏劾。既而悟官田既卖则永久之收入转少，遂止不卖；罢总领措置官；已卖田宅，给还元直，仍拘入官。

《通考》："政和元年，时朝廷以用度艰窘，命官鬻官田。江西路一岁失折上供，无虑二十余万斛。运副张根建言，田既不存，当减上供。朝廷深察所以然，遂止不卖。总领措置官田所言，元奏存留屯田，为系河北、河东、陕西边防利害，乞存之不鬻。自三路外，名屯田者，其实悉以民耕，与凡官田无异，无系边防，自应鬻卖。从之。知吉州徐常奏，诸路惟江西乃有屯田，非边地，其所立租则比税苗特重。所以祖宗时许民间用为永业。如有移变，虽名立价交佃，其实便如曲卖己物。其有得以为业者，于中悉为居室坟墓。既不可例以夺卖。又其交佃岁久，甲乙相传，皆随价得佃。今若令见业者买之，则是一业而两输直，亦为不可。而况若卖而起税，税起于租，计一岁而州失租米八万七千余石。其势便损减上供。是一时得价而久远失利。此议臣见近利而失远图，公私交害也。于是都省乞下江西核实。如屯田纽利多于二税，即住卖之。为税田而税多租少，即鬻之。他路仿此。诏可。臣僚言，天下系官田产，如折纳、抵当、户绝之类，隶属常平，则法许鬻卖。如天荒、逃田、省庄之类，在运司，有请佃法。自余闲田，名类非一，乞命官总领条画以闻。户部奏凡田当防河、召募弓箭手，或屯田之类，悉应存留。凡市易、抵当、折纳、籍没、常平、户绝、天荒、省庄、沙田、退滩、荻场、圩田之类，并应出卖。又奏，仿熙宁制，所委官一年内卖及七分，与转一官，余以次减磨勘；不登五分，加奏劾。诏从之。八月，诏乃者有司建明尽鬻系官田宅，苟目前之利，废久长之策。其总领措置官并罢。已卖田宅给还元直，仍拘入官。如舍屋已经改更，但课亏租额者与免仍旧修盖。官田已尝为墓，据合用亩步约价者，与免迁移。"（卷七）

六年，且更进一步，取民间田契根磨，展转推求，至无契可证，则量地所在，增立官租，谓之公田。是直攘民业以入官矣。

《通考》："六年始作公田于汝州。公田之法，县取民间田契根磨，如田今属甲，则从甲而索乙契，乙契既在，又素丙契，展转推求，至无契可证，则量地所在，增立官租。一说谓按民契券而以乐尺打量，其赢则拘入官而创立租课。初因中官杨戬主后苑作，有言汝州地可为稻田者，置务掌之，号稻田务。复行于府畿，易名公田。南暨襄城，西至沔池，北逾大河，民田有逾初券亩步者，辄使输公田钱。政和末，又置营缮所，亦为公田。久之后苑营缮所公田皆并于城西，所尽山东、河朔天荒、逃田，与河堤、退滩输租举入焉。皆内侍主其事。所括凡得田三万四千三百顷。农亩困败。但能输公田钱，而正税不复有输。后李彦又立城西括田所，而公田皆彦主之。靖康初，诛彦。"（卷七）

（五）南宋卖官田

南渡以后，军用浩繁，虽暴敛有加，犹虑不足。绍兴元年（公元一一三一年）遂诏尽鬻诸路官田，以资挹注。淳熙元年（公元一一七四年）住卖。六年复诏诸路转运常平司，凡没官田、营田、沙田、沙荡之类，括数卖之。绍熙四年（公元一一九三年）住卖。庆元元年（公元一一九五年），复召人依乡价承买续没官田。盖数十年间，鬻卖不已，住卖则暂，也与政和中不同。而于卖易之奖励，复力行之，守令以卖田多寡为赏罚，买者则宽其赋役以诱之。其钱七分上供，三分充常平司籴本。每年卖官田钱，多寡不一，乾道八年（公元一一七二年）四百余万缗，为额颇巨。先是，州县没官田，势家或诡名请佃，岁责保正长代输，公私病之。而官租之重，民亦苦之。乃诏并卖。不独军兴需财孔急也。而议者恐佃人失业，未卖者失租。侍御史叶义问辟之曰，"今尽鬻其田，立为正税，田既归民，税又归官，不独绝欺隐之弊，又可均力役之法。"所论诚是。惟估价不均，上田价轻，概为势家所得；下田价重，无人承买，则不免抑配。以致三省户部，困于文移，监司州郡，疲于出卖，上下督责，一限再限，而已卖者十才二三。其为扰害，彰彰甚明。若既卖之后，政府但得一时之利，而失久远之租，犹弊之次焉者也。

《宋史·食货志》："绍兴元年，以军兴用度不足，诏尽鬻诸路官田。五年，诏诸官田比邻田租召人请买，佃人愿买者听，佃及三十年以上者减价十之二。六年，诏诸路总领谕民投买户绝、没官及江涨沙田、海退泥田。七年，以贼徒田舍及逃田充官庄，其没官田依旧出卖。……二十六年，以诸路卖官田钱七分上供，三分充常平司籴本。初尽鬻官田，议者恐佃人失业，未卖者失租。侍御史叶义问言，今尽鬻其田，立为正税。田既归民，税又归官，不独绝欺隐之弊，又可均力役之法。浙东刑狱使者邵大受亦乞承买官田者免物力三年至十年，一千贯以下免三年，一千贯以上五年，五千贯以上十年。于是诏所在常平、没官、户绝田、已佃未佃已添租未添租并拘卖。二十九年……七月，诏诸路提举常平官督察欺弊，申严赏罚。分水令张升佐、宜兴令陈迟以卖田稽违，各贬秩罢任。九月，浙东提举常平都絜以卖田最多增一秩。三十年，诏承买荒田者免三年租。乾道二年，户部侍郎曾怀言，……今欲遵元诏，见佃愿买者减价二分。诏曾怀等提领出卖，其钱输左藏南库别贮之。四年四月，江东路营田亦令见佃者减价承买，期以三月卖绝，八月住卖。诸路未卖营田，转运司收租。七年，提举浙西常平李结乞以见管营田拨归本司，同常平田立管庄。梁克家亦奏户部卖营田，率为有力者下价取之，税入甚微，不如置官庄岁可得五十万斛。……九年，……以郎官薛元鼎拘催江、浙、闽、广卖官田钱四百余万缗。淳熙元年，臣僚言出卖官田，二年之间，三省户部，困于文移，监司州郡，疲于出卖。上下督责，不为不至。始限一季，继限一年，已卖者才十三，已输者才十二。盖卖产之家，无非大姓，估价之初，以上色之产，轻立价贯，揭榜之后，率先投状。若中下之产，无人属意。所立之价，轻重不均。莫若且令元佃之家，著业输租，数犹可得数十万斛。从之。六年，诏诸路转运常平司，凡没官田、营田、沙田、沙荡之类，复厂数卖之。绍熙四年，以臣僚言住卖。庆元元年八月，江东转运提举司以绍熙四年住卖以后续没官田依乡价复召人承买，以其钱充常平籴本。……四年，诏诸路召卖不行田复实减价，其沙砾不可新处除之。"（卷一七三）

《通考》："绍兴元年……时以军兴，用度不足。又先时知永嘉县霍蠡言，温州四县没官田，势家诡名请佃，岁责保正长代输，公私病之。乃诏并召人鬻。……二十九年，户部提领官田所言，应官户势家坐占官田，今依估承买，其浙西营田及余路营田、官庄田、屯田并住卖。诏各路提举司督察欺弊，申严赏罚。县卖十万缗，州二十万缗，守令各进一秩，余以次减磨勘；最稽迟者贬秩。荆南提刑彭合入对，言州县买官田之害望减价，无抑勒。户部以减价为难，但令勿抑勒而已。"（卷七）

（六）景定买公田

理宗景定四年（公元一二六三年），贾似道当国，以国计困于造楮，富民困于和籴，思有以变法而未得其说。

楮者，纸币也。北宋行交子，亦名钱引。大观中不蓄本而增发，始壅而不通，至引一缗直十余钱。南宋改造会子。光宁而后，造发愈多，折阅日甚，提称无策，国大耗弊。

和籴者，官出钱帛，民出粟米，两和商量以为交易也。为军饷边楮之大政。以富户承任之。其弊至于计其宗产而均敷之，量其积蓄而括索之，甚至或不偿其直或强征其数。

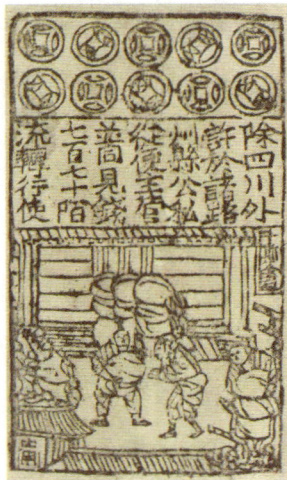

交子

刘良贵、吴势献买公田之策。似道乃命殿中侍御史陈尧道、曹孝庆上疏，请行祖宗限田之法，以官品计顷，以品格计数，下两浙、江东南和籴去处，先行归并诡析，后将官户田产逾限之数，抽三分之一回买以充公田。但得一千万亩之田，则每岁可收六七百万石之米，其于军饷沛然有余，可以免籴，可以重楮，可以平物而安富，一举而五利具矣。帝从之，置买官田所。诏会子课日增印十五万贯付封桩库充买公田。视亩租之多寡，为支价之低昂，以官诰、度牒、银、会子等四色参酌偿值。

> 《宋史·食货志》："六郡回买公田，亩起租满石者，偿二百贯；九斗者偿一百八十贯；八斗者偿一百六十贯；七斗者偿一百四十贯；六斗者偿一百二十贯。五千亩以上，以银半分，官告五分，度牒二分，会子二分半；五千亩以下，以银半分，官告三分，度牒二分；会子三分半，千亩以下，度牒、会子各半；五百亩至三百亩。全以会子。"
>
> （卷一七三）

是岁田事成，价抑而所给半是告牒，民持之而不得售。六郡骚然，破家者多。常州受害特甚，民至有本无田而以归并抑买自经者。

> 《宋史·食货志》："每石官给止四十贯。"
>
> 《贾似道传》："浙西田亩有值千缗者，似道均以四十缗买之。数稍多，予银绢；又多，予度牒、告身。吏又恣为操切。浙中大扰。有奉行不至者，提领刘良贵劾之。有司争相迎合，务以买田多为功，皆缪以七八斗为石。其后田少，与硗瘠亏租，与佃人负租而逃者，率取偿田主。六郡之民，破家者多。包恢知平江，督买田至以肉刑从事。"（卷四七四）
>
> 六郡谓平江、嘉兴、安吉、常州、江阴、镇江。

明年，言者力陈买田之害，皆遭黜逐。而帝谓似道曰，"公田不可行，卿建议之始，朕已沮之矣。今公私兼裕，一岁军饷皆仰于此。使因人言而罢之，虽足以快一时之议，如国计何？"（《贾似道传》）是则明知其害而故犯之也。

后十余岁，德祐元年（公元一二七五年），诏罢公田，并给田主，而宋祚讫矣。

三七　辽之田制

（一）辽之农田

辽与北宋相先后，本号契丹，奄有今东三省、内蒙古及冀、晋北部等地。气候较寒。俗重畜牧。及其盛时，"群牧滋繁，数至百有余万，诸司牧官以次进阶。自太祖及兴宗，垂二百年，群牧之盛如一日。天祚初年（元年当公元一一〇一年），马犹有数万群，每群不下千匹。"（《辽史·食货志》）于稼穑亦颇重视，劝耕惠农。史称"辽自初年，农谷充羡，振饥恤难，用不少靳，旁及邻国，沛然有余"。（《食货志》）可知农田之利，不减畜牧。

（二）田制有四种

辽之田制，约有四等。"沿边各置屯田，戍兵易田，积谷以给军饷。故太平七年，诏诸屯田在官斛粟不得擅贷。在屯者力耕公田，不输税赋，此公田制也。余民应募，或治闲田，或治私田，则计亩出粟以赋公上。十五年，募民耕添河旷地，十年始租，此在官闲田制也。又诏山前后（即燕云等州，山者太行山也）未纳税户，并于密云（河北密云县）燕乐（密云县东北）两县占田置业入税，此私田制也。各部大臣从上征伐，俘掠人户，自置郛郭为头下军州，凡市井之赋，各归头下，惟酒税赴纳上京，此分头下军州赋为二等也。"（《辽史·食货志》）头下军州云云，盖似采地矣。赋田之外，户丁有税，

《辽史·食货志》："夫赋税之制，自太祖任韩延徽始制国用。太宗籍五京户丁以定赋税。户丁之数。无所于考。"（卷五九）

又有繇役。

《辽史·食货志》："圣宗乾亨间，以上京云为户訾具实饶，善避繇役，遗害贫民，遂敕各户凡子钱到本，悉送归官，与民均差。统和中，耶律昭言西北之众，每岁农时，一夫侦候，一夫治公田，二夫给糺官之役。"（卷五九）

而屯戍之制，殊为民病云。

详见《辽史·文学传》萧韩家奴之言。

三八　金之田制

（一）括田以授种人

金与南宋相先后，灭辽侵宋，以异族入主中原。虑汉人不服，徙女直、奚、契丹人分屯中州，计口授田，使自耕种。

《续通考》："熙宗天眷三年十二月，始置屯田军于中原，时既取江南，犹虑中原士民怀贰，始创屯田军。凡女直、奚、契丹之人，皆自本部徙居中州，与百姓杂处。计其户口授以官田，使自播种。

春秋量给其衣。遇出师，始给钱米。凡屯田之所，自燕南至淮陇之北，俱有之。皆筑垒于村落间。"（卷四）

其长曰猛安谋克，人曰猛安谋克户，亦曰军户，或曰屯田户。猛安者千夫长，谋克则百夫长也。然户数初无定制，大定十五年（公元一一七五年），定每谋克户不过三百，七谋克至十谋克置一猛安，非尽为百户千户也。

《金史·兵志》：大定二十四年，"宗室户百七十，猛安二百二，谋克千八百七十八，户六十一万五千六百二十四"。（卷四四）率而计之，平均每谋克三百二十七户有另，每猛安九谋克有另。

其田以系官或荒闲牧地，及官民占射逃绝户地，戍兵占佃宫籍监外路官本业外增置土田，及僧道等地充。

《金史·食货志》："海陵正隆元年二月，遣刑部尚书纥石烈娄室等十一人分行大兴府、山东、真定府拘括系官或荒闲牧地，及官民占射逃绝户地，戍兵占佃，宫籍监外路官本业外增置土田，及大兴府、平州路僧尼道士女冠等地。盖以授所迁之猛安谋克户，且令民请射而官得其租也。"（卷四七）

然往往指民田为官地，任意拘括。

《金史·食货志》：世宗"谓宰臣曰，朕闻括地事所行极不当。如皇后庄、太子务之类，止以名称，便为官地。百姓所执凭验，一切不问"。又曰"工部尚书张九思执强不通，向遣刷官田，凡犯秦汉以来名称，如长城、燕子城之类者，皆以为官田。此田百姓为己业，不知几百年矣"。可见任事者括田之任意。以致"人户有执契据，指坟垅为验者，亦拘在官"。世宗虽戒九思，而谓"梁肃曰，朕尝以此问卿，卿不以言，此虽民地，然皆无明据，括为官地，有何不可"。（卷四七）

世宗且嫌官地瘠薄，拘刷良田以与军户，而以籍官闲地还民。

《金史·食货志》：大定十七年，世宗"谓省臣曰，官地非民谁种。然女直人户自乡土三四千里移来，尽得薄地，若不拘刷良田给之，久必贫乏。其遣官察之"。二十一年三月，"谓宰臣曰，山东路所括民田，已分给女直屯田人户，复有籍官闲地，依元数还民"。七月又谓宰臣曰，"山东刷民田，已分给女直屯田户，复有余地，当以还民"。（卷四七）

又虑种人或受汉民害，令其众自为保聚，土田与汉民犬牙相入者互易之。

《续通考》：大定二十一年，"帝意不欲明安穆昆（即猛安谋克）与民户杂居，凡山东两路屯田与民田互相犬牙者，皆以官田对易之。……二十二年，令山东屯田户相聚屯种。以山东屯田户邻于边鄙，命聚之一处，俾协力蚕种。"（卷四）

其后军户增多，复续括以给之。为金人自身计，固亦周矣。

《续通考》："章宗明昌元年八月，敕随处系官闲地，百姓已请佃者，仍旧未佃者，付明安穆昆屯田。承安五年九月，命枢密使内族宗浩，礼部尚书贾铉，佩金符行省山东等路，括地给军。……按金自南迁后，国计窘迫，无岁不议括田。考其时民庶流离，概无乐土，外困于南北之争战，内困于旦暮之转输。所赖永业尚存，暂

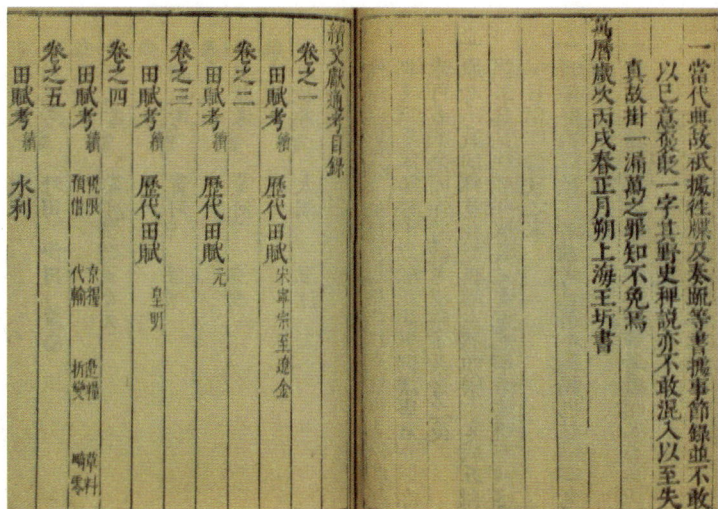

《续文献通考》书影

可延活，而官又夺之。名曰牧地、荒地，其实多民地耳。既而授之诸军，人非习耕之人，地非易耕之地，或与之而不受，或受之而不耕。授田之诏，虽屡见于纪中，俱托之空言，未见实用。卒之口粮廪给，仍不可省，农具牛种，反有所增。谋国者至此，亦可谓拙甚矣。"（卷四）

（二）种人农耕之失败

虽然，军户既为帝室族类，特受优遇，以此骄纵。欲其躬亲稼穑，任畎亩之劳，谓将愿乎？势不能也。富家尽服纨绮，酒食游宴，贫者争慕效之。虽已受田，不事农作，悉令汉人佃莳，取租而已。往往预借三二年田租。贫则卖其所领屯地。间有自耕者，亦种而不耘，听其荒芜。累加课责，莫能止也。

《金史·食货志》：大定"二十一年正月，上谓宰臣曰，山东大名等路猛安谋克户之民，往往骄纵，不亲稼穑，不令家人农作，尽令汉人佃莳，取租而已。富家尽服纨绮，酒食游宴，贫者争慕效之。

欲望家给人足，难矣。近已禁卖奴婢。约其吉凶之礼。更当委官阅实户数，计口授地，必令自耕，力不赡者方许佃于人。仍禁其农时饮酒。……六月，……又曰，近使阅视秋稼，闻猛安谋克人惟酒是务。往往以田租人，而预借三二年给课。或种而不耘，听其荒芜者。自今皆令阅实各户人力，可耦几顷亩，必使自耕耘之。其力果不及者，方许租赁。如惰农饮酒，劝农谋克及本管猛安、谋克，并都管，各以等第科罪。收获数多者则亦以等第迁赏。……二十二年以附都猛安户不自种，悉租与民，有一家百口，垅无一苗者。上曰，劝农官何劝谕为也？其令治罪。……以不种者杖六十，谋克四十，受租百姓无罪。……明昌元年……三月敕，当军人所授田，止令自种。力不足者方许人承佃，亦止随地所产纳租，其自欲折钱输纳者从民所欲，不愿承佃者毋强。……旧令军人所授之地，不得租赁与人，违者苗付地主。泰和四年九月定制，所拨地止十里内自种之，数每丁四十亩，续进丁同此，余者许令便宜租赁及两和分种。违者钱业还主"。（卷四七）

《续通考》：大定二十一年"御史中丞张九思言，屯田明安人为盗征赏，家贫辄卖所种屯地"。（卷四）

且续括之地，散处四方，僻远者不能就耕。故军户皆愿得粮，而不愿得地。驯至屯田老幼，坐食民租；一充军伍，举家安坐待哺。

《金史·食货志》：贞祐三年"十一月，又议以括荒田及牧马地给军，命尚书右丞高汝砺总之。汝砺还奏，今顷亩之数，较之旧籍甚少，复瘠恶不可耕。均以可耕者，与人无几。又僻远之处，必徙居以就之。彼皆不能自耕，必以与人，又当取租于数百里之外。况今农田且不能尽辟，岂有余力以耕丛薄交固草根纠结之荒地哉！军不可仰此得食审矣。今询诸军户，皆曰得半粮犹足自养，得田不能耕，复罢其廪，将何所赖。……四年，省奏，自古用兵，且耕且战，是以兵食交足。今诸帅分兵不啻百万，一充军伍，咸仰于官，至于妇子居家，安坐待哺。……兴定……五年正月，京南行三司石抹斡鲁言，京南东西三路屯军老幼四十万口，岁费粮百四十余万石，皆坐食民租，甚非善计"。（卷四七）

逮宣宗南迁，国土日蹙，每况愈下。屡诏授田，俱托空言。"卒之，口粮廪给，仍不可省，农具牛种，反有所增。"（《续通考》按语）徒见其心劳日拙而已。

（三）租税

田分官私，官田输租，私田输税。输税之法，亦分夏秋两期。夏税亩取三合，秋税亩取五升，又纳秸一束，束十五斤。夏税六月，止八月；秋税十月，止十二月；为初中末三限，州三百里外纾其期一月。泰和五年，改秋税限十一月为初，北部地寒处夏税限以七月为初。租之制不传，大率分田之等为九而差次之，平均亩征五斗，较之民田，殆重倍蓰。

> 《续通考》："按金之官田租制虽不传，以泰和元年学田之数考之，生员给民佃官田六十亩，岁支粟三十石，则亩征五斗矣。虽地之高下肥瘠不同，租宜有别，然视民田五升三合、草一束之数，必倍蓰过之。是亦官田租重之一征也。"（卷一）

租税之外，算其田园、屋舍、车马、牛羊、树艺之数及藏镪多寡征钱曰物力。物力之征，上自公卿大夫，下逮民庶，无苟免者。近臣出使外国，归必增物力钱，以其授馈遗也。猛安谋克户又有所谓牛头税者，亦曰牛具税，其制每耒牛三头为一具，限民口二十五，受田四顷四亩有奇，输粟大约不过一石，官民占田无过四十具。宰臣有纳此税者，朝廷谘及其增减，

《金史·食货志》：大定二十三年，"世宗谓左丞完颜襄曰，卿家旧止七具，今定为四十具，朕始令卿等议此，而卿皆不欲，盖各顾其私尔"。（卷四七）

然则州县之征求于小民，盖可知矣。故物力之外，又有铺马、军须、输庸、司吏、河夫、桑皮、故纸等钱，名目琐细，不可殚述。其为户有数等，有课役户、不课役户（有物力者为课役户，无者为不课役户）、本户、杂户（女直、契丹及汉户为本户，余谓之杂户）、正户（猛安谋克之奴婢免为良者止隶本部为正户）、监户（没入官良人隶宫籍监为监户）、官户（没入官奴婢隶太府监为官户）奴婢户、二税户。

《金史·食货志》："大定二年，诏免二税户为民。初辽人佞佛尤甚，多以良民赐诸寺，分其税一半输官，一半输寺，故谓之三税户。辽亡，僧多匿其实，抑为贱。有援左证以告者，有司各执以闻。上素知其事，故特免之。"（卷四六）

有司始以三年一籍，后变为通检，又为推排（皆调查民户财产之法）。殊为劳扰，民至不敢有所营运。凡户隶州县者，与隶猛安谋克者，其输纳高下，又各不同。盖金自入据中原，风气日开，国用浸增，急于聚敛，于是经画纷纷，与国相终始云。

（四）请射与募佃

金之召人请射，非尽授民，而强半为募佃。是以括田之举，不独以授军户，兼为令民请射而官租得增也。（见前"括田以授种人"条引《金史·食货志》正隆元年事）大抵熟地输租，荒地则或依官田输租，或作己业输税，可以自择。"凡官地，猛安谋克及贫民请射者，宽乡一丁百亩，狭乡十亩，中男半之。

请射荒地者，以最下第五等减半定租，八年始征之；作己业者，以第七等减半为税，七年（按系三年之误）始征之。自首冒比邻地者，输官租三分之二。佃黄河退滩者，次年纳租。"（《金史·食货志》）

免租税之年限，先后略有变更。《金史·食货志》：大定二十九年（章宗已接位）"九月戊寅，又奏在制诸人请佃官闲地者，免五年租课，今乞免八年，则或多垦，并从之。十一月，尚书省奏，民验丁佃河南荒闲官地者，如愿作官地则免租八年，愿为己业则免税三年，并不许贸易典卖"。（卷四七）

泰和八年，以耕者不为久计，至纳租之时，多巧为避匿，或复告退，遂改为请佃者免租三年，作己业者免一年，自首冒佃及请退滩地者当年输租，以邻首保识为常制。

《金史·食货志》：泰和"八年八月，户部尚书高汝砺言，旧制人户请佃荒地者，以各路最下第五等减半定租，仍免八年输纳；若作己业，并依第七等税钱减半，亦免三年输纳；自首冒佃比邻田，定租三分纳二；其请佃黄河退滩地者，次年纳租。向者小民不为久计。比至纳租之时，多巧避匿，或复告退。盖由元限太远，请佃之初，无人保识故尔。今请佃者可免三年，作己业者免一年，自首冒佃并请退滩地，并令当年输租，以邻首保识为长制"。（卷四七）

（五）区田之梦

金既急于财利，污池数罟，民力易竭，必使生产增加，然后有所取给。于是异想天开，惑于区田之传说，收获倍丰，遂欲行之。其初亦尝以为古法既善，何为不行，而先行试种矣；乃未几即令遍行于全国。明昌五年（公元一一九四年），令农田百亩以上，如濒河易得水之地，须区种三十余亩。承安元年（公元一一九六年），初行区种法，男年十五以上六十以下有土田者，丁种一亩，丁多者五亩止。嗣以臣寮言，土地肥瘠不同，不限亩数。继复改督责为随宜劝谕，亦竟不能行。

《金史·食货志》："章宗明昌三年三月，宰执尝论其法于上前。……四年……参知政事胥持国曰，今日方之大定间，户口既多，费用亦厚。若区种之法行，良多利益。上曰，此法自古有之，若其可行，则何为不行也？持国曰，所以不行者，盖民未见其利。今已令试种于城南之地。乃委官往监督之。若使民见收成之利，当不率而自效矣。参知政事夹谷衡以为若有其利，古已行矣，且用功多而所种少，复恐废垦亩之田功也。上曰，姑试行之。……五年，……敕令农田百亩以上，如濒河易得水之地，须区种三十余亩，多种者听。无水之地，则从民便。仍委各千户、谋克、县官依法劝率。承安元年四月初行区种法，男年十五以上六十以下有土田者，丁种一亩，丁多者五亩止。二年二月，九路提刑马百禄奏，圣训农民有地一顷者，区种一亩，五亩即止，臣以为地肥瘠不同，乞不限亩数。制可。泰和四年九月，尚书省奏，

区田示意图

近奉旨讲议区田，臣等谓此法本欲利民。或以天旱，乃始用之。仓卒施功，未必有益也。且五方地肥瘠不同，使皆可以区种，农民见有利，自当勉以效之。不然，督责虽严，亦徒劳耳。敕遂令所在长官及按察司随宜劝谕。亦竟不能行。"（卷五十）按区田之法，相传始于伊尹，亩收百石。（《农政全书》谓亩收六十石）而诸家之说不一，试行亦鲜得其验。盖考古者姑妄言之也。暇当为文论之。

（六）汉农之厄运

自宋室南渡，中原沦陷，民生其间，流离之余，无所保障，一任金人之蹂躏。固有田亩，或被指为官地而拘括，或以良地而易瘠（并见前"括地以授种人"条），或邻御道而禁耕。

《金史·食货志》：大定十一年，"谓侍臣曰，往岁清暑，山西傍路皆禾稼，殆无牧地，尝下令使民五里外乃得耕垦。今闻其民以此去之他所，甚可矜悯。其令依旧耕种，毋致失业"。（卷四七）

豪强横占，军户包取。

《金史·食货志》：大定"十七年六月，邢州男子赵迪简言，随路不附籍官田及河滩地，皆为豪强所占，而贫民土瘠税重。……二十一年……三月，陈言者言，豪强之家多占夺田者。上曰，前参政纳合椿年占地八百顷。又闻山西田亦多为权要所占。有一家一口至三十顷者。以致小民无田可耕，徙居阴山之恶地，何以自存。其令占官地十顷以上者，皆括籍入官，将均赐贫民。……二十七年，随处官豪之家，多请占官地，转与它人种佃，规取课利。命有司拘刷见数，以与贫难无地者，每丁授五十亩，庶不致失所。余佃不尽者，方许豪家验丁租佃。……泰和四年，……上闻六路括地时，其间屯田军户，多冒名增口以请官地，及包取民田，而民有空输税赋，虚抱物力者。应诏陈言人多论之"。（卷四七）

耕者不能有其田。例如"河南官民地相半，又多全佃官地之家"。（《金史·食货志》贞祐三年参政汝砺语）兼以政府暴敛，牟取无艺。生计之苦可知。且军户恃势欺凌。而民桑多毁于势家牧畜。（见《金史·食货志》。）亡国遗黎，亦可哀矣。及其衰微，乱民争屠金人，虽赤子不免，则亦累世积怨之反动也。

三九　元之官田

（一）屯田

元兴漠北，灭金并宋，入主全夏，屯田更为普遍。惟屯户不限种人，则与金异。盖元代疆域辽润，人种庞杂，规模自殊也。《元史·兵志》曰："国初用兵征讨，遇坚城大敌，则必屯田以守之。海内既一，于是内而各卫，外而行省，皆立屯田，以资军饷。或因古之制，或以地之宜，其为虑盖甚详密矣。大抵勺陂、洪泽、甘肃、瓜沙，因昔人之制，其地利盖不减于旧。和林、陕西、四川等地，则因地之宜而肇为之，亦未尝遗其利焉。至于云南、八番、海南、海北，虽非屯田之所，而以为蛮夷腹心之地，则又因制兵屯旅以控扼之。由是而天下无不可屯之兵，无不可耕之地矣。"（卷一百）今考其制，有兵屯，有民屯。大抵皆世祖所立，自成宗以后，间有损益改并焉。内外所辖军民屯田及其建置增损之概，备详于《元史·兵志》（文繁不录），兹据以立表，并统计其数如下：

第十九表　元之屯田

管辖者	屯田名称	屯军／名	屯民／户	田数／顷	地点
枢密院	左卫屯田	2 000	—	1 310.65	东安州南永清县东
	右卫屯田	2 000	—	1 310.65	永清益津等处
	中卫屯田	2 000	—	1 037.82	武清香河等处，后迁于河西务荒庄杨家口青台杨家白等处
	前卫屯田	2 000	—	1 000.00	霸州保定涿州
	后卫屯田	2 000	—	1 428.14	永清等处，后迁于昌平县太平庄，嗣又迁回旧地
	武卫屯田	3 000	—	1 804.45	涿州霸州保定定兴等处，嗣以一部分与左卫率府屯田互易
	左翼屯田万户府	2 051	—	1 399.52	霸州及河间等处

（续表）

管辖者	屯田名称	屯军／名	屯民／户	田数／顷	地点
枢密院	右翼屯田万户府	1 540	—	699.50	武清县崔家口
	中翊侍卫屯田	4 000	—	2 000.00	燕只哥赤斤地及红城，继迁于昌平县太平庄，后还复于红城
	左右钦察卫屯田	1 987	—	656.00	清州等处
	左卫率府屯田	3 000	—	1 500.00	武清县及新城县
	宗仁卫屯田	2 000	—	2 000.00	大宁等处
	宣忠扈卫屯田	?	—	100.00	在大都北
共计		27 578	—	16 246.73	
大司农	永平屯田总管府	—	3 290	11 614.49	滦州
	营田提举司	253	2 211*	3 502.93	武清县（*内有杂户及单丁976）
	广济署屯田	—	1 230	12 600.38	清沧等州

（续表）

管辖者	屯田名称	屯军／名	屯民／户	田数／顷	地点
	共计	253	6 731	27 717.80	
宣徽院	淮东淮西屯田打捕总管府	—	11 743	15 193.39	涟海州
	丰润署屯田	—	837	349.00	丰润县
	宝坻屯田	—	300	450.00	宝坻县
	尚珍署屯田	—	456	9 719.72	兖州
	共计	—	13 336	25 712.11	
腹里	大同等处屯储总管府屯田	4 020	5 945	5 000.00	西京黄华岭等处
	虎贲亲军都指挥使司屯田	3 000	79	4 202.79	灭揑怯土赤纳赤高州忽兰若班等处
	岭北行省屯田	4 648	—	6 400.00+	五条河称海
	共计	11 668	6 024	15 602.79	
辽阳行省	大宁路海阳等处打捕屯田所	—	122	230.50	瑞州
	浦峪路屯田万户府	—	190	400.00	咸平府

（续表）

管辖者	屯田名称	屯军／名	屯民／户	田数／顷	地点
辽阳行省	金复州屯田万户府	3 641	—	2 523.00	忻都察哈思罕
	肇州蒙古屯田万户府	—	652	？	肇州附近
共计		3 641	964	3 153.50	
河南行省	南阳府民屯	—	6 041	10 662.07	孟州之东黄河之北南至八柳树枯河徐州等处又唐邓申裕等处
	洪泽屯田万户府	15 994	—	35 312.21	淮安路之白水塘黄家矔等处
	芍陂田屯万户府	14 808	—	10 000.00[+]	安丰县芍陂
	德安等处军民屯田总管府	5 965	9 375	8 879.96	德安路
共计		36 767	15 416	64 854.24	

（续表）

管辖者	屯田名称	屯军/名	屯民/户	田数/顷	地点
陕西行省	陕西屯田总管府	—	7 354	5 853.68	凤翔镇原栎阳泾阳彭原安西平凉终南渭南
	陕西等处万户府屯田	2 684	—	808.08	鳌屋庄宁州文州德顺州
	贵赤延安总管府屯田	—	2 027	486.00	延安路探马赤草地
共计		2 684	9 381	7 147.76	
甘肃行省	宁夏等处新附军万户府屯田	958	—	1 498.33	宁夏等处
	管军万户府屯田	2 290	—	1 166.64	甘州
	宁夏营田司屯田	—	2 700	1 800.00	中兴
	宁夏路放良官屯田	—	904	446.50	本路
	亦集乃路屯田	200	—	91.50	本路
共计		3 448	3 604	5 002.97	

（续表）

管辖者	屯田名称	屯军／名	屯民／户	田数／顷	地点
江西行省	赣州路南安寨兵万户府屯田	3 265	—	524.68	信丰会昌龙南安远等处
共计		3 265	—	524.68	
江浙行省	汀漳屯田	—	3 038	475.00	汀州漳州
共计		—	3 038	475.00	
高丽国立屯	高丽屯田	5 000	—	?	王京东宁府凤州等处
共计		5 000	—	?	
四川行省	广元路民屯	—	87	9.60	广元路
	叙州宣抚司民屯	—	4 444		叙州
	绍庆路民屯	—	91		绍庆路
	嘉定路民屯	—	12		嘉定路
	顺庆路民屯	—	5 016		顺庆路
	潼川府民屯	—	2 412		潼川府

（续表）

管辖者	屯田名称	屯军／名	屯民／户	田数／顷	地点
四川行省	夔路总管府民屯	—	5 083		夔州路
	重庆路民屯	—	3 566		重庆路
	成都路民屯	—	9 061		成都路
	保宁万户府军屯	1 329	—	118.27	保宁
	叙州等处万户府军屯	239	—	41.83	叙州宣化县喝口上下
	重庆五路守镇万户府军屯	1 200	—	420.00	重庆路三堆中嶍赵市等处
	夔路万户府军屯	351	—	56.70	
	成都等路万户府军屯	299	—	42.70	崇庆州义兴乡楠木园
	河东陕西等路万户府军屯	1 128	—	208.07	灌州崇庆州
	广安等处万户府军屯	150	—	26.25	崇庆州

（续表）

管辖者	屯田名称	屯军／名	屯民／户	田数／顷	地点
四川行省	保宁万户府军屯	564	—	75.95	重庆州晋源县
	叙州万户府军屯	221	—	38.67	灌州青城县
	五路万户府军屯	1 161	—	203.17	崇庆州及青城县
	兴元金州等处万户府军屯	344	—	56.00	崇庆州晋原县
	随路入都万户府军屯	832	—	162.57	灌州青城温江县
	旧附等军万户府军屯	1 002	—	129.50	青城县及崇庆州
	炮手万户府军屯	96	—	16.80	青城县
	顺庆军屯	565	—	98.87	晋源县
	平阳军屯	398	—	69.65	青城县及崇庆州
	遂宁州军屯	13	—	2.27	崇庆州青城等处
	嘉定万户府军屯	656	—	114.80	沿江下流汉初等处

（续表）

管辖者	屯田名称	屯军／名	屯民／户	田数／顷	地点
四川行省	顺庆等处万户府军屯	118	—	20.65	新州等处
	广安等处万户府军屯	2 000		350.00	遂宁州
共计		12 666	29 772	2 262.32	
云南行省	威楚提举司屯田	—	33	165^{双}	
	大理金齿等处宣慰司都元帅府军民屯	600	3 741	22 105	
	鹤庆路军民屯田	152	100	1 008	
	武定路总管府军屯	187	—	748	
	威楚路军民屯田	399	1 101	7 101	
	中庆路军民屯田	709	4 197	22 459	
	曲靖等处宣慰司兼管军万户府军民屯田	395	3 580	5.040^{+}	

（续表）

管辖者	屯田名称	屯军／名	屯民／户	田数／顷	地点
云南行省	乌撒宣慰司军民屯田	114	86	?	
	临安宣慰司兼管军万户府军民屯田	288	2 300	5 152	
	梁千户翼军屯	700	—	3 789	乌蒙后迁新兴州
	罗罗斯宣慰司兼管军万户府军户屯田	300	167	?	
	乌蒙等处屯田总管府军屯	5 000	—	1 250	
共计		8 844	15 305	1 250 顷又 67 567 双	
湖广行省	海北海南道宣慰司都元帅府民屯	—	8 428	563.61	琼州雷州高州化州廉州等路
	广西两江道宣慰司都元帅撞兵屯田	—	4 691	753.26	上浪忠州那扶需留水口藤州等处

（续表）

管辖者	屯田名称	屯军／名	屯民／户	田数／顷	地点
湖广行省	湖南道宣慰司衡州等处屯田	1 509	—	310.61	衡州永州武冈等处
	共计	1 509	13 119	1 627.48	
	总计	117 323	116 690	171 577.38 又 7 567 双	

云南屯田以双计。双之大小不详。《云南通志》等亦直钞而未加注释。待考。

观上表，屯田殆已遍及全国，而以今河北、河南两省为多。为田共二十余万顷，约占全国耕地面积三十分之一。役军民约各半，共二十余万人户，约占全国户数六十分之一。平均计之，屯军及民每丁或户约种屯田一顷。

按元之垦田总数不可考，若以宋明两代之数平均计之，约六百万顷。是则屯田约占三十分之一。至元末，全国共户一千四五百万，是则屯户约占六十余分之一。

军屯以丁计，丁则大抵有家室，故以丁作户计，相差不远也。

（二）职田

元代职田，惟外官有之。世祖至元三年（公元一二六六年）定随路府州县官员职田。十四年定按察司职田。其数如下表：

第二十表　元之职田

十六顷	上路达鲁花赤、各道按察使
十四顷	下路达鲁花赤
十二顷	散府达鲁花赤
十顷	上州达鲁花赤
八顷	上路总管同同知、中州达鲁花赤、按察司副使
七顷	下路总管同同知
六顷	上路治中、散府知府同同知、下州达鲁花赤、按察司金事
五顷	上下路府判、上州州尹同同知、警巡院鲁花赤
四顷	散府府判、上州州判、中州知州同同知、警使同警副、县达鲁花赤、经历
三顷	中州州判、下州知州同州判、警判录事司达鲁花赤、县尹同县丞
二顷	录事司录事同录判、县主簿县尉、主簿兼尉

二十一年，定江南行省及诸司职田，比腹里减半。

　　元以山东西及河北之地，谓之腹里。

　　江南职田减腹里之半。惟亦有小异，规定亦较详，俱见《元史·食货志》。（卷九六）

武宗至大二年（公元一三〇九年），外官有职田者给禄米俸钞，其田拘收入官。四年，又诏复旧制。

《元史·食货志》："武宗至大二年，外官有职田者，三品给禄米一百石，四品给六十石，五品五十石，六品四十五石，七品以下四十石。俸钞改支至元钞。其田拘收入官。四年，又诏公田及俸皆复旧制。"（卷九六）

仁宗延祐三年（公元一三一六年），外官无职田者量给粟麦。凡交代官，芒种以前去任者，其租后官收之，以后去任者前官分收。后以争竞者多，俾各验其俸月以为多寡。

（三）其他官田

元代亦有籍田，世祖至元七年立于大都东南郊。有学田与贡士庄田，以供祭祀及师生廪食。然世祖时权臣已屡欲毁法，诸生廪食或不继。且以学田隶官，官值算钱谷甚急，则鬻所在学田以取给。至元二十三年，诏江南诸路学田复给本学，以便教养。迨顺帝至元元年（公元一三三五年），罢科举，以儒学贡士庄田租给宿卫衣粮，其制遂废。（详见《续通考》卷六及《新元史》卷六九）此

元世祖孛儿只斤·忽必烈

外又有普通所谓官田，其额颇巨。职田、官庄等，皆依私租例令民佃种，殊为民害，甚者实无田而民出公田租云。

《续通考》：大德三年"十二月，理荆湖公田租。时公田为民害，

而荆湖尤甚。部内实无田，随民所输租取之，户无大小，皆出公田租，虽水旱不免。宣慰使立智理威上其事于朝。集贤学士阎复亦言公田租重宜减，以贷贫民。于是遣使理之。凡官无公田者，始随俸给之，民力少苏"。（卷六）

（四）官田之来源与损耗

元之官田，概仍南宋之旧。间有续没田，或回买民田，或冒为官地（见下节"民田之被占"条），然不重要。职田、学田，以隶官熟田充。屯田则或因前代，或垦荒土，或攘民业为之，因地而异，此官田之来源也。

> 《二十二史劄记》"元代以江南田赐臣下"条："元代之赐田，即南宋之入官田、内府庄田及贾似道创议所买之公田也。……元时又籍宋后妃田以供太后，曰江淮财赋都总管府。又籍朱清、张瑄等田以供中宫，曰江浙财赋府。又籍朱国珍、管明等田以赐丞相托克托，曰稻田提领所。又有拨赐庄，领宋亲王及新籍明庆、妙行二寺田，并白云宗僧田，皆不隶州县。此又元时所增官田也。"（卷三十）
>
> 《元史·世祖本纪》：至元二十二年二月"用卢世荣言，回买江南民土田"。

至其损耗，不外被占与充赏二途；若宋之卖官田，则无闻焉。

> 元世虽亦卖官田，如江浙行省之卖学田，然仅地方偶一为之，非若宋之成为国家理财政策之一也。

大抵官田之被占，以江南为多。至元二十三年，立营田总管府，履亩计之。二十六年，诏影占者百日内自首，与免本罪，其地还官，仍令佃种纳租；限外听人告发，追租断罪，以田租之半赏告人。成宗元贞元年（公元一二九五年），复诏江浙行省括隐漏官田。大德五年（公元一三〇一年），准百姓陈告现任官之侵占。是知违法者众矣。

《续通考》：至元"二十一年十二月，中书省言，江南官田为豪权寺观欺隐者多，宜免其积年收入，限以日期，听人首实。逾限为人所告者征之，以其半给告者。从之"。又"顺帝至正十六年三月，台臣言系官牧马草地俱为权豪所占，今后除规运总管府见种外，余尽取勘，令大司农召募耕垦。岁收租课以资国用。从之"。（卷六）

《新元史·食货志》："至元二十三年，以江南隶官之田多为豪强所据，立营田总管府，履亩计之。至元二十六年，诏亡宋各项系官田土，每岁有额定田租，折收物色。归附以后，多为权豪势要之家影占佃种，或卖于他人。立限一百日，若限内自赴行大司农并劝农营田司出首，与免本罪，其他还官，仍令出首人佃种，依例纳租。若限内不首，有人告发到官。自影占年分至今，应纳之租，尽数追征，职官解现任，军民人等验影占地亩多寡，酌量断罪。仍以田租一半，付告人充赏。大德五年，中书省议准江南现任官吏于任所佃种官田，不纳官租，及占夺百姓佃种田土，许诸人赴本管陈告，验实追断降黜，其田付告人及原佃人佃种。"（卷六九）

《元史·成宗本纪》：元贞元年十一月戊戌"诏江浙行省括隐漏官田"。大德九年冬十月"戊戌诏芍陂、洪泽等屯田，为豪右占据者，悉令输租。辛丑，复以详刑观察司为廉访司。常州僧录林起祐以官田二百八十顷冒为己业，施河西寺，敕募民耕种，输其租于官"。

而赐田之滥，尤为损官而害民。累朝以官田分赐诸王公主驸马及百官宦者之属，往往数十百顷，多者数千顷；至于寺观，赐田尤为侈滥。（参看下节"寺田"条）虽有谏者，偶从寻废。且受田之家，各任爪牙，驱迫滥求，折辱州县，扰害农民，不可纪极。诚秕政之尤者也。

《续通考》："按元时多以官田分赐臣下。纪传所载，有世祖中统二年八月，赐宝默等田为永业。四年八月，赐刘整田二十顷。至元十六年正月，赐昝顺田。十八年，赐郑温常州田三十顷。二十一年，赐相威近郊田二千亩。二十二年，赐李昶徐世隆田各十顷。时安南国王陈益稷来归，赐汉阳田五百顷。又赐王积翁田八十顷。二十五年，赐叶李平江田四千亩。二十九年，赐高典大都田千亩。武宗至大二年，赐特尔格江州稻田五千亩。英宗至治三年，赐拜珠平江田万亩。时巴延有旧赐河南田五千顷，以二千顷奉帝师祝厘，八百顷助给宿卫，自取不及其半。文宗天历九年，拨赐雅克特穆尔太平王江东道太平路地五百顷。至顺二年，又赐龙庆州水硙土田及平江、松江、江阴芦场荡山沙涂沙田。因请以圩田五百顷有奇，粮七千七百石，愿增为万石入官，所得余米赡其弟。顺帝至元元年二月，以苏州宝坻田赐巴延。三年三月，以苏州田二百顷赐剡王齐齐克图。至正四年六月，赐托克托松江田，为立稻田提领所以领之。十三年七月，又赐托克托东泥河田一十二顷。其赐公主者，则武宗至大二年赐鲁国大长公主平江稻田一千五百顷。文宗至顺元年，赐鲁国大长公主平江

元成宗孛儿只斤·铁穆耳

田五百顷。顺帝至正九年七月，赐公主不答昔尔江田五十顷。"（卷六）
总计不下万顷，而遗留者犹多。

又大德"十一年九月（时英宗已即位），令诸赐田悉还官。时诸王公主驸马及诸人赐田，悉令还官，惟太师伊彻察喇自世祖积有勋劳，以前后所赐合百顷与之。至武宗至大三年九月，台臣复言，比者近幸为人奏请赐江南田千二百三十顷，为租五十万石，乞拘还官。从之。泰定帝泰定元年，平章政事张珪上言，天下官田岁入，所以赡卫士，给戍卒。自至元三十一年以后，累朝以是田分赐诸王公主驸马及百官宦者寺观之属。遂令中书酬直海漕，虚耗国储。其受田之家，各任土著、奸吏、赃官、催甲、斗级，巧名多取；又且驱迫邮传，征求饩廪，折辱州县，偿补逋负。至仓之日，变鬻以归。官司交怨，农民窘窜。臣等议惟诸王公主驸马寺观如所与公主僧格刺吉及普安三寺之制，输之公廪，计月值折支以钞，令有司兼领，输之省部，给之大都，其所赐百官者之田，悉拘还官，著为令，时不能从"。
又"武宗至大二年六月，从皇太子言，禁诸赐田者驰驿征租扰民。至仁宗皇庆二年四月，台臣言，诸王驸马寺观臣僚土田，每岁征租，极为扰民，请革其弊。制曰可。延祐元年五月，禁诸王支属径取分地租税扰民"。又"文宗天历二年十月，诏诸王公主官府寺观拨赐田租，除鲁国大长公主听遣人征收外，其余悉输于官，给钞酬其直"。
（卷六）

四〇　元之民田与赋税

（一）经理田亩

经理者，使民自实田，除欺隐，均赋役也。其事甚当，然若行之不善，则为害反深。仁宗延祐元年，江淮漕臣言，江南殷富，盖由多匿腴田，若行检核法，当益田亩累万计。吴王珪固争月余，不能止。用平章章闾（《续通考》作张律，《新元史》作张驴）言，"遣官经理。以章闾等往江浙，尚书你咱马丁等往江西，左丞陈士英等往河南，仍命行御史台分台镇遏，枢密院以军防护焉。其法先期揭榜示民限四十日以其家所有田自实于官。或以熟为荒，以田为荡，或隐占逃亡之产，或盗官田为民田，指民田为官田。及僧道以田作弊者，并许诸人首告。十亩以下，其田主及管干佃户皆杖七十七，二十亩以下加一等，一百亩以下一百七，以上流窜北边，所隐田没官。郡县正官不为查勘，致有脱漏者，量事论罪，重者除名。此其大略也。然期限猝迫，贪刻用事，富民黠吏，并缘为奸，以无为有，虚具于籍者，往往有之。"（《元史·食货志》）中书右丞特们德尔犹以为未实，复下令括田增税。你咱马丁在江西酷虐尤甚，新丰一县撤民庐千九百区，至夷墓扬骨以为所增顷亩。次年八月，遂有赣民蔡九五之乱。章闾在江浙以括田迫民，有至死者。御史台累言其害。汴梁路总管塔海亦言其弊。乃诏罢之，并免三省自实田租二年。河南自实田租自延祐五年始，止科其半。汴梁一路凡减虚增之数二十余万石，至泰定、天历之初，又尽革虚增之数，民始获安。

《续通考》：延祐元年"江淮漕臣言，江南殷富，盖由多匿腴田，若行检核法，当益田亩累万计，吴元珪拜江浙行省左丞，入见言，江南平几四十年，户有定籍，田有定亩，一有摇动，其害不细，固争月余，不能止。至是平章张律言，经理大事，世祖已尝行之，但其间欺隐，尚多未实。以熟田为荒地者有之。惧差而析户者有之。富民买贫民田，仍其旧名输税者亦有之。由是岁入不增，小民告病。若行经理之法，俾有田之家及各卫下寺观学校财赋等田，一切从实自首，庶几岁入无隐，差徭亦均。元珪复奏，昔世祖限田四百亩以给军需，余田悉供赋税。今经理江淮田土，第以增多为能，加以有司头会箕敛，俾元元之民困苦日甚，恐变生不测，非国之福。帝不能用"。（卷一）是则动机固在聚敛也。

总计三省官民荒熟田如下：（一）河南省一百一十八万七百六十九顷，（二）江西省四十七万四千六百九十三顷，（三）江浙省九十九万五千八十一顷。

（二）税法

元之税法，行于内地者，曰丁税、地税，太宗灭金，括中原民户，始行此法，及世祖而详备。至元十七年，"命户部大定诸例。全科户丁税每丁粟三石，驱丁粟一石，地税每亩粟三升。减半科户丁税每丁粟一石。新收交参户，第一年五斗，第三年一石二斗五升，第四年一石五斗，第五年一石七斗五升，第六年入丁税。协济户丁税每丁粟一石，地税每一亩粟三升。随路近仓输粟。远仓每粟一石，折纳轻赍钞二两。富户输远仓，下户输近仓。郡县各差正官一员部之。每石带纳鼠耗三升，分例四升。……输纳之期，分为三限，初限十月，中限十一月，末限十二月"。（《元史·食货志》）

元太宗孛儿只斤·窝阔台

《元史·食货志》："丁税、地税之法，自太宗始行之。初太宗每户科粟二石，后又以兵食不足，增为四石。至丙申年，乃定科征之法，令诸路验民户成丁之数，每丁岁科粟一石，驱丁五升，新户丁驱各半之，老幼不与。其间有耕种者，或验其牛具之数，或验其土地之等征焉。丁税少而地税多者纳地税。地税少而丁税多者纳丁税。工匠僧道验地。官吏商贾验丁。虚配不实者杖七十，徒二年。仍命岁书其数于册，由课税所申省以闻。违者各杖一百。逮及世祖申明旧制，于是输纳之期，收受之式，关防之禁，会计之法，莫不备焉。中统二年，远仓之粮命止于沿河近仓输纳者，每石带收脚钱中统钞三钱。或民赴河仓输纳者，每石折输轻赍中统钞七钱。五年诏僧、道、也里可温、答失蛮、儒人，凡种田者，白地每亩输税三升，水地每亩五升；军站户除地四顷免税，余悉征之。至元三年，诏窝户种田他所者，其丁税于附籍之郡验丁，而科地税于种田之所，验地而取。漫散之户，逃于河南等路者，依见居民户纳税。八年，又定西夏中兴路西宁州兀剌海三处之税，其数与前僧道同。"又"成宗大德六年，申明税粮条例。复定上都、河间输纳之期。上都初限次年五月，中限六月，末限七月。河间初限九月，中限十月，末限十一月"。（卷九三）

至秋税、夏税之法，但征田税，无丁税，行于江南，本沿宋之旧制，世祖并宋，除江东、浙东二路，其余但征秋税而已。至元十九年，用姚文龙言，命江南税粮依宋旧例，折输锦绢杂物。是年二月，又用耿仁言，令输米三之一，余并入钞，以七百万锭为率。其输米者，止用宋斗斛。（盖以宋一石当今七斗也）元贞二年，始定征江南夏税之制。于是秋税止令输租，夏税则输木棉、布、绢、丝绵等物。其所输之数，视粮为差，粮一石输钞三贯、二贯、一贯，或一贯五百文、一贯七百文，因地而异。其折输之物，各随时价高下以为直。其在官之田，许民佃种输租，不课夏税。泰定之初，又有所谓助役粮者，其法命江南民户有田一顷以上者，于所输税外，每顷量出助役之田，具书于册，里正以次掌之，岁收其入以充助役之费。

《元史·食货志》载：天下岁入粮数总计一千余万石；江南三省天历元年夏税钞数总计十余万锭。其细数如下：

第二十一表　元之税收

	粮/石	钞
腹里	2 271 449	
辽阳省	72 066	
河南省	2 591 269	
陕西省	229 023	
四川省	116 574	
甘肃省	60 586	
云南省	277 719	
江浙省	4 494 783	57 830.锭40贯
江西省	1 157 448	52 895.11
湖广省	843 787	19 378.02

	粮/石	钞
共计	12 114 704	130 103.53
《元史》所记总数	12 114 708	149 273.33

按各省税粮总和，较《元史》所记总数少四石，未知孰误。又三省钞数之和为一三〇一〇三锭五二贯，与《元史》所记总数亦不合。

此外又有科差，其名有二，曰丝料，曰包银。丝料之法，始于太宗八年，每二户出丝一斤，并随路丝绵颜色输于官；每五户出丝一斤，并随路丝绵颜色输于本位。包银之法，宪宗五年始定之。初汉民科纳包银六两，至是止征四两，二两输银，二两折收丝绢颜色等物。及世祖而其制益详，条目至为繁琐。二者之外，又有俸钞之科，亦以户之高下为等。输纳之期，中统二年定丝料限八月；包银初限八月，中限十月，末限十二月。三年又命丝料无过七月，包银无过九月。大德六年，命丝料限八月，包银俸钞限九月，布限十月。

　　《元史·食货志》："科差总数，中统四年，丝七十一万二千一百七十一斤，钞五万六千一百五十八锭。……天历元年，包银差发钞九百八十九锭，一百一十三万三千一百一十九索，丝一百九万八千八百四十三斤，绢三十五万五百三十四，绵七万二千一十五斤，布二十一万一千二百二十三匹。"

大抵元初取民尚宽，中叶以后，课税所入，视世祖时增二十余倍；即包银之赋，亦增至十余倍。而国用日患不足。盖靡于佛事滥赏之属，不知量入为出也。卒至民穷财尽，公私困竭，饥馑盗贼，而元亦亡矣。

（三）寺田

寺田免税，南北朝时已然。元自世祖以八思巴为帝师，其教大张。喇嘛僧横行不法，而元室崇奉唯勤。累朝建寺赐田，踵事增华，侈滥日甚。《续通考》所举，计共赐田十六万六千余顷，而世祖之宣文宏教，成宗之天寿万宁，武宗之崇恩福元，仁宗之承华，英宗之寿安山等寺，犹不与焉。

兹据《续通考》卷六按语中所举历代赐各寺田数，列表如下：

第二十二表　元代赐诸寺田数

	赐田顷数	年月	地点
僧子聪	150	世祖中统二年六月	怀、孟、邢三州
庆寿寺	500	世祖中统二年八月	
海云寺			
昭庆寺	100	成宗大德五年二月	
兴教寺	100	成宗大德五年二月	
乾元寺	90	成宗大德五年二月	
万安寺	600	成宗大德五年二月	
南寺	120	成宗大德五年二月	
普庆寺	800	仁宗初	
又	120	延祐三年七月	益都
开元寺	200	三年正月	江浙
华严寺	100	三年正月	
延圣寺	1 000	泰定帝泰定三年十月	吉安临江

（续表）

	赐田顷数	年月	地点
集庆寺	150	文宗天历二年 十一月	平江
万寿寺			
护圣寺	400	至顺元年四月	
又	162 090	顺帝至正七年 十一月	山东
共计	166 520		

　　《续通考》按语："顺帝至正七年十一月，拨山东土地十六万二千余顷属护圣寺。又《文宗纪》至顺元年四月，亦有括伊都、般阳、宁海间田十六万二千九十顷赐护圣寺事。恐两朝赐予不应若是之多且同。或者已赐复还而后复赐也。"兹但取其一列入上表。

　　又按语前载泰定帝泰定"三年十月，中书省言，养给军民，必借地利。世祖建大宣文宏教等寺，赐永业，当时已号虚费。而成宗复搆天寿万宁寺，较之世祖，用僧倍半。若武宗之崇恩福元，仁宗之承华普庆，租榷所入，益又甚焉。英宗凿山开寺，损兵伤农，而卒无益"。是则历朝赐田诸寺，按语所举，犹多遗漏也。

　　且宋金旧寺，原固有田，益以新置及士民施舍，其数尤难悉记。地多且善，较之屯田，殆犹过之。而僧徒复往往侵夺民田，包庇逃税。如世祖时，嘉木揭喇勒智为江南释教总统，攘田二万三千亩，私庇平民不输公赋者二万三千人。大德初，江南诸寺佃户五十余万，皆编民冒入寺籍。仁宗时，白云宗总摄沈明仁强夺民田二万顷，诳诱愚俗十万人。国家租赋之入日少，而供应日繁。欲不国贫民困得乎？元非不知其弊，数诏寺观田宋旧有者免租，续置者输税，民恃包庇不输租者依旧征输。然而时会所趋，虽有诏令，旋行旋弛，未能革也。

《续通考》：至元"二十八年，命江淮寺观田宋旧有者免租，续置者输税。六月，宣谕江淮，民恃总统嘉木揭喇勒智力不输租者依旧征输。自是之后，累朝申禁不一。凡寺观田非宋旧有及先朝所赐者，并令输租。又成宗元贞二年二月，诏江南道士贸易田者输田商税。大德七年七月，罢江南白云宗摄所，其田令依例输租。九年二月，免天下道士赋税。十年正月，以南台御史言，江南寺观田亩，历年诏免租赋，上亏公额，下侵民利。其所录民户，或罹饥寒，为其徒者，坐视不恤，乞于秋成之时，验其顷亩减半征之，以备凶岁，推振其民。庶几利害稍均，不加费于官府也。乃罢江南白云宗都僧录司，汰其民归州县，僧归各寺，田悉输租。武宗至大四年十月（时仁宗已即位），禁诸僧寺毋得冒侵民田。泰定帝泰定四年九月，禁僧道买民田。违者坐罪，没其直。初，帝用嘉木揭喇勒智为江南释教总统。二十三年正月，以江南废寺田土为人占据者，悉付嘉木揭喇勒智修寺。因重赂宰臣僧格，擅发宋陵，攘夺田二万三千亩，私庇平民不输公赋者二万三千户。至是始有此谕。至二十九年三月，僧格既诛，省台臣乞并嘉木揭喇勒智正典刑。帝犹贷其死，而给还其人口土田。至成宗大德三年七月，中书省言，江南诸寺佃户五十余万，本皆编民，自嘉木揭喇勒智冒入寺籍，宜加厘正。从之。仁宗时，又有白云宗总摄沈明仁强夺民田二万顷诳诱愚俗万十人，私赂近侍。延祐六年十月，中书省请汰其徒，还所夺民田。七年二月（时英宗已即位），明仁坐罪，诏籍江南冒为白云僧者为民"。（卷六）

（四）民田之被占

平民田业，不徒寺僧妄占，王公豪右，亦常为之。其不自占者，或冒为官地以徼功，或献之贵人以牟利。元廷数禁之。是知侵占之事多矣。

《续通考》：至元"十三年十二月，诏凡管军将校及宋官吏有以势力夺民田庐产业者，各还本主，无主则以给附近之无生产者。至十五年八月，诏谕军民官毋得占据民产。十七年十二月，敕擅据江南逃亡民田者有罪。十九年四月，敕核阿哈玛特占据民田，给还其主；所庇富强户输赋其家者，仍输之官。二十年二月，敕权贵所占田土，量给各户之外，余悉以怯薛带等耕之"。（卷一）又英宗时，"时民有吴机孙者，以贿交权贵，谓故宋高宗吴皇后为其族祖姑，有旧赐汤沐田在浙西，愿献于朝。执政者为奏官币十二万五千锭偿其直，而实分取之。以所献田付普庆寺，命宣政院官奉旨驰驿，至浙西疆其田，则皆纶户恒产。宋文瓒往白廉使朵儿只班收所献田，民按问得实，追所诳官币一万锭付库。使者言文瓒沮旨，执政大怒，收文瓒按问。会朝廷亦知其诳，献田者抵罪。"按此条据《图书集成·食货典》，不见《续通考·田赋考》，不知出于何卷，待查。

《元史·成宗本纪》：大德二年春正月壬辰，诏"禁诸王公主驸马受诸人呈献公私地及擅招户者"。六年春正月庚戌，"帝语台臣曰，朕闻江南富户侵占民田，以致贫者流离转徙，卿等尝闻之否？台臣言曰，富民多乞护持玺书，依倚以欺贫民，官府不能诘治，宜悉追收为便。命即行之"。《武帝本纪》：至大元年秋七月"壬戌皇子和世㻋请立总管府，领提举司四，括河南归德汝宁境内濒河荒地约六万余顷，岁收其租。令河南省臣高兴总其事。中书省臣言，濒河之地，出没无常，遇有退滩，则为之主。先是有亦马罕者，妄称省委括地，蚕食其民，以有主之田，俱为荒地，所至骚动。民高荣等六百人诉于都省，追其驿券，方议其罪，遇赦获免。今乃献其地于皇子。且河南连岁水灾，人方阙食，若从所请，设立官府，为害不细。帝曰，安用多言，其止勿行"。《仁宗本纪》：至大四年二月"甲寅遣使检核小云石不花所献河南荒田。司徒萧珍以城中都徵功毒民，命追夺其符印，令有司禁锢之，还中都所占民田"。皇庆元年秋七月"敕诸王小薛部归晋宁路襄垣县民田"。

且蒙古，游牧民族也，及入中原，未改旧风。是故秋耕有禁，为妨牧也。戍兵势家，纵畜犯民桑枣禾稼。蒙古军占民田为牧地。王公大人之家，占田多至千顷，谓之草场，专放孳畜。（见下条引赵天麟语）甚至欲空中原之地，以为牧场。

　　《续通考》：世祖至元"十年十一月诏毋禁畿内秋耕。大司农言，中书移文以畿内秋稼始收，请禁民覆耕，恐妨刍牧。帝以农事有益，诏勿禁。至二十八年，又弛畿内秋耕之禁"。又武宗至大"三年，诏大司农除牧养地外，听民秋耕。至仁宗皇庆二年，复申秋耕之令，惟大都等五路许耕其半。盖秋耕之利，掩阳气于地中，蝗蝻遗种皆为日所曝死。次年所种，必盛于常禾也"。（卷一）弛后又弛可知禁之时多也。

　　又世祖中统"三年正月，禁诸道戍兵及势家纵畜牧犯民桑枣禾稼者。次年七月，又戒蒙古军不得以民田为牧地"。（卷一）

　　《元史·耶律楚材传》："太祖之世，岁有事西域，未暇经理中原。官吏多聚敛自私，至巨万，而官无储待。近臣别迭等言汉人无补于国，可悉空其人以为牧地。楚材曰，陛下将南伐，军需宜有所资。诚均定中原，地税、商税、盐、酒、铁冶、山泽之利，岁可得银五十万两，帛八万匹，粟四十余万石。足以供给。何谓无补哉。"（卷一四六）按

耶律楚材

楚材所言陛下，系指太宗。

而元初诸将，复多掠人为奴，以千万计。民生其间，抑何辜耶！

详见《二十二史劄记》卷三十"元初诸将多掠人为私户"条。

（五）减租与限田

租田制之盛行，自宋已然。元兴，民田被占不已，夷为佃户者益众。豪家驱役，恣纵妄为，无所不至。贫者困于饥寒，至有雇妻鬻子者。元法"诸地主殴死佃客者，杖一百七，征烧埋银五十两"。（《元史·刑法志》）佃户生命，远逊地主，立法亦殊偏矣。至元二十二年，卢世荣请诏减江南私租一分以要誉，世祖从之。（见《元史·卢世荣传》，惟《大元圣政国朝典章》载世祖诏则作十分减二。）成宗大德"八年正月，诏江南佃户私租太重，以十分为率减二分，永为定例。是后顺帝至正十四年，又诏民间私租十分普减二分"。（《续通考》卷一）则又可知当时租田制之盛行与租率之重也。减租但为消极之补救，积极方面，除禁占民地外，则有世祖时赵天麟之建议。凡宗室王公之家，限田几百顷，巨族官民之家，限田几十顷。限外退田者赏，蔽欺者罚。限外之田，有佃户者，就令佃户为主。占田不可过限。后有卖田者，买田亦不可过限。然亦徒为建议而已。

《续通考》：至元时"东平布衣赵天麟上太平金镜策。略曰：今王公大人之家，或占民田近于千顷，不耕不稼，谓之草场，专放孳畜。又江南豪家，广占农地，驱役佃户，无爵邑而有封君之贵，无印节而有官府之权，恣纵妄为，靡所不至。贫家乐岁终身苦，凶年不免于死亡。荆楚之域，至有雇妻鬻子者。衣食不足，由豪富兼并故也。方今之务，莫如复井田。尚恐骤然骚动天下，宜限田以渐复之。凡宗室王公之家，限几百顷，巨族官民之家，限几十顷，凡限外退田者，赐其家长以空名告身，每田几顷，官阶一级，不使之居实职也。凡限田之外，蔽欺田亩者，坐以重罪。凡限外之田，有佃户者，就令佃户为主。凡未尝垦辟者，令无田之民占而辟之，第一年全免租税，次年减半，第三年依例科征。凡占田不可过限。凡无田之民不欲占田者听。凡以后有卖田者，买田亦不可过限。私田既定，乃定公田。公田之制有九等，一品者二十顷，二品者十六顷，三品者十五顷，四品者十二顷，以下俱以二顷为差，至九品但二顷而已。庶乎民获恒产，官足养廉。如是行之，五十年后，井田可复兴矣"。（卷一）

（六）垦荒与重农

易代之际，人户流亡，旷土必多。故乱离之后，垦荒恒受重视。元自太祖、太宗，即以军牛给民耕垦。其后亦累给牛种农具。

《续通考》："太祖十年，始以军牛给近县农民。时中都田野久荒，而兵后无牛可耕。从宣抚使王楫议，差官于卢沟桥索军回所驱牛，十取其一，以给农民。从之。得数千头，分给近县。至太宗二年南伐，道平阳，见田野不治，以问知府事李守贤。对曰，民贫窘，乏耕具致然。诏给牛万头，仍徙关中生口垦地河东。"又"至元元年八月，陕西行省奏，宋新附民宜拨土地衣粮，给其牛种。从之。至二十三年十二月遣蒲昌赤贫民垦甘肃闲田，官给牛种农具。

二十八年十月，诏给蒙古人内附者及开元、南京、硕达勒达等三万人牛畜田器。二十九年二月，从枢密院臣安巴等请，就襄阳给和塔拉察逊哈喇娄六百三十七户田器种粟，俾耕而食。又敕畸零巴图尔三百四十七户佃益都闲田，给牛种农具，官为屋居之。九月，沙州、瓜州民徙甘州，诏于甘肃两界画地使耕，无力者给以牛具农器。成宗大德元年正月，以实保齐等为叛寇所掠，仰食于官，赐以农具牛种，俾耕种自给。又给昆种田户耕牛"。（卷一）

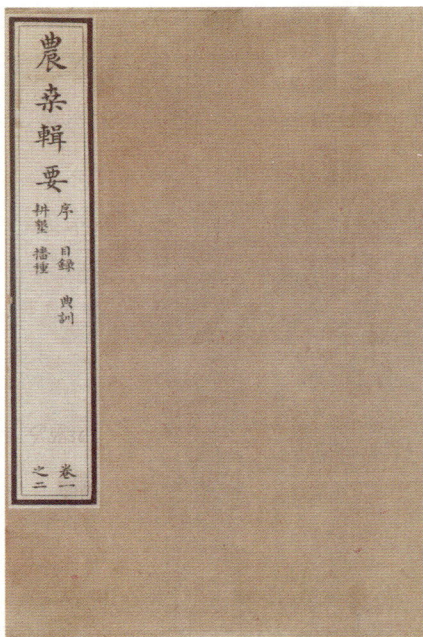

《农桑辑要》书影

至元二十五年，募民能耕江南旷土及公田者免差役三年，其输租免三之一。二十八年，募民耕江南旷土，户不过五顷，官授之券，俾为永业，三年后征税。大德四年，又以地广人稀，更优一年，令第四年纳租（以上并见《续通考》），盖亦不以出自游牧民族而忽于农耕也。尤以世祖雄才大略，一意重农，有足称者。即位之初，即设劝农官。旋置劝农司、司农司、大司农司，专掌农桑水利。编发《农桑辑要》。颁劝农立社规条，经划颇为周详。说者谓"其劝课农桑之法，度越唐宋"（《新元史·食货志》），岂不然欤。独惜世祖志在裕国，意不在民，嗣君又多庸暗，不能继其业，驯至臣下虚行故事，反增劳扰，社长年少愚骏，不称其职，成效未著也。

劝农立社规条，详见《大元圣政国朝典章》户部卷之九。《元史》《新元史》《续通考》等亦撮记其要。以其文繁而与本书之关系少，不复赘述。